»Das Herz des Staates treffen«

Alberto Franceschini

Pier Vittorio Buffa · Franco Giustolisi

»DAS HERZ DES STAATES TREFFEN«

Europaverlag
Wien · Zürich

CIP-Titelaufnahme der Deutschen Bibliothek

Franceschini, Alberto: »Das Herz des Staates treffen« /
Alberto Franceschini ; Pier Vittorio Buffa ; Franco Giustolisi.
[Aus d. Ital. von Michael Schrott. Mit e. Anh. von Karl-Peter Schwarz]. –
Wien ; Zürich : Europaverl., 1990
Einheitssacht.: Mara, Renato e io ‹dt.›
ISBN 3-203-51103-7
NE: Buffa, Pier Vittorio:; Giustolisi, Franco:

Titel der italienischen Originalausgabe

Mara Renato e io · Storia dei fondatori delle BR

Aus dem Italienischen übertragen von Michael Schrott

Anhang: Karl-Peter Schwarz

Lektorat: Karin Jahn, Ludwig Paulmichl

Graphische Gesamtgestaltung: Catherine F. Littasy-Rollier, Wien

Medieninhaber: Europa Verlag GesmbH, Wien

Hersteller: Elbemühl Graphische Industrie GesmbH, Wien
Printed in Austria

ISBN 3-203-51103-7

Inhalt

Vorwort des Autors

Über das Ende der Roten Brigaden gibt es verschiedene Ansichten. Die offizielle Version lautet, die Polizei habe sie zerschlagen und aufgerieben. Ich glaube nicht, daß das stimmt. Weder die Furcht, bei einer Razzia erschossen zu werden, noch die jahrelange Haft in den Hochsicherheitstrakten haben mich und viele andere Genossen von unserem Weg abbringen können. Im Gegenteil, die Härte der Repression hat uns eher in unseren Überzeugungen bestärkt. Die Roten Brigaden sind gescheitert, weil unsere Strategie – unter den gegebenen gesellschaftlichen und politischen Verhältnissen – falsch war. Der Sieg des Staates war eine Folge, nicht die Ursache unserer Niederlage. Unser wirkliches Versagen war nicht militärischer, sondern politischer und moralischer Natur.

Dieses Buch ist im Gefängnis entstanden. Ich habe es vor allem für mich selbst geschrieben, um mit einer persönlichen und politischen Krise, die ausweglos schien, fertig zu werden. Die Roten Brigaden waren am Ende, die gesellschaftlichen Verhältnisse, die sie hervorgebracht hatten, nicht mehr dieselben. Unser Krieg war verloren. Ich stand vor den Trümmern einer revolutionären Ideologie, der ich mein Denken und Handeln gänzlich untergeordnet hatte. Arbeiterklasse, sozialistische Revolution, bewaffneter Kampf: Begriffe, für die ich einst zu töten und zu sterben bereit war, hatten ihren Sinn verloren. Allmählich war mir klar geworden, daß der Weg des bewaffneten Kampfes von Anfang an eine Sackgasse war.

Die meisten der hier erzählten Ereignisse liegen nicht mehr als fünfzehn Jahre zurück. Dennoch kommt es mir manchmal vor, als seien seither fünfzehn Jahrhunderte vergangen. Es fällt schwer, im Italien von heute das Italien der siebziger Jahre, der Arbeiterrevolten und der faschistischen Bombenanschläge, der Massenstreiks und des bewaffneten Kampfes kommunistischer Untergrundorganisationen wiederzuerkennen. Meine persönliche Geschichte ist Teil der Geschichte meines Landes, die zwar unwiderruflich vorbei, aber noch nicht bewältigt ist. Was ich gedacht und getan habe, hat andere Menschen betroffen, es ist eine öffentliche Angelegenheit, ist »res publica«. Die Wunden bluten noch.

Mit diesem Buch habe ich den Terroristen Franceschini beerdigt. Eine Beerdigung ist eine rituelle Handlung, die in aller Öffentlichkeit vollzogen werden muß. Sie erfüllt eine psycho-hygienische Funktion. Eine Leiche, die nicht begraben wird, verwest inmitten der Gemeinschaft und infiziert die anderen. Aber das Land darf sich nicht damit begnügen, die Terroristen zu begraben, einen nach dem anderen. Der Terrorismus selbst muß begraben werden, und mit ihm auch die Möglichkeit seiner politischen Instrumentalisierung. Eine Gesellschaft, die keine positiven Werte hervorbringt, ist, um ihren inneren Zusammenhalt zu sichern, auf äußere Feinde angewiesen. Der Terrorismus hat diese Funktion bestens erfüllt. Es besteht die Gefahr, daß er deshalb künstlich am Leben erhalten wird.

Innerhalb der in Jalta festgelegten europäischen Nachkriegsordnung gehörten wir – die Roten Brigaden – zu den nützlichen Idioten. Keinem von uns ist es bisher gelungen, das Spiel, das die verschiedenen Geheimdienste aus Ost und West mit uns gespielt haben, wirklich zu durchschauen. Es heißt oft, der Terrorismus habe dem Zweck gedient, das NATO-Land Italien zu destabilisieren. Im Licht der jüngsten Ereignisse im Osten neige ich eher dazu, von »Stabilisierung« zu sprechen. Destabilisierend, vom Standpunkt der USA aus, aber mehr noch von dem der Sowjetunion, war der Versuch Aldo Moros, die KPI in die Regierungsverantwortung einzubinden und damit die starre Ordnung von Jalta zu durchbrechen. Möglicherweise wird die Öffnung der Geheimdienstarchive im Osten einmal dazu beitragen, die noch ungeklärten Begleitumstände der Entführung und Ermordung des christdemokratischen Parteivorsitzenden zu erhellen.

Man hat mich oft gefragt, ob ich meine Vergangenheit bereue. Reue ist ein religiöser Begriff, mit dem ich wenig anfangen kann. Außerdem bezeichnet man in Italien die Terroristen, die ihre Genossen denunziert haben, um sich das Gefängnis zu ersparen, als Reuige, als »pentiti«. Ich bin kein ↑ »pentito«, sondern ein »dissociato«, das heißt, ich habe mich von den Roten Brigaden losgesagt und vor Gericht meine persönliche Verantwortung eingestanden, ohne aber durch meine Aussagen andere zu belasten. Das war 1983. Vier Jahre später hat das Parlament den »dissociati« Straferleichterungen gewährt. Seither habe ich die Erlaubnis, werktags zwischen 7 Uhr 30 und 22 Uhr das Gefängnis zu verlassen und meiner Arbeit als Betreuer von Häftlingen und Drogenab-

↑ *Alle im folgenden mit diesem Zeichen versehenen Begriffe und Namen sind im Anhang in alphabetischer Reihenfolge erläutert.*

Alberto Franceschini, Rebibbia 1990

hängigen nachzugehen. Ich lebe also zwei Leben, das eines freien Menschen und das eines Gefangenen, der seine Haftstrafe erst im Jahr 2016 verbüßt haben wird. Die Welt, die ich vorfand, als ich das erste Mal das Gefängnis verlassen durfte, unterschied sich sehr von meiner Erinnerung an die frühere und meiner Vorstellung von der jetzigen Welt, die ich mir im Gefängnis gemacht hatte. Der Lebensrhythmus hat sich beschleunigt, die Menschen scheinen kaum mehr Zeit zu haben, innezuhalten und nachzudenken. Die großen kollektiven Werte, die uns zu radikalen Mitteln, zu den Waffen greifen ließen, gibt es nicht mehr.

Einige meiner früheren Freunde sind mir geblieben. An einen denke ich oft, an Bruno, den ich am Beginn des Buches erwähne, weil er mich mit Renato Curcio zusammenbrachte. Er lebt jetzt als Bauer in einem verlassenen Bergdorf in der Nähe von Reggio Emilia und kümmert sich um seine Obstbäume. Für jeden Genossen aus Reggio, der im Gefängnis gelandet ist, hat er einen Baum gepflanzt. Für mich einen Apfelbaum, und immer, wenn ich nach Reggio komme, wartet dort ein Korb mit Äpfeln auf mich.

Rom-Rebibbia, im Sommer 1990

Alberto Franceschini

Der rote Faden

I

Er ließ mich rufen. Einer seiner Freunde – ein alter Mann, wie er – kam an meinem Haus vorbei und schrie herauf. Ich wußte, das Treffen war wie immer um sieben. Eigentlich hatte ich etwas ganz anderes vor, ließ das aber bleiben. Um halb sieben machte ich mich auf den Weg. Ich versprach mir nichts Besonderes: seine Kriegsgeschichten, seinen Unmut über die ↑ Kommunistische Partei, seine Ratschläge für uns, die wir bei aller Unzufriedenheit noch nicht ausgetreten waren.

Aber diesmal saß er nicht im Lehnstuhl wie sonst. Er hatte sich hinter den kleinen Tisch gesetzt, den er sein »Büro« nannte. Das Kinn auf die Hände gestützt sah er mich wortlos an. Dann sagte er: »Ich weiß, du gehst weg. Ich würde mit dir kommen, aber ich bin schon zu alt. Meine Ratschläge können dir jetzt nicht mehr helfen. Aber ich will dir noch etwas mitgeben.«

Ich war stehengeblieben und sah ihm zu, wie er aufstand und im Vorraum verschwand. Er kam mit einem schweren Plastiksack zurück. Der Knoten war so fest, daß er ihn mit einer Schere aufschneiden mußte. Dann legte er behutsam eine Pistole auf den Tisch.

»Das ist die Browning eines deutschen Offiziers, den wir in den Bergen erschossen haben. Kriegsmaterial, damit schießt man gut. Mindestens einmal im Jahr habe ich sie auseinandergenommen und gereinigt. Sie gehört dir, du mußt dir nur Munition besorgen.«

An diesem Abend erzählte er keine Partisanengeschichten. Er erklärte mir, wie eine Browning funktioniert, zeigte mir das Magazin und zog den Schlitten zurück, bis er einrastete. Ich sagte nichts, als ich zu zielen und abzudrücken versuchte, es war das erste Mal, daß ich eine Pistole in die Hand nahm. Er holte noch eine hervor, auch sie aus dem Krieg, eine Luger. Sie hatte eine andere Mechanik, er erklärte mir alles, bis ins letzte Detail. Dann steckte er die beiden Pistolen wieder in den Sack, schnürte ihn zu und gab ihn mir.

Es war mehr als nur eine Waffenübergabe: er vertraute mir auch seine Ideale an, seine Jugend und seine einstige Kraft. Als ich ihn verließ, umarmten wir uns nicht.

Ich machte mich auf den Heimweg: wir wohnten in der Arbeiterkammer von Reggio Emilia, mein Großvater war dort Hausmeister. Der Sack war schwer, und ich schaute mich ständig um, weil ich fürchtete, man könnte die beiden Pistolen darin erkennen. Ich überlegte, wo ich sie hintun sollte, und mir fielen die Berge ein: mein Großvater hatte mir von Maschinenpistolen erzählt, die auf dem Apennin vergraben waren, bereit für den Ernstfall. Ich hätte gerne mit Fabrizio*, Prospero** und Attilio*** gesprochen, sie um Rat gefragt und mit ihnen ein Versteck gesucht. Aber das war gefährlich, ich hätte zuviel erklären und ihnen sagen müssen, wer sie mir gegeben hatte.

Zu Hause nahm meine Mutter, der sonst nichts entgeht, von dem Plastiksack keine Notiz. Ich sperrte ihn rasch in meinen Zimmerschrank und beschloß, die Pistolen auf dem Dachboden der Arbeiterkammer zu verstecken. Dort kam nie jemand hin. Bei einer Hausdurchsuchung würde man sicher nur unsere Wohnung, nicht aber das ganze Gebäude durchkämmen.

Den alten Partisanen sah ich am nächsten Tag wieder. Unser Gespräch verlief nicht wie sonst. Dieser Sack hatte uns zu Kampfgefährten im selben »geheimen Heer« gemacht. Ich redete von unserem Wunsch nach radikaler Veränderung, von der Unzufriedenheit mit der Partei, die nicht mehr auf die Revolution hinarbeite. Er hörte mir zu, und wenn er antwortete, verwendete er die erste Person Plural, jenes »wir«, mit dem er sich und die Genossen aus dem Krieg meinte, die – wie er – die Waffen aufbewahrt hatten. Er erzählte mir eine Geschichte, die ich schon kannte, von damals, als den Partisanen die Entwaffnung befohlen wurde. Viele lieferten ihre Waffen bei der Polizei oder den Carabinieri ab. Er und andere aber weigerten sich, von der Revolution Abschied zu nehmen und dem Staat auf Befehl das Symbol ihrer Macht auszuhändigen, die sie sich in jenen Jahren erobert hatten. Sie wollten die Waffen aufbewahren; die Partei konnte doch nicht einverstanden sein, dachten sie, mit dieser bedingungslosen Kapitulation. Sie hofften, es sei bloß ein Trick, der die

* *Fabrizio Pelli, Brigadist der ersten Stunde aus Reggio Emilia; er wurde Ende 1975 wegen Raub und widerrechtlichem Waffenbesitz verhaftet; am 8. August 1979 starb er im Gefängnis an Leukämie.*

** *Prospero Gallinari, Brigadist aus Reggio, zu lebenslanger Haft verurteilt, war Mitglied des Kommandos, das ↑ Aldo Moro entführte; er soll die Tötung vollstreckt haben. 1970 war er Mitglied einer Gruppe, die die Rotbrigadisten der ersten Stunde »Superclan« nannten, 1973 verließ er sie und wurde »reguläres« Mitglied der Roten Brigaden. Im November 1974 in Turin erstmals festgenommen, floh er im Herbst 1976 aus dem Gefängnis von Treviso. Er wurde im September 1979 in Rom nach einem Feuergefecht mit der Polizei, bei dem er schwere Kopfverletzungen davontrug, erneut verhaftet.*

*** *Attilio Casaletti, Brigadist der ersten Stunde, geboren in Reggio Emilia, Metallarbeiter; 1975 in Mailand verhaftet und zu 16 Jahren Freiheitsentzug verurteilt; entschloß sich 1982 zur Zusammenarbeit mit der Justiz, seit Dezember 1986 in Freiheit.*

wahre Absicht der Partei verbarg: den Kampf um die endgültige Eroberung des »palazzo«, der Macht im Staat, wieder aufzunehmen. Aber dann, nach Jahren, begannen sie von »Verrat« zu sprechen; sie hatten das Gefühl, daß sie umsonst gekämpft und umsonst ihre Toten in den Bergen gelassen hatten: sie hatten einen Staat geschaffen, der ihr Feind war.

Dann sprach er wieder von uns beiden: »Seit damals, als die Carabinieri unsere Waffen eingezogen haben«, sagte er, »spüre ich das erste Mal wieder einen Funken, will ich diesen verlorenen Krieg wiederaufnehmen. Das ist der Grund«, vertraute er mir flüsternd und mit gesenktem Blick an, »weshalb ich dir die Pistolen gegeben habe. Du wirst unsere Arbeit fortsetzen; was ich für dich tun kann, habe ich getan.«

Das war der »rote Faden«, den ich und andere an den langen Abenden mit den Partisanen gesucht hatten. Wir wußten alles über jene Zeit: die Namen der Brigaden, ihre Aktionen, die politische Bedeutung der einzelnen Kommandanten. Sie waren unsere Väter. Und sie entschieden über unsere Reife. Mein »Reifezeugnis« waren die Worte und die deutschen Pistolen des alten Partisanen: ich war nun erwachsen. Der »rote Faden« war geknüpft. Er sollte lange halten.

Als die Roten Brigaden schon ein Begriff waren, luden uns einige Partisanen, die von unserer »Entscheidung« wußten, ein, den 25. April mit ihnen im Valsesia zu verbringen, dem Operationsgebiet der Brigade von ↑ Cino Moscatelli. Dort feierten sie jedes Jahr in einem Bauernhaus, dem ehemaligen Kommandostützpunkt der Brigade, die Befreiung von den Nazis. Renato*, Mara**, Alfredo*** und ich kamen mit den Pistolen im Gürtel dorthin, obwohl sie für uns nutzlos waren. Wäre die Polizei aufgetaucht, hätten wir sie sicher nicht verwendet, inmitten all der Leute, die zum Picknick gekommen waren. Ich hatte die Browning bei mir und tastete ab und zu danach, wie um mir Mut und

* *Renato Curcio gründete zusammen mit Mara Cagol und Alberto Franceschini die Roten Brigaden. Er wurde 1974 gemeinsam mit Franceschini verhaftet, floh nach wenigen Monaten aus dem Gefängnis von Casale Monferrato und wurde nach knapp einem Jahr neuerlich festgenommen. Er verbüßt derzeit eine Haftstrafe von 30 Jahren.*

** *Margherita Cagol, mit Curcio verheiratet und gemeinsam mit ihm und Franceschini Gründerin der Roten Brigaden. Sie wurde 1975 im Verlauf eines Feuergefechts mit den Carabinieri erschossen, nachdem diese das Bauernhaus entdeckt hatten, in dem die Roten Brigaden den entführten Industriellen Vallarino Gancia versteckt hielten.*

*** *Alfredo Bonavita, Gründungsmitglied der Roten Brigaden. Im November 1974 in Turin verhaftet, wurde er zu 16 Jahren Gefängnis verurteilt. In einem offenen Brief distanzierte er sich im Mai 1981 vom bewaffneten Kampf, arbeitete mit der Justiz zusammen und ist seit 1985 frei.*

Vertrauen zu holen. Wir saßen am Tisch der angesehensten Partisanen: auch Moscatelli saß da, aber er wußte nicht, daß wir bewaffnete Brigadisten waren. Er war nur überrascht – und auch ein wenig geschmeichelt –, daß Zwanzigjährige so genau über den Partisanenkrieg Bescheid wußten. »Unsere« Genossen waren stolz, uns neben den »großen Cino« gesetzt zu haben. Und auch wir waren stolz: wir fühlten uns wie der Generalstab einer Partisanengruppe mitten im Volk.

An diesem 25. April fuhren wir nachts wieder nach Mailand zurück. Es waren zu viele Menschen da. Die jungen Leute, die von so weit her gekommen waren, um den Tag der Befreiung mit ihnen zu feiern, hätten sonst vielleicht Mißtrauen erwecken können.

Später kehrten wir oft zu diesem Bauernhaus, dem ehemaligen Partisanenstützpunkt, zurück. Wir wollten unbemerkt bleiben und benutzten den Hausschlüssel, der im alten Holzofen vor der Hütte versteckt war.

Eines Nachmittags, nach dem Mittagessen, wir blödelten in der Küche herum, nahm Mara, die am anderen Ende des Tisches stand, ein Gewehr in die Hand. Es war ein Flobert, Kaliber 32, mit dem Alfredo auf Spatzen schoß. Damit zielte sie auf mich, lachte und sagte: »Verteidige dich!« Ich spielte mit, griff mir das andere Gewehr, Kaliber 22 mit Zielfernrohr, drückte es an die Wange und zielte auf meine »Feindin«. Ich sah durch das Fadenkreuz, wie sich ihr Gesicht verzog. Ein Knall, mein Gewehr fiel zu Boden, und ich spürte ein scharfes Brennen am linken Arm und in der Brust.

Ich war voll Blut: Mara hatte gedacht, das Gewehr sei nicht geladen, hatte abgedrückt und mich getroffen. Zum Glück hatte sie nicht auf das Gesicht, sondern aufs Herz gezielt. Ich hatte mindestens hundert winzige Schrotkörner im Unterarm und in der Brust stecken. Die Genossen waren erschrocken, keiner sagte etwas. Ich spürte keine besonderen Schmerzen, nur eine diffuse Wärme: ich wußte, daß die Schrotkörner zu klein waren, um tiefer einzudringen. Aber ich hatte Angst davor, daß auch nur ein einziges Bleikügelchen über eine Vene in den Blutkreislauf gelangen könnte. Das war einem Jugendfreund mit einer Nadel passiert, die seine Mutter auf dem Bett liegengelassen hatte. Die Nadel drang in seinen Arm ein, erreichte eine Vene und wanderte durch den ganzen Körper.

Die ersten, in die wieder Bewegung kam, waren Renato und Alfredo. Sie gingen ins Dorf und verständigten einen ehemaligen Partisanen, der mich zum Gemeindearzt brachte. Dem Doktor erzählte ich knapp, was geschehen war. Er stellte mir keine Fragen, untersuchte die kleinen Wunden sorgfältig und empfahl die Einlieferung in ein Krankenhaus, wo die Schrotkörner entfernt werden könnten. Er machte uns aber darauf aufmerksam, daß dies in unserer Situation gefährlich sei. Ich kannte den Arzt nicht, vielleicht hatte ihm aber der Genosse etwas angedeutet. Ich bekam eine Tetanusspritze und einen Vorrat an Antibiotika. Die Infektion würde einige Wochen lang hohes Fieber verursachen. Ich solle die Wunden sorgfältig pflegen und warten, bis der Körper die Bleikügelchen nach und nach abstieß. Die, die noch drinnen blieben, würden sich abkapseln und seien harmlos.

Wir kehrten in das Bauernhaus zurück: Renato fuhr uns an und warf Mara und mir vor, zu leichtfertig mit Waffen umzugehen: »Damit spielt man nicht«, wiederholte er dauernd, »das ist eine ernste Sache.«

Mir aber gefiel diese Verletzung ganz gut. Den Genossen, die mich mit dem Arm in der Schlinge sahen und mir Verantwortungslosigkeit vorwarfen, antwortete ich halb ernst, halb scherzhaft: »Den Krieg lernt man, indem man ihn führt.«

Der »rote Faden« wurde stärker: einer der Partisanen, ich nenne ihn Sergio*, kam mit uns nach Mailand. Er war über Vierzig: im Widerstand, fast noch ein Kind, hatte er mit den ↑ GAP, den »Patriotischen Aktionsgruppen«, gekämpft, und er wollte nun den Kampf fortsetzen. Wir mußten nicht lange überlegen, ob wir ihn als »Regulären« aufnehmen sollten, ein echter GAP-Mann würde uns vieles beibringen können. Sergio hatte wirklich auf den Feind geschossen, er würde uns helfen können.

Neugierig und aufmerksam lief Sergio durch die Straßen von Mailand. Er erkundete die Geheimnisse des Terrains, in dem er in Zukunft agieren würde. Bisher hatte er immer in der Provinz gelebt. Im Krieg, erzählte er, hatten sie ihre Aktionen mit dem Fahrrad durchgeführt, die Maschinenpistole geschultert. Obwohl er mit Autos nicht umgehen konnte und allen Maschinen gegenüber mißtrauisch war, wollte er auch Autofahren lernen.

Auch von Sergio bekamen wir ein »Reifezeugnis«. Eines Abends, in einer Trattoria am Naviglio-Kanal, erzählte er beim Essen von Waffen aus dem Krieg. Er erinnere sich noch genau an die Stelle, wo er sie vergraben habe. Im Auftrag seines ehemaligen Kommandanten sei er noch oft dort gewesen, um zu überprüfen, ob die Feuchtigkeit die Maschinenpistolen nicht unbrauchbar gemacht habe. Wir sollten sie mit ihm holen. Wir überlegten nicht lange. Schon am nächsten Morgen fuhren wir los, stellten das Auto am Damm des Po ab

* *Nicht identifizierter Brigadist.*

und marschierten drei Stunden lang durch Pappelwälder. Das »Depot« befand sich in einem Holzverschlag, der von Jägern benutzt wurde. Sergio zeigte auf ein Brett im Boden, wir nahmen es heraus und gruben, bis wir auf einen schwarzen Plastikbehälter stießen. Er war mit alten Lumpen vollgestopft, zwischen denen zwei gut erhaltene, mit Fett beschichtete Sten-Maschinenpistolen lagen. Sergio nahm sie in die Hand und prüfte ihre Funktionstüchtigkeit – sie waren in Ordnung. Wir gruben weiter, bis wir die zwei Korbflaschen mit den Patronen fanden, sie waren mit Öl konserviert.

Wir sahen uns wortlos an. Ich stellte mir vor, wie diese beiden Maschinenpistolen an Fallschirmen der Alliierten in einer mondlosen Nacht heruntergeschwebt waren und wie die Partisanen sie rasch sichergestellt hatten. Wir packten alles in eine Tasche und kehrten nach Mailand zurück.

Das war unser erstes Arsenal. Aber wir mußten erst lernen mit den Waffen umzugehen. Sie zerlegen und wieder zusammensetzen, ihren Mechanismus verstehen, das war ziemlich einfach, man konnte es auch zu Hause machen. Das eigentliche Problem war, schießen zu lernen: dazu brauchte man einen geeigneten Ort.

Zuerst dachten wir an eine große Wohnung mitten in der Stadt, im letzten Stock, mit einem langen Korridor, den wir mit Styropor isolieren wollten. So machten es die Tupamaros, die uruguayischen Guerilleros, das hatten wir in den beiden bei Feltrinelli verlegten Büchern gelesen. Diese Bücher waren unsere kleine Bibel, die wir um Rat fragten, wann immer es ein Problem zu lösen gab. Aber wir hatten nicht genug Geld, und so sehr wir auch suchten, nie fanden wir eine Wohnung, die uns erlaubt hätte, die »Tupas« zu imitieren.

Also wichen wir auf die Müllhalden aus. Aus den Plänen, die wir in der Stadtbibliothek geklaut hatten, war ersichtlich, welche Müllhalden an der Peripherie lagen. Aber sie waren umzäunt, und jedesmal die Zäune aufbrechen, war zu mühsam. Wieder wußte Sergio Abhilfe: die Partisanen hatten in Höhlen geübt, und er zeigte uns eine im Valsesia. Eine andere hatten Renato und ich bei einem unserer Ausflüge im Val Pellice an der Grenze zu Frankreich gefunden: sooft wir Zeit hatten, nahmen wir Zelt und Schlafsack und gingen in die Berge; das machte uns am meisten Spaß.

So führten wir unsere Schießübungen in den Höhlen durch. Eine Neonlampe mit Batterie reichte aus, das Ziel zu beleuchten: Cola- und Bierdosen, manchmal auch Zielscheiben aus Kork, wie man sie für Wurfpfeile verwendet. Neben Sergio war Alfredo unser Lehrer. Er schoß am besten von allen. Schon von klein auf war er mit seinem Vater und seinen Brüdern auf die Jagd gegangen. Er erklärte uns, wie man den Gewehrschaft an die Schulter legt, zielt und mit einer kaum wahrnehmbaren Bewegung des Zeigefingers abdrückt. Mara war die einzige, die schnell lernte. Vor allem mit der Pistole traf sie ins Schwarze, vielleicht weil sie kräftige Handgelenke hatte – sie hatte als Kind viel Gymnastik betrieben –, oder weil sie die Hartnäckigste von uns war. Sie konnte es nicht ertragen, etwas nicht gut zu machen. Renato und ich trafen selten das Ziel. Ständig erklärte uns Sergio, daß die Waffe eine Verlängerung des Armes, des Körpers sei. Aber weder ich noch Renato empfanden sie als das. Für uns war sie nur ein fremder Gegenstand aus Metall.

Im Untergrund

2

Meine Eltern und Freunde in Reggio Emilia glaubten, ich sei an der Technischen Hochschule von Mailand eingeschrieben. Ab und zu kam ich nach Hause, wie ein Student, der auswärts studiert. Ich hatte mich wirklich eingeschrieben, aber nie Prüfungen abgelegt; es war also unvermeidlich, daß ich eines Tages die Einberufung zum Wehrdienst erhalten würde.

Im Februar 1971 verständigte mich mein Vater, daß ich in Car di Barletta einrücken sollte. Das ist die Fahrkarte in den Untergrund, dachte ich. Ich fuhr nach Reggio und verabschiedete mich von allen. »Ich muß zum Militär«, sagte ich. Ich sah aus wie ein anständiger junger Mann: nicht Rollkragenpullover, Parka, Jeans und langer Bart, sondern Sakko, Hemd und Krawatte. Alle waren beeindruckt. »Beim Militär wirst du spuren lernen«, sagten sie, »die werden dir den Kopf schon zurechtrücken.« Verwandte und Freunde steckten mir Geld zu: zum Schluß hatte ich fast eine halbe Million Lire in der Tasche, mehr Geld, als ich je auf einmal besessen hatte.

Vater und Mutter halfen mir, den Koffer zu packen; sorgfältig suchten sie die Sachen aus, die ich mitnehmen sollte. Am Abend, das Gebäude war wie ausgestorben, ging ich auf den Dachboden, wo ich den Sack versteckt hatte. Ich fand ihn sofort und holte die Pistolen hervor: sie lagen seit dem Tag, an dem ich sie bekommen hatte, dort. Vielleicht funktionierten sie nicht, vielleicht gab es die richtige Munition gar nicht mehr? Warum sollte ich eigentlich das Risiko eingehen, sie im Koffer mitzunehmen? Ich konnte sie auch hier lassen und später wieder kommen oder einen Freund schicken ... Aber das waren Ausreden, ich hatte bloß Angst, bewaffnet herumzulaufen. Ich dachte an den alten Partisanen, an das, was er gesagt hatte: ich konnte ihn nicht verraten. Meine Leute schliefen schon, niemand sah mich, als ich mit dem Sack in mein Zimmer zurückkehrte und ihn zwischen den Kleidern verstaute. Ich war bereit.

Der Zug nach Barletta ging um acht Uhr früh. Meine Freunde begleiteten mich bis zum Waggon. Wir verabschiedeten uns. Ich stieg ein und winkte noch vom Fenster aus. Dann gingen sie. Ich stieg aus und sprang in den Zug nach Mailand, der auf dem Nachbargleis stand. In der Tasche hatte ich das zugesteckte Geld: meine Verwandten und Freunde hatten – ohne es zu wollen – ihren Beitrag zum bewaffneten Kampf geleistet.

Drei Wochen später rief ich meinen Vater an. »Die Carabinieri waren hier«, sagte er, »sie suchen dich, weil du nicht eingerückt bist. Ich habe ihnen gesagt, daß wir schon länger keine gute Beziehung zueinander haben, und ich nicht weiß, wo du bist. Ich glaube, sie haben einen Haftbefehl gegen dich wegen Wehrdienstverweigerung.« Er fragte mich weder, wo ich war, noch, was ich tat. Ich nahm an, mein Vater hatte verstanden. Das bestätigte er mir fünf Jahre später, bei einem Gespräch im Gefängnis von Saluzzo. Er hatte von den ersten Aktionen der Roten Brigaden gelesen und mit sich selbst gewettet, daß ich nicht des Studiums an der Technischen Hochschule wegen nach Mailand gegangen war. Er war sich immer sicher gewesen, die Wette zu gewinnen. »Ich habe deine Entscheidung verurteilt«, sagte er mir, »aber für mich war klar, daß du mein Sohn bist und bleibst. Ich hätte dich nie unterstützt, aber auch nie bekämpft.«

Nach diesem Telefongespräch war meine Situation klar. Ich fühlte mich wie ein anderer Mensch, ich hatte ein »neues Ufer erreicht«. Ich – im Februar 1971 der einzige gesuchte Brigadist, wenn auch nur wegen Fahnenflucht – war nun endgültig im Untergrund. Che Guevara schildert, wie Simón Bolívar bei der Landung den Befehl gab, alle Schiffe zu verbrennen, um jeden Rückzug unmöglich zu machen: »Sieg oder Tod!« Wir vollzogen diese Handlung symbolisch nach: wir verbrannten alle unsere Dokumente. Jeder neue Genosse, der »reguläres« Mitglied werden wollte, mußte das tun. Das war unsere Art, Schiffe zu verbrennen, Brücken abzubrechen, den Rückzug unmöglich zu machen. Wir betraten einen neuen Kontinent. Und die Furcht, die in diesem Schritt lag, war vom Bewußtsein begleitet, eine Last abgeworfen, alte Bindungen abgeschüttelt zu haben.

Als ich meinen Personalausweis verbrannte, fühlte ich mich frei. Ich konnte sein oder werden, wer oder was ich wollte: Ingenieur, Rechtsanwalt, Arbeiter. Ich hatte das Gefühl, endlich ein freier Mensch zu sein, die Vergangenheit abzustreifen, die vorgegebenen sozialen Bedingungen zu umgehen. Es war die Illusion, Herr über das eigene Schicksal zu sein, das Leben an den Wurzeln zu packen: beim Namen und Vornamen, die uns als erste aufgezwungen werden.

Ich begriff, daß meine Entscheidung für den bewaffneten Kampf nicht nur politisch, ideologisch war. Zumindest in diesem Augenblick erschien sie mir nicht so. Mit diesem kleinen Feuer hatte ich mein Leben in die Hand genommen. Wie oft hatte ich mir meine Zukunft als Ingenieur ausgemalt, die Zukunft, die mein Vater für mich vorgesehen hatte, nach einem Leitsatz ↑ Togliattis: »Schickt eure Kinder studieren.« Als ich noch Kind war, riet er mir schon, Ingenieur zu werden, dann könne mir keiner mehr Befehle geben. Für ihn, den Metallarbeiter, war der Ingenieur das »Kommando«, die Person, die »Befehle gibt«. Ende der fünfziger Jahre, nach der Entstalinisierung, als er jegliches Vertrauen in den Sozialismus und in die Möglichkeit einer Revolution verloren hatte, änderte er seine Argumentation: ich sollte Ingenieur werden, um es mir gut gehen zu lassen und den Sozialismus für mich zu verwirklichen. Ich studierte, aber die These vom »Sozialismus für mich« überzeugte mich nicht. Ich fand einen Mittelweg zwischen meinem Vater, meiner Zukunft und der Revolution: ich entschied mich für die Studienrichtung Bergbau, um nach Kuba gehen zu können. Castro brauchte Ingenieure für die Erdölsuche. Ich studierte zwei, drei Jahre in Bologna, aber ich haßte diese Ingenieure, die sich ihren unsinnigen Plänen, Zahlen und Ziffern hingaben. Ich stellte mir mein Leben wie ein Gefängnis vor: Heirat, Ehefrau, Kinder, alles vorgeplant und organisiert. Und Ingenieur zu werden, dachte ich, sei auch Verrat, ich müßte gegen die Arbeiter handeln und damit auch meinen Vater verraten. Als ich ihm aber von meinen Zweifeln erzählte, schien er nicht zu verstehen: er wollte seinen letzten Traum nicht auch noch zerrinnen sehen. Dann spielte er seinen letzten Trumpf aus: »Werde Ingenieur«, sagte er, »denk daran, wie wichtig es politisch wäre, als Ingenieur gemeinsam mit den Arbeitern zu streiken.« Ich gab ihm keine Antwort.

Die erste Wohnung, »il covo«*, so nannten die Zeitungen später alle unsere Unterkünfte, mietete ich in Mailand im Ticinese-Viertel. Es waren zwei Zimmer im Hochparterre eines alten Wohnhauses ohne Portiersloge. Polizei und Carabinieri haben sie nie entdeckt, diese Wohnung ist unser kleines Geheimnis geblieben.

Mit der Frau von der Wohnungsvermittlung hatte ich mehrmals telefoniert. Ich hatte mich als Fiorini vorgestellt. Mit ihr hatte ich die Wohnung besichtigt und die Formalitäten, Zins und Mietdauer, vereinbart. Wir mußten nur mehr zum Eigentümer gehen, damit die Sache ihre Gültigkeit hatte. Ich würde meinen falschen Personalausweis herzeigen müssen, deshalb verbrachte ich zwei Tage damit, mir immer wieder Vornamen, Namen und Geburtsdatum von Giovanni Fiorini vorzusagen.

Den wirklichen Giovanni Fiorini hatte ich nur einmal gesehen, vor einer Bar am Corso Buenos Aires. Er sah mir ähnlich, zumindest schien es mir so, denn er hatte Brillen, einen Schnurrbart, braunes Haar und war mittelgroß. Ich hatte

* *dt.: Höhle, Schlupfwinkel.*

das Kennzeichen des blauen Fiat 500 notiert, in den er gerade gestiegen war; damit hatte ich mir beim Automobilklub seine persönlichen Daten beschaffen können. Auf diesen Namen hatte ich mir einen Führerschein und einen Personalausweis ausgestellt. Ich hatte sogar einen blauen Fiat 500 geklaut und mit einer kleinen Presse ein identisches Nummernschild gedruckt. So trieben sich jetzt in Mailand zwei Männer mit denselben Personalien herum.

Ich war mit der Frau von der Wohnungsvermittlung bei der Porta Ticinese verabredet, der Eigentümer wohnte in der Nähe. Ich war gepflegt gekleidet und trug einen Aktenkoffer wie ein Geschäftsmann. Ich versuchte, ruhig und gut gelaunt zu erscheinen, aber ich war aufgeregt. Wenn die Frau alles durchschaut hatte? Wenn in der Wohnung des Eigentümers die Polizei wartete?

Wir kommen zum Haus, steigen die Treppen hoch und betreten das Wohnzimmer. Der Vertrag liegt schon vorbereitet auf dem Tisch. Ich habe Angst. Giovanni Fiorini ist in Piacenza geboren. Was, wenn dieser Herr im grauen Anzug auch aus dieser Stadt stammt? Wenn er mich etwas fragt? Wenn er wissen will, wo meine Eltern wohnen? Ich bin noch nie in Piacenza gewesen.

Aber er will nicht einmal meinen Ausweis sehen, er vertraut der Frau, und er vertraut mir. Nach fünf Minuten haben die Roten Brigaden den ersten Vertrag unterzeichnet.

Ich laufe die Treppen hinunter, springe, fühle mich leicht: es ist einfach, im Untergrund zu leben, mit der Macht zu spielen. Während ich auf die Straßenbahn warte, ziehe ich den Vertrag aus dem Aktenkoffer. Da steht: »Mieter: Herr Giovanni Fiorini, geboren am 7. Juli 1948 in Piacenza ...«

Die Miete bezahlte ich der Frau alle drei Monate, so pünktlich wie möglich, und wenn ich auch ein unregelmäßiges Leben führte, mit eigenartigen Arbeitszeiten: niemand hat je Verdacht geschöpft. Ab September 1971 lebte ich in dieser Wohnung, zuerst allein, um zu sehen, ob die »Tarnung« funktionierte. Dann kamen Renato und Mara.

Den Vorraum hatten wir als Küche eingerichtet, im anderen Zimmer schliefen wir. Wir hatten gebrauchte Möbel gekauft: einen Tisch mit blauer Resopalplatte, vier Stühle, einen Gasherd, einen Schrank, drei Bettrahmen, ein Regal für die Bücher, einige Hocker.

Für drei Personen war es eine kleine Wohnung, aber es war »unsere« Wohnung, die erste wirkliche »Organisationsstruktur«. Wir nannten sie »Basis« und benahmen uns wie echte Illegale. In dieser Wohnung haben wir begonnen, die ersten Regeln festzulegen, die dann in vielen unserer Dokumente gefunden und von der Polizei genau studiert wurden, um uns auf die Schliche zu kommen. Vor allem durfte unseren Mitgliedern nicht das gesamte Netz der verfügbaren Wohnungen bekannt sein. Später wäre das zu gefährlich gewesen, als in jeder Basis Waffen, ein Archiv, Werkzeug zum Fälschen von Dokumenten und Bücher versteckt waren, alles was wir für unsere Arbeit brauchten.

Wir trafen eine Reihe von Vorsichtsmaßnahmen, um keinen Verdacht zu erregen und als möglichst normale Bürger zu erscheinen. Renato und Mara, zum Beispiel, betraten nie die Wohnung, wenn ich nicht bereits zu Hause war. Man hätte bemerken können, daß sie bei mir wohnten, und es hätte Scherereien geben können. Also verabredeten wir uns an der Straßenecke; ich ging voraus, schaute, ob alles in Ordnung war, und gab ihnen durch das Fenster ein Zeichen.

An den wenigen Abenden, die wir nicht in der Trattoria oder im Kino verbrachten – denn die Wohnung war zwar ein Zufluchtsort, konnte aber auch zur Falle werden –, saßen wir um den Küchentisch wie eine normale Kleinfamilie und erzählten uns, was tagsüber passiert war, erzählten von den überwundenen Schwierigkeiten und den kleinen Freuden. Wir kochten. Renato improvisierte aus allem, was er im Kühlschrank fand, Spaghettisaucen, die immer dermaßen viele Pfefferschoten enthielten, daß man ins Schwitzen geriet. Obwohl wir seine Kreationen nur mit Mühe verdrückten, kritisierten wir ihn nur, wenn er absolut unvereinbare Sachen zusammengemischt hatte. Ich kochte meistens Gemüserisotto. Es machte mir Spaß, eine halbe Stunde lang Zucchini, Karotten, Sellerie und Kartoffeln in kleine Würfel zu schneiden, die dann einen völlig neuen Geschmack ergaben. Nur Mara kochte nicht, sie sagte – mit dem gleichen Tonfall wie andere Genossinnen aus der Bewegung –, sie könne nicht kochen.

Renato las und machte sich dabei unablässig Notizen. Er erklärte Mara die Revolution. Aber als es später tatsächlich um den Gebrauch von Waffen ging, war es Mara, die Renato die wichtigsten Regeln des illegalen Kampfes beibrachte und die Probleme, die von Fall zu Fall auftauchten, am einfallsreichsten löste. Renato wollte zwar auch mitreden, aber Mara ließ ihn gar nicht zu Wort kommen und verteidigte beharrlich ihre Ideen. Ich war Mara nicht unähnlich. Wir ließen Renato die Theorie ausarbeiten, Zitate und historische Bezüge suchen. Ich und Mara kümmerten uns um die gefälschten Dokumente und die Waffen, wir führten die Ermittlungen und die Aktionen durch.

Renato verfaßte fast alle Flugblätter, nachdem er ihren Inhalt mit uns diskutiert hatte. Dabei verbrauchte er Unmengen Papier; er schrieb etwas, verwarf es, schrieb es nochmals, fügte etwas hinzu. Dafür benötigte er Stunden, und wir, vielleicht auch gelangweilt, weil er sich mit den wenigen Zeilen so lange abplagte, ließen ihn allein. Kamen wir dann zurück, und er arbeitete immer noch, lasen wir oder richteten etwas zu essen her. Schließlich übergab er uns den Text in Reinschrift, begleitet von einem: »Das wär's.« Aber fast immer gab es noch einen Punkt, in dem Mara oder ich anderer Meinung waren. Stimmten wir schließlich überein, machte er sich wieder geduldig an die Arbeit und arbeitete die endgültige Fassung aus.

Mara und ich schirmten Renato von Anfang an ab. Als uns das bewußt wurde, war uns auch klar warum: er war »unser« Theoretiker, deshalb versuchten wir instinktiv, ihn von den alltäglichen Kleinigkeiten und Unannehmlichkeiten zu verschonen. Obwohl wir seine theoretische Arbeit schätzten, hielten wir ihn – auch wenn wir das nie aussprachen – für die harte Realität kaum geeignet. Mara und ich waren da anders. Sie war voll Lebenslust und Tatendrang: wenn sie sich für ein bestimmtes Ziel entschieden hatte, hätte kein Hindernis sie davon abhalten können, es zu erreichen. Ich hatte von beiden Charakteren etwas, zum einen den Hang, wie Renato alles zu theoretisieren, wenn nötig auch die Verwendung von Zahnstochern, zum anderen wie Mara den Drang, alles, und zwar sofort, anzupacken.

Renato hatte ich etwas mehr als ein Jahr zuvor kennengelernt. Bruno, ein Genosse aus Reggio, der in Trient studiert und mit ihm in einer Wohngemeinschaft gelebt hatte, brachte mich damals zu Renato, der am Viale Sarca in Mailand wohnte. Er hatte mir oft von diesem sympathischen, intelligenten, gebildeten Menschen erzählt, »einem der besten Genossen in Trient«. »Als du zur Versammlung nach Trient kamst«, erinnerte er mich, »stand auch Renato vor der Universität, mit der Mao-Plakette am Hemd, und verteilte das Rote Buch. Er hatte einen Schnurrbart und eine etwas gerötete Nase.«

Ich wollte ihn kennenlernen, weil er beim CUB von Pirelli mitmachte, einem revolutionären Einheitskomitee von Arbeitern und Studenten, das an den revolutionären Anspruch von Gewerkschaft und Kommunistischer Partei nicht mehr glaubte.

Deshalb begleitete ich Bruno gern zu dem Wortführer der Trientiner Studentenbewegung, den es nach Mailand verschlagen hatte. Die Tür zu seiner Wohnung war offen, und im Vorraum kam uns ein Mädchen entgegen. Sie war eher klein und lächelte. Ich weiß nicht, ob sie schön war – doch, sie war es: Mara. Sie umarmte Bruno, sagte etwas zu ihm – in Trientiner Dialekt mit einem Akzent aus dem Veneto – und wandte sich dann mir zu: »Ich weiß alles über dich, Bruno hat mir von dir erzählt.« Eine rasche Umarmung, und wir traten in die kleine Küche, die zugleich eine Art Studierzimmer war, denn der Tisch war übersät mit Büchern, Zeitschriften und Heften. Dahinter, kaum sichtbar, ein rundes Gesicht mit einer roten Kartoffelnase und krausen schwarzen Haaren. »Wie geht's?« sagte Bruno. Renato lächelte, räumte zwei Bücherstapel weg und sagte, wir sollten uns setzen. Wir redeten belangloses Zeug, von einem gemeinsamen Freund, vom letzten Ausflug in die Berge mit Mara, vom Leben in einer Großstadt wie Mailand.

Aber gleich darauf sprachen wir über das, was uns mehr am Herzen lag: Pirelli und die Arbeiterkämpfe. Renato hatte die meisten Informationen: er verwickelte uns in seine scharfsinnigen Gedankengänge. Er wies auf die »spontaneistischen Bewegungen immanente Grenze« hin und nannte die Verhaftung Tolins, des Herausgebers der Zeitschrift von ↑ »Potere operaio«, der wegen eines »gewaltverherrlichenden« Artikels festgenommen worden war, als Beispiel. »Wir organisieren Demonstrationen und schreien ›Freiheit für Tolin‹«, sagte er, »aber keine Demonstration wird ihn je befreien können. Wenn die Repression schon diese Stufe erreicht hat, muß man sich anders organisieren, die traditionellen Formen des Widerstands genügen nicht mehr.« Er sprach schon von bewaffnetem Kampf, aber als es ihm bewußt wurde, sah er mich an und wechselte sofort das Thema. Am Bahnhof, während wir auf den Zug nach Reggio warteten, erklärte mir Bruno die Ängste Renatos: als ich schon die Stiegen hinuntergegangen war, hatte Renato Bruno noch am Treppenabsatz zurückgehalten, wie zu einem letzten Gruß, und ihn gefragt, ob ich ein Genosse sei, dem man vertrauen könne. Ich war nicht beleidigt, im Gegenteil, ich dachte, daß Renato ein sehr ernsthafter Mensch sei, der große Dinge plante.

Wir trafen uns weiterhin. Mindestens einmal im Monat besuchte uns in Reggio jemand von Renatos eben erst gegründetem ↑ »Colletivo politico metropolitano«, CPM, oder fuhr einer von uns nach Mailand.

Meistens waren wir zu viert: ich, Attilio, Roberto* und Fabrizio. Wir fuhren in die Via Curtatone zu den Versammlungen des CPM, um die Genossen aus den Fabriken kennenzulernen und ihre Kämpfe zu verstehen. Wir wollten alles über die Herstellung der Flugblätter, die Demonstrationen in der Fabrik und die Betriebsversammlungen wissen. Abends gingen wir dann mit Renato und Mara essen. Es waren nicht mehr Dutzende Genossen um uns herum, und wir konnten über den bewaffneten Kampf, über die Illegalität diskutieren. Damals begannen wir unsere Zukunft zu verspielen.

* *Roberto Ognibene, Brigadist der ersten Stunde aus Reggio; wegen Tötung des Carabinierifeldwebels Felice Maritano in Robbiano di Mediglia am 10. Oktober 1974 verurteilt, hat sich vom bewaffneten Kampf losgesagt.*

Renato kam auch nach Reggio. Er brachte einen Hauch von Großstadt in unsere Versammlungen mit, der sich in der verschlafenen Provinz wie ein Tornado ausnahm. Renato übernachtete bei mir zu Hause. Meinen Eltern hatte ich gesagt, er sei Universitätsprofessor. Sie waren ziemlich verblüfft, als sie ihn sahen: er war schlampig gekleidet und sehr umgänglich. Meine Mutter fragte mich, ob er wirklich Universitätsprofessor sei. Sicher, sagte ich, und es war nicht einmal gelogen, denn in Trient war Renato Mitarbeiter von Francesco Alberoni, dem Dekan der soziologischen Fakultät, gewesen.

Der Wind der Revolution

3

Es hat nie einen Gründungsakt der Roten Brigaden gegeben, auch wenn ihr Entstehen meistens auf eine Zusammenkunft in Chiavari im Herbst 1969 zurückgeführt wird. Aber das stimmt nicht. An der ligurischen Küste diskutierten wir nur darüber, in welche Richtung sich das neugegründete CPM entwickeln sollte. Über den bewaffneten Kampf wurde nicht gesprochen und die Illegalität als Mittel des politischen Kampfs abgelehnt. Wenn man wirklich einen offiziellen Anlaß finden will, bei dem die ersten Schritte in Richtung Rote Brigaden gemacht wurden, muß man ihn in Pecorile suchen, einem Dorf am Fuß des Apennin, 20 Kilometer von Reggio Emilia entfernt.

Im August 1970 trafen sich dort an die hundert Leute: Jugendliche aus Mailand, Trient, Reggio, Rom und Turin, die alle mit dem CPM in Verbindung standen. Einer meiner Freunde hatte in Pecorile ein kleines Hotel. Ich sagte ihm, wir seien eine Gruppe von Studenten, die ein dreitägiges Seminar über die Arbeiterbewegung abhalten wolle. Diese Auskunft genügte, er vertraute mir. Viele, die in seinem Hotel nicht mehr Platz hatten, konnten privat, bei Familien, untergebracht werden. Für dieses Dorf mit seinen zweihundert Einwohnern war es wie ein Fest, wir brachten Leben und Geld.

In der Scheune, die ans Hotel grenzte und wo sonntags getanzt wurde, hielten wir unsere Versammlungen ab. Renato und Corrado* hatten, nach Rücksprache mit mir und einigen anderen, das Eröffnungsreferat verfaßt. Renato las es vor. Im wesentlichen besagte es folgendes:

»In den großen Fabriken entsteht derzeit eine neue Arbeiterbewegung mit einem ausgeprägten politischen Bedürfnis nach Macht: das äußert sich im Kampf gegen die Organisation der Arbeit, gegen den Akkord, gegen den Arbeitsrhythmus, gegen die Vorgesetzten, die ›Capos‹. Deshalb bewegt sie sich

** Corrado Simioni, mit Curcio und Cagol Gründer des politischen Stadtkollektivs CPM. Anfangs der sechziger Jahre Mitglied der autonomistischen Strömung innerhalb der Sozialistischen Partei, Mitte der sechziger Jahre wegen »moralischer Unwürdigkeit« aus der Partei ausgeschlossen. Im September 1970 trennt er sich von der Gruppe Curcio-Cagol, die gerade ihre ersten Aktionen als »Rote Brigaden« durchführen. Er ruft jene Gruppe ins Leben, die Franceschini »Superclan«, die »Supergeheimen«, nennt. 1974 eröffnet er zusammen mit anderen in Paris die Sprachschule Hyperion. Sie wird in vielen gerichtlichen Gutachten als Hirn der Rotbrigadisten um Mario Moretti bezeichnet, die Aldo Moro entführt und getötet haben.*

außerhalb der Strukturen der traditionellen Arbeiterbewegung – wie Kommunistische Partei oder Gewerkschaften. Das Bedürfnis nach Macht wird sie unvermeidlich zum Zusammenstoß mit den Institutionen, auch mit der Kommunistischen Partei und den Gewerkschaften, führen. Es ist darum unerläßlich, im Innern dieser Bewegung eine Avantgarde zu bilden, die in der Lage ist, diese Perspektive auf die Macht zu verkörpern und weiterzuentwickeln. Diese Avantgarde muß es verstehen, die ›Politik‹ mit dem ›Krieg‹ zu verknüpfen, denn zur Durchsetzung seiner Macht betreibt der moderne Staat ›Politik‹ und führt gleichzeitig ›Krieg‹. Daher ist die leninistische Strategie des Aufstands unzeitgemäß und nicht anwendbar, weil sie eine im wesentlichen friedliche Phase politischer Agitation und Propaganda voraussetzt, der erst in der ›Stunde X‹ der tödliche Stoß, das heißt die militärische Phase folgt.

Stattdessen ist es notwendig, den ›Bürgerkrieg auf lange Sicht‹ vorzubereiten, in dem das ›Politische‹ von Anfang an mit dem ›Militärischen‹ verbunden ist.

Mailand, die Metropole, das Schaufenster des Imperiums, Zentrum der fortgeschrittensten Bewegungen, ist unser Dschungel. Dort müssen wir beginnen. Und zwar sofort.«

Mit der Frage des bewaffneten Kampfes war ein entscheidender Schritt notwendig geworden. Die Diskussion verlief hitzig. Unsere Thesen fanden die Zustimmung der Mehrheit, und die Genossen, die meinten, die Gewalt müsse von den Massen ausgehen, schlossen sich der ↑ »Lotta continua« an.

Ich hatte meinen entscheidenden Schritt schon ein Jahr vorher getan, auf der Straße gegenüber dem NATO-Stützpunkt von Miramare, in der Nähe von Rimini.

Ich war Kommunist von Geburt an. Mein Vater war Mitglied einer KP-Zelle in den Reggiane gewesen, einem metallverarbeitenden Industriebetrieb mit 10 000 Arbeitern, der Flugzeuge und Panzerwagen hergestellt hatte. Eine Fabrik mit denkwürdiger Vergangenheit: zu Beginn der fünfziger Jahre wollten Arbeiter durch Besetzung ihre Schließung verhindern. Es gab lange Demonstrationszüge, an denen ich auf den Schultern meines Vaters teilnahm. Während dieser Arbeitskämpfe erbrachten die Arbeiter gemeinsam mit den Technikern den Beweis, daß der Betrieb auch in Friedenszeiten nützlich sein konnte: ausgehend vom Modell eines leichten Panzerwagens, entwarfen und bauten sie einen Traktor, der berühmt wurde, den R60. Nachdem sie drei Stück hergestellt und örtlichen Kooperativen übergeben hatten, wurde der Betrieb dennoch geschlossen.

Mein Vater und meine Mutter, die 1945 geheiratet hatten, wohnten, wie viele andere, im Parteihauptsitz der Stadt. Und dort, in ihrer ersten Wohnung, wurde ich gezeugt, in einem Zimmer am Dachboden eines Gebäudes, von dem die rote Fahne wehte. Meine Mutter schämte sich, als sie von dieser ersten »Wohnung« erzählte, aber mein Vater spielte einmal darauf an und meinte, ich sei »aus gutem Hause«.

In meiner Kindheit hat man mir keine Märchen erzählt, und ich habe auch keine gelesen. Meine Märchen waren die Erzählungen des Großvaters, des Vaters meines Vaters. Er war 1921 in Reggio als einer der ersten aus der Sozialistischen Partei ausgetreten und hatte die KPI mitbegründet. Er erzählte mir von der Zeit, als er mit den Parteiführern ↑ Pajetta, ↑ Secchia, ↑ Amendola im Gefängnis und in der Verbannung war, und davon, wie er in die Berge gegangen war, um im Partisanenkrieg mitzukämpfen. Er brachte es fertig, mir weiszumachen – und ich weiß immer noch nicht, wieviel davon Phantasie und wieviel Realität ist –, daß die Faschisten und die Deutschen ihn in siedendes Wasser werfen und kochen wollten. Die Narben an seinen Handgelenken, die er mir zeigte, hatte er ihnen zu verdanken, sie hatten ihm die Hände in Schubladen eingeklemmt.

Chruschtschow, der Entstalinisierer, war sein Hauptfeind. Er schien ihn mehr zu hassen als Mussolini, und immer wenn er wütender als gewöhnlich war, sagte er, der Duce sei zumindest vor der Machtergreifung ein Revolutionär gewesen. Chruschtschow aber war für meinen Großvater nur ein Revisionist, der den Sozialismus zerstörte. Das behauptete er, ohne sich bewußt zu sein, daß er Chruschtschow deswegen haßte, weil dieser die Mythen, die ihn sechzig Jahre seines Lebens geleitet hatten, zerstört hatte. Und er reagierte sich an meinem Vater ab, der die Linie der Partei verteidigte, und verwickelte ihn in heftige Streitereien. Dann kam er zu mir, ich ersetzte ihm den Beichtvater, und redete stundenlang. Dabei unterbrach ich ihn nicht, auch weil ich Angst hatte, ihm Recht geben und mich gegen meinen Vater stellen zu müssen. Aber im Herzen war ich auf seiner Seite. Meine Phantasie konnte seinen Erzählungen mühelos folgen, selbst wenn er vom Mond sprach und behauptete, daß der Wettlauf zu unserem Trabanten, der in diesen Jahren mit den Sputniks begonnen hatte, der Beweis für die Milliardenverschwendung Chruschtschows sei. Dieser erobere lieber eine kahle Kugel, auf der kein Grashalm wachse, anstatt sich um Hunderte Millionen Menschen zu kümmern, die auf der Erde vor Hunger umkamen.

Als ich vor der NATO-Basis von Miramare stand, dachte ich auch an ihn und an die Namen, die mich seit meiner Kindheit begleitet hatten: Secchia, Togliatti, Lenin, Stalin, ↑ Gramsci, und daran, wie ich meinen Vater gefragt hatte, ob der Fluß Secchia dem Genossen Secchia gehöre; daran, wie ich in der Volksschule einmal die Umschläge von Büchern und Heften heruntergerissen hatte, weil der Stempel der Schulfürsorge nicht wegzuradieren war, und die Lehrerin mir deshalb vorgeworfen hatte, ich und meine Familie lebten wohl vom Gold Stalins.

Die Kundgebung in Miramare hatten wir vom kommunistischen Jugendverband als Protest gegen die NATO organisiert. Die Partei wollte Zwischenfälle vermeiden, deshalb kamen in den Wochen vor der Kundgebung einige Parteikader aus Rom und hielten Versammlungen ab. Sie sprachen nicht ausdrücklich von Rimini, aber wir verstanden – auch aus dem, was sie nicht sagten –, daß etwas nicht in Ordnung war: sie wichen gezielten Fragen aus, sprachen über die Gewalt, als wäre sie etwas, was uns nicht betraf. Sie vertraten den gewaltlosen Weg zum Sozialismus, man müsse nur die Spielregeln einhalten, dann würden wir eines Tages siegen, wir seien entschlossener, stärker. Aber hätte ich diese Logik akzeptiert, hätte ich sowohl meinen Großvater mit seinen Idealen als auch meine Sehnsucht nach einer anderen, besseren Welt verraten. Viele Genossen aus dem Jugendverband dachten wie ich: wir hörten nicht auf die von der Partei, die uns rieten, ruhig zu bleiben, weil der Zeitpunkt, zu den Waffen zu greifen, noch nicht gekommen sei. Man müsse erst das Bürgertum im parlamentarischen Kampf schwächen, sagten sie. Wir hielten das für Geschwätz von gut getarnten Opportunisten oder von naiven Träumern, die überhaupt nicht begriffen hatten, welchen Weg die Partei eingeschlagen hatte.

Wir gingen auch deshalb nach Miramare, um ihnen diese Träume auszutreiben und die Ratlosigkeit auf den Gesichtern der Bürokraten zu sehen, wenn die Dinge anders liefen als geplant.

Viele Genossen aus der Studentenbewegung kamen nach Miramare, sie kamen aus Trient, Pisa, Rom, Turin. Und als wir die Fahnen ausrollten, waren es dieselben. Ohne Hammer und Sichel, nur kleine rote Tücher an langen festen Stöcken. Wir nannten sie chinesische Fahnen, sie waren auch als Schlagstöcke geeignet.

Wir besprachen die Vorgangsweise und teilten den Demonstrationsblock ein. Wir wollten am Drahtzaun entlang um den Stützpunkt marschieren und dann vor dem Eingang ein Sit-in veranstalten, das den Verkehr der Militärfahrzeuge behindern sollte. Aber der Ordnungsdienst der Partei nahm an der Einfahrt Aufstellung und blockierte uns sofort. An der Spitze des Studentenblocks standen wir vom kommunistischen Jugendenverband aus Reggio. Ein Funktionär der örtlichen KPI kam auf uns zu, und als er uns Provokateure nannte, zeigten wir ihm unsere Parteiausweise. Er glaubte uns nicht, dachte, sie seien gefälscht. Erst ein Funktionär, der uns kannte, bestätigte, daß wir Genossen waren.

Eine Zeitlang, etwas mehr als eine Stunde, standen wir dem Ordnungsdienst gegenüber. Niemand erhob den Stock, es kam zu keinen Handgreiflichkeiten; dann schlugen sie uns vor, gemeinsam in ein Theater zu gehen und zu diskutieren. Wir nahmen den Vorschlag an, denn unser Verdacht war bestätigt worden: verbal stellte sich die Partei gegen die NATO und den Imperialismus, aber wenn es wirklich darauf ankam, zog sie ihre Krallen ein.

Fabrizio, Tonino* und Prospero waren mit mir gekommen: als wir wieder nach Reggio zurückkehrten, hatte man uns schon bei der Kontrollkommission der Partei angezeigt. Kurz zuvor hätte ich noch darunter gelitten. Aber in Miramare, das wurde mir später bewußt, hatte ich mich bereits von der Partei gelöst. Ich entzog mich dem angedrohten Disziplinarverfahren, indem ich meinen Mitgliedsausweis nicht weiter verlängerte.

Diese Entscheidung besprach ich nicht mit meinem Vater. Auch er war von der Partei enttäuscht, aber ich wußte, daß er mir geraten hätte, in der Partei zu bleiben und »den Kampf von innen« fortzusetzen.

Prospero, ich und die anderen blieben nicht allein. Während ich die ersten Reisen nach Mailand unternahm, bildete sich eine Gruppe, die wir »Politisches Arbeiter- und Studentenkollektiv« nannten: das waren ehemalige Anarchisten, ehemalige Mitglieder des PSIUP**, Ex-Kommunisten, Ex-Sozialisten und Linkskatholiken. Aber für alle waren wir »die aus der Wohnung«, denn wir hatten eine Dachwohnung mit vier Zimmern gemietet. Im ersten, dem größten Raum, hielten wir Versammlungen ab, die allen, die teilnehmen wollten, zugänglich waren. Im zweiten waren alle Wände mit Bücherregalen verstellt, in der Mitte des Raumes stand ein langer Tisch mit vielen Stühlen, an dem gelesen und studiert werden konnte. Im dritten hatten wir eine kleine Küche eingerichtet: Gasherd, Tisch, ein paar Stühle, ein Schrank für Nahrungsmittel. Im

** Tonino Loris Paroli, Brigadist der ersten Stunde aus Reggio, Arbeiter in der Motorenfabrik Lombardini. Er wurde im April 1975 in Turin verhaftet und wegen Raub und Entführung zu 29 Jahren Haft verurteilt.*

*** Der PSIUP, die »Sozialistische Partei für Proletarische Einheit«, ging 1943 aus dem ehemaligen PSI hervor. Der Gedanke einer Einheit der Linken wurde bald aufgegeben, und die Partei nannte sich wieder PSI. Kleine Gruppen trugen den Gedanken eines proletarischen Aktionsbündnisses weiter, und in den sechziger Jahren kam es kurzfristig zu einer Neuauflage des PSIUP.*

letzten Raum, einem kleinen Saal, standen sechs Klappbetten, zum Schlafen und Vögeln.

Die »Wohnung« – so nannten auch wir sie – war nicht Sitz einer Partei oder einer politischen Gruppierung, sondern nur ein Platz, wo sich eine Gruppe von Genossen und Freunden traf, wohnte und über Politik diskutierte.

Um die Miete bezahlen zu können, suchten wir uns Gelegenheitsjobs. Attilio und ich arbeiteten als Kellner in einer Pizzeria in Fabbrico, nicht weit von Reggio, wo sie Samstag und Sonntag abends Verstärkung brauchten. Eines Tages nahmen wir auch Fabrizio mit. Er hatte noch nie bedient, und wir wußten, wie zerstreut er war, und daß er oft seinen Gedanken nachhing, ohne die Umgebung wahrzunehmen. Aber er wollte Geld verdienen und dem Besitzer beweisen, daß er das Handwerk verstand. Er begann mit einem Tablett voll Gläser und schlängelte sich flink zwischen den Tischen hindurch. Eine Kurve nahm er zu eng, und alles landete auf einer Gruppe von Gästen. Wir wurden alle auf der Stelle entlassen.

Che Guevara war unser Mythos: seine Ablehnung der öffentlichen Macht, sein unbändiger Tatendrang. Prospero betete ihn an. Jeden Abend um acht kam er mit seinem Mofa an, kaum daß er mit der Arbeit auf den Feldern fertig war. Aufmerksam nahm er an den Versammlungen teil und zog sich dann in den Schlafraum zurück, mit Ches »Ausgewählten Werken« unter dem Arm. Er wollte alles lesen, verstehen und sich einprägen. Aber regelmäßig schlief er nach zehn Minuten ein, das Buch auf dem Gesicht. Wir deckten ihn zu und ließen ihn schlafen, denn um fünf Uhr früh mußte er wieder auf die Felder. Ich glaube, er kam nie über die ersten paar Seiten des Buches hinaus.

Innerhalb weniger Monate war die Wohnung Heim für die eigenartigsten Jugendlichen von Reggio geworden: Provos, Beatniks, Langhaarige, Obdachlose. Man nannte uns »Aufwiegler« und warf uns vor, unter dem Vorwand der Politik gegen die Normen des kleinen, ruhigen Reggio zu verstoßen. Väter und Mütter kamen zu uns, wenn sie ihre ausgerissenen Söhne und Töchter suchten.

Direkt neben unserem Haus war der Sitz der Sozialistischen Partei, und ihr Sekretär, Dino Felisetti*, hatte Angst vor uns. Drei Jahre zuvor hatte Fabrizio, damals noch Anarchist, vom Dach des gegenüberliegenden Hauses mit einem Flobertgewehr auf den Abgeordneten Alberto Ferioli, den Präsidenten der

** Dino Felisetti, damals Provinzsekretär des PSI von Reggio und sozialistischer Parlamentsabgeordneter.*

Liberalen Partei von Reggio, geschossen. Er traf ihn nicht, zertrümmerte aber den Badezimmerspiegel, vor dem sich Ferioli gerade rasierte. Als Felisetti Fabrizio unter uns entdeckte, war er überzeugt davon, daß wir diesen Dachboden nur gemietet hatten, um auf ihn zu schießen. Er zeigte uns bei der Polizei an. Alle zwei Wochen durchsuchten Polizisten unsere Wohnung nach – wie sie sagten – Waffen und Drogen. Aber sie fanden nur leere Lambrusco-Flaschen. Später, als wir schon über hundert Leute waren, postierten sie Tag und Nacht einen Mannschaftswagen vor dem Haus: mindestens dreißig Polizisten, ausgerüstet mit Knüppel, Helm und Schild, bereit mit Gewalt unsere Wohnung zu räumen.

Diese Aufmerksamkeit machte uns stolz. Wir träumten schon vom Wind der Revolution, der wieder über die Poebene fegt.

Die ersten Feuer

4

Zuerst mußten wir einen Namen wählen, der unsere Aktionen kennzeichnen sollte. Mara, Renato und ich waren uns einig, daß der Namen mit der ↑ Resistenza, mit dem Partisanenkrieg, in Verbindung gebracht werden mußte: er sollte den »roten Faden« darstellen.

Wir dachten an »Garibaldi-Brigaden«; »Brigaden« gefiel uns, aber »Garibaldi« nicht, es erinnerte zu sehr an das Risorgimento, an den kleinbürgerlichen Populismus. Deshalb gingen wir alle möglichen Verbindungen mit dem Wort »Brigaden« durch: »Revolutionäre Brigaden«, »Proletarische Brigaden«, »Kommunistische Brigaden«, »Rote Brigaden« ... »Rote Brigaden«, das war das richtige Wort, einfach und klar vermittelte es die Idee des revolutionären Kommunismus, selbst das Bürgertum nannte die Kommunisten verächtlich die »Roten«. Wir hatten den Namen gefunden: »Rote Brigaden«.

Es war auch nicht schwierig, unsere ersten Ziele auszumachen. Die Arbeiter, mit denen wir sprachen, wiederholten immer wieder, daß es die Vorgesetzten treffen sollte, die leitenden Angestellten, die die Befehle der Eigentümer unmittelbar den Arbeitern weitergaben.

Die einfachste Methode wäre gewesen: ihre Wohnadresse ausfindig zu machen, sie bei der Rückkehr aus dem Büro abzupassen und zu verprügeln. Aber so gingen Faschisten vor, und die Arbeiter hätten nicht verstanden, was wir wollten. Wir mußten tätliche Auseinandersetzungen ausschließen und eine Aktionsform finden, die unverkennbar unsere Handschrift trug, die Person mußte zwar getroffen werden, aber nur symbolisch.

Ein Arbeiter der Sit-Siemens kam auf die Idee mit den Autos. »Die Chefs«, sagte er, »parken ihre Autos nicht neben unseren. Sie haben einen eigenen Platz. Ihre Autos sind groß, schnell und glänzen alle wie neu. Manchmal, bevor sie ins Büro hinaufgehen, ertappt man einen von ihnen, wie er um das Auto herumgeht, kontrolliert, ob alle Türen abgeschlossen sind, besorgt stehenbleibt, wenn er einen Kratzer im Lack bemerkt. Unter sich reden sie immer nur über Autos, sie kennen die neuesten Modelle, und ihr größter Wunsch ist, sich einen immer noch größeren Wagen zu kaufen. Ihnen das Auto zu zerstören, ist für sie schlimmer, als ihnen die Frau wegzunehmen. Außerdem würde es bei den Arbeitern gut ankommen. Wer mit einem gebrauchten Fiat 500 herumfahren muß, hat nichts gegen einen brennenden BMW oder Alfa.«

Feuer. Das war es. Das machte die Autos unbrauchbar und erweckte den Eindruck totaler Vernichtung. Wir mußten nur eine präzise, wirksame Technik entwickeln.

Unser erster Gedanke war, die Scheiben einzuschlagen und Benzin ins Wageninnere zu leeren. Aber das war zu riskant, der Wagen hätte explodieren können. Außerdem hätte man einen Zwanzig-Liter-Kanister mitschleppen müssen, und es war nicht sicher, ob die Scheiben gleich beim ersten Schlag zu Bruch gingen.

Dann dachten wir daran, wie bei den Demonstrationen Molotowcocktails zu verwenden. Aber das war auch nicht gut, man mußte sie in der Hand anzünden, und sie explodierten fast noch in der Luft. Man hätte uns sofort bemerkt.

Wir brauchten etwas, das uns erlaubte abzuhauen, bevor das Auto in Flammen aufging. Sergio erklärte uns, daß sie im Partisanenkrieg selbstzündende Molotows verwendet hatten, mit einem Präservativ voll Schwefelsäure als Zünder. Solche Molotows wurden damals auch schon in der linken Bewegung gebastelt, nur ließ man das Präservativ weg. Man goß die Schwefelsäure direkt ins Benzin, sie ist leichter und schwimmt obenauf. Dann wickelte man die Flasche in ein Tuch, das mit einer Mischung aus Zucker und Pottasche bestreut war. Warf man die Flasche und sie zerbrach, genügte ein Tropfen Schwefelsäure, die mit der Mischung aus Zucker und Pottasche in Berührung kam, um das Benzin zu entzünden. Aber wir wollten den Molotow ja nicht werfen.

Wir gingen in den Supermarkt. Wenn es ein technisches Problem gab, hatten wir uns angewöhnt, ein großes Kaufhaus aufzusuchen. Ausgerechnet in den »Kathedralen des Konsums« suchten wir Hilfe, das gefiel uns, auch Ho Chi Minh hatte gesagt: »Bediene dich des Feindes, wenn du den Feind schlagen willst!« Unser bevorzugtes Ziel war das Kaufhaus »Rinascente« neben dem Mailänder Dom: ein riesiges Angebot von Dingen, die auf den ersten Blick nichtssagend waren, aber sich mit ein wenig Phantasie zu »Kriegsgeräten« umfunktionieren ließen.

Auch dieses Mal fanden wir etwas Brauchbares: einen Behälter aus ganz dünnem Plastik für ein Bleichmittel mit der Bezeichnung »Lilly«. Sergio sah ihn und erkannte sofort, wozu er zu verwenden war: ein kleiner Zünder mit Zündschnur sollte das Plastik schmelzen und das Benzin entzünden. Den Zünder bastelten wir aus Zucker, Pottasche und Leim und formten ihn zu Kerzen mit einer Zündschnur. Den Prototyp erprobten wir auf freiem Feld, das

Resultat war hervorragend: keine Explosion, nur eine mächtige Flamme, die ohne weiteres ein Auto zerstören konnte.

So entstand die »Lilly«, ein berühmter Molotow, den auch die Bewegung von 1977 verwendete. Aber nur wenige wußten, daß dieser Beitrag zur »Massenbewaffnung« von den Roten Brigaden stammte.

Zielscheibe unserer ersten Aktion war Giuseppe Leoni, Chef der Personalabteilung von Siemens. Wir hatten ihn ausgewählt, weil die Genossen aus der Fabrik seinen Namen am häufigsten nannten. Außerdem war er Christdemokrat, also ein natürlicher Feind.

Wir beschatteten ihn. Zwei Genossen folgten ihm mit dem Mofa, wenn er in seinem Alfa die Fabrik verließ und nach Hause in die Via Moretto da Brescia beim Universitätsviertel fuhr. Zwei andere Genossen, meistens Mara und ich, erwarteten ihn vor seinem Wohnhaus. Das Warten war angenehm: neben seinem Haus gab es ein Restaurant mit Tischen draußen auf dem Gehsteig. Fast täglich aßen Mara und ich dort zu Mittag und warteten auf Leoni. Gewöhnlich kam er gegen vierzehn Uhr. Er bog langsam von der Straße ab und lenkte seinen Wagen in die leicht abschüssige Einfahrt zur Garage. Er öffnete das Kipptor, verschloß es gewissenhaft, kam die Rampe herauf, ging an uns vorbei und betrat das Haus. Nicht ein einziges Mal ließ er den Wagen auf der Straße stehen, nicht einmal für eine Sekunde.

Viele Tage vergingen, die Genossen aus der Fabrik wurden immer ungeduldiger, sie fragten uns, ob wir den Wagen gefunden hätten und was wir unternehmen wollten. Wir berichteten von den Schwierigkeiten, auf die wir gestoßen waren: scheinbar Kleinigkeiten, aber wer uns zuhörte, mußte den Eindruck haben, daß wir unfähig waren, Studenten, die reden, aber nicht handeln. Deshalb mußten wir die Aktion durchführen, wir durften nicht länger warten. An Stelle des Wagens, wollten wir die ganze Garage in Brand stecken, einen freistehenden Bau im Hof. Es bestand keine Gefahr, daß das Feuer auf die Wohnungen übergriff.

Nachmittags um fünf treffen wir uns in einem kleinen Park bei der Porta Romana. Er liegt leicht erhöht zwischen zwei Straßen im Zentrum der Stadt, ist aber ruhig und wird kaum besucht. Der Park wurde später unser bevorzugter Treffpunkt. An diesem Nachmittag sind wir zu zehnt: außer mir, Mara, Renato und Sergio noch einige Genossen aus den Fabriken und zwei aus den Bezirksorganisationen. Wir setzen uns auf den Rasen: ein paar Jugendliche, die sich unterhalten – wir fühlen uns aber wie der Generalstab eines Heeres. Mara spricht von den Problemen, auf die wir gestoßen sind, und erklärt unseren neuen Plan. Vier Genossen reichen aus: zwei an den großen Kreuzungen, um die allgemeine Situation zu überblicken; und zwei, ein Mann und eine Frau, die Arm in Arm auf dem Gehsteig auf und ab gehen, sich unterhalten, und gestikulieren wie bei einer lebhaften Diskussion. Sobald Leoni seine Alfetta in die Garage gestellt und das Haus betreten hat, müssen die »Verliebten« am Garagentor sein und die »Lilly« anbringen. Sollte sie jemand sehen, wird er glauben, daß es zwei Jugendliche sind, die einen Platz zum Schmusen suchen. Der »Fluchtweg« – wir haben damals zum erstenmal dieses Wort verwendet, das dann bei allen späteren Aktionen der Roten Brigaden von zentraler Bedeutung sein sollte – ist denkbar einfach: öffentliche Verkehrsmittel. Zwei Genossen sollen die Straßenbahn nehmen, die anderen die Metro. Mara, Sergio und ich melden uns sofort als »Freiwillige«: wir kennen die Gegend besser als die anderen, wir haben ja den Großteil der Erhebungen durchgeführt.

Aber der Plan findet keinen Anklang, alle haben etwas auszusetzen. Sie meinen, er sei zu oberflächlich und lückenhaft. Zwei Genossen an den Straßenecken seien zu wenig, weil dort, auf dem Viale Romagna ein chaotischer Verkehr herrsche. An der Einfahrt müßten mindestens zwei weitere Genossen stehen, als Deckung für die beiden, die die »Lilly« anbringen. Und schließlich, zur Sicherheit, sollten noch zwei Genossen mit dem Mofa um den Häuserblock »patrouillieren«.

Zuerst dachte ich, sie befürchteten, unsere erste Aktion könnte schiefgehen. Dann aber begriff ich: Maras Plan war nur für vier Personen gedacht, sie wollten jedoch alle mitmachen, und jeder hatte für sich eine Rolle ausgedacht. Nicht, weil sie sich in Szene setzen, sondern weil sie bei der »Taufe«, bei der Feuerprobe, mit dabei sein wollten, sie wollten nicht »die Ausgeschlossenen« sein.

Als wir uns endlich geeinigt hatten, sah der Plan anders aus. Ich und Mara sollten die »Lilly« am Kipptor anbringen, Sergio die Einfahrt decken, vier weitere an den zwei Straßenecken stehen. Die zwei Siemens-Arbeiter, die Leoni hätte erkennen können, sollten mit dem Mofa um den Block fahren. Es war lächerlich: neun Personen, um ein Garagentor anzuzünden, aber wir waren – auch ohne Waffen – überzeugt, eine wirklich militärische Aktion durchzuführen.

Nur Renato wurde »ausgeschlossen«. Gemeinsam entschieden wir, das Risiko seiner Verhaftung nicht einzugehen. Er versuchte, sich zu widersetzen, und erklärte, daß in der Stadtguerilla auch Platz für die »Politiker«, für die »reinen Theoretiker« sein mußte, alle sollten an den Aktionen teilnehmen. Wir beruhigten ihn, es sei ja nur die erste Aktion, andere würden folgen, es wäre falsch, schon am Anfang alle führenden Genossen einzubinden. Er fügte sich. Inzwischen wollte er ein Flugblatt verfassen, in dem wir die politische Verantwortung übernahmen.

17. September 1970. Sechs Uhr abends. Mara und ich steigen die Stufen von der Metro zur Piazza Piola hinauf. Sie trägt ein schwarzes Kostüm, eine Perücke aus langem blonden Haar und Schuhe mit unbequem hohen Absätzen. Ich habe mir die Haare mit Brillantine eingeschmiert und nach hinten gekämmt, trage einen englischen Blazer, den ich mir von einem Studienkollegen ausgeborgt habe, mit der Begründung, ich müsse am Nachmittag eine Prüfung ablegen. Unter dem Arm trage ich die Schuhschachtel mit der »Lilly«; durch ein kleines Loch schaut die Zündschnur heraus. Ich gehe vorsichtig wie auf glühenden Kohlen. Mara macht sich über mich lustig: ich soll aufpassen, daß meine Schuhe nicht Feuer fangen. Dabei sah sie in ihrem Aufzug auch nicht gerade wie eine Guerillakämpferin aus, sondern eher wie eine Dame beim Einkaufsbummel.

In der Via Moretto di Brescia bleiben wir etwa zwanzig Meter neben den beiden Genossen, die die Kreuzung überwachen, stehen. Sie geben keine Zeichen, es ist alles ruhig. Nach wenigen Minuten taucht die Alfetta auf und fährt zur Garage – wie immer. Wir scherzen nicht mehr, wir gehen rasch weiter und bleiben kaum zehn Meter vor der Einfahrt zu Leonis Garage auf dem Gehsteig stehen.

Ich lehne mich gegen einen geparkten Wagen, und Mara redet, wie geplant, auf mich ein: sie sagt völlig sinnloses Zeug, ihre Augen sind in ständiger Bewegung, um alle Vorgänge rundherum unter Kontrolle zu haben. Ich denke an die beiden Genossen von Siemens, die mit dem Mofa um den Block »patrouillieren«, und sehe Sergio mit Sportjacke und Sonnenbrillen, der so tut, als suche er auf den Schildern am Haustor einen bestimmten Namen. Unser »Opfer« kommt: mittelgroß, Geheimratsecken, elegant, in der Hand eine braune Ledertasche. Wie immer geht er an den heute schon übereinandergestapelten Tischen des Restaurants vorbei und verschwindet im Haus.

Ich hänge mich bei Mara ein und steuere auf die Einfahrt zu. Wir hatten uns vorgenommen, langsam zu gehen. Statt dessen laufen wir die Rampe zur Garage hinunter. Ich lasse Mara los und erreiche Leonis Garage, es ist die dritte von links. Ich achte nicht einmal darauf, ob jemand aus dem Fenster oder vom Balkon schaut, knie vor dem Kipptor nieder und stelle die Schuhschachtel ab, mit der Lunte nach oben. Ich nehme die Streichhölzer und merke, daß meine

Hände leicht zittern. Mara ist hinter mir, ich höre ihre kurzen, schnellen Schritte, sie klebt Papierstreifen mit der Aufschrift »Rote Brigaden« an die umliegenden Mauern. Ich reiße das Streichholz an und halte es an die Zündschnur, richte mich auf, nehme Mara an der Hand, und wir laufen die Auffahrt hoch; am Gehsteig angelangt, sehen wir uns um. Jetzt müssen wir nur mehr in die Metro und nach Hause fahren.

Tags darauf bringen die Mailänder Zeitungen Kurzmeldungen im Chronikteil. Man spricht von »rätselhaften Techniken« einer Gruppe, die sich Rote Brigaden nenne. Nicht mehr als zehn Zeilen, aber es ist das erste Mal, daß die Zeitungen von uns berichten. Wir fühlen uns wichtig, denn zum ersten Mal haben wir »die Mauer der Information« durchbrochen.

Am Tag nach der Aktion ging ich bei Arbeitsschluß zu Siemens. In der Bar an der Piazza Zavattari trank ich einen Kaffee, es ging lebhafter zu als sonst. Sie sprachen von Leoni: er sei am Morgen schlecht gelaunt ins Büro gekommen. »Die haben ihm einen Kanister Benzin ans Garagentor geschüttet.« – »Nein, in der Zeitung schreiben sie von einer ungewöhnlichen Technik, man hat Spuren eines seltsamen Materials gefunden.« – »Die haben sicher Sprengstoff verwendet. Das muß ganz schön gebrannt haben.« Am liebsten hätte ich mitgeredet, diskutiert, erklärt, von der »Lilly« erzählt. Aber ich trank den Kaffee aus und ging.

Vor der Fabrik diskutierten etwa fünfzig Leute vor einer großen Wandzeitung der ↑ »Avanguardia operaia«. Dort war zu lesen, die Brandstifter seien Provokateure im Dienst der besitzenden Klasse. Zwei Anhänger der »Avanguardia« erklärten den Arbeitern ihre Theorie: »Die Autos der Chefs anzuzünden, nützt gar nichts. Das ist nicht Politik, sondern Rowdytum. Nicht die Chefs sind wichtig, sondern der Staat. Revolution machen, heißt vor allem, den Staat zerstören.« Ich hätte gern gesagt, daß der Unterschied zwischen einem Chef in der Fabrik und einem Funktionär des Staates nicht so groß sei, aber ich wollte in keine Diskussion verwickelt werden.

Ich ging weiter und hörte, wie Gewerkschafter behaupteten, daß die Attentäter nichts mit den Arbeitern zu tun hätten: »Die Arbeiterklasse ist reif genug, nicht auf derartige Provokationen hereinzufallen.«

Wir waren also Provokateure. Ich grüßte einige Leute von »Lotta continua« und ging in die Bar zurück. Dorthin kamen auch die Genossen aus der Fabrik und erzählten mir, was an diesem Morgen bei Siemens geschehen war. Nur wenige hatten gearbeitet, die meisten hatten über das Attentat diskutiert, und jeder hatte sich neue Methoden ausgedacht, wie man ein Auto in Brand stecken könnte. Einer hatte sogar den Vorschlag gemacht, einen Behälter voll Schießpulver zwischen Benzintank und Auspuffrohr zu klemmen, die Hitze würde alles zur Explosion bringen. Die mörderischen Phantasien der »friedlichen und demokratischen Arbeiterklasse« brachten mich zum Lachen.

In dieser Bar in der Nähe von Siemens diskutierten wir darüber, ob wir uns zur Aktion bekennen und das Flugblatt verbreiten sollten. Die Genossen, die mit den Arbeitern gesprochen hatten, meinten, es sei nicht notwendig, es sprachen ohnehin schon alle darüber: eine Aktion gegen einen Vorgesetzten müsse nicht erklärt werden. Ich war anderer Meinung, beharrte auf dem Bekennerschreiben und warf Sprüche in die Diskussion, die auf Wirkung aus waren, wie: »Das Gewehr allein spricht nicht« oder »Ohne Theorie gibt es keine Entwicklung des revolutionären Bewußtseins«. Schließlich einigten wir uns darauf, das Flugblatt zu machen, aber erst, wenn in der Fabrik die Kontrollen durch Gewerkschafter, KPI-Funktionäre, Vorgesetzte und Werkschutz nachließen. Alle waren damit beschäftigt, herauszufinden, wer die Attentäter unterstützte.

Drei Wochen später verteilten wir über bisher ungewohnte Kanäle die Flugblätter, über die Rohrpost im Betrieb, die Schränke in den Umkleideräumen und die Toiletten. Das Klo war der einzige Ort, an dem sich der Arbeiter frei äußern, wo er bedingungslos und ohne Angst er selbst sein konnte. Das war der Ort für wichtige Gespräche, an den Wänden fand man Parolen gegen Vorgesetzte und Denunzianten, mit Vornamen, Namen und Autokennzeichen. Diese Informationen zirkulierten rasch, der Arbeiter konnte an die Wände kritzeln, was er wollte, und blieb anonym. Wir schrieben diese Graffiti ab: es waren wichtige Arbeitsmaterialien, um die Stimmungen und Sehnsüchte der Arbeiterklasse zu verstehen.

Einen Stoß Flugblätter ließen wir in die Toiletten bringen: dort konnte man sie in Ruhe lesen oder unter den Kleidern versteckt nach Hause bringen, um sie mit anderen Genossen zu diskutieren. Die Kommunistische Partei drehte die Argumentation um: die Brigadisten, so hieß es, produzierten Flugblätter fürs Klo, also Klopapier. Der abschätzige Ton, in dem die KPI vom Klo sprach, bewies, daß sie nichts von dessen Bedeutung für die Beziehungen zwischen den Arbeitern, nichts vom Leben in der Fabrik verstanden hatte. Sie schien die Toiletten als Treffpunkt von Exhibitionisten und Homosexuellen anzusehen, als Orte jedenfalls, die es zu meiden galt. Dieselbe Partei setzte 1978 Ordnungsdienste in den Aborten der »heißesten« Fabriken ein, um zu kontrollieren, was da vorging.

In unserem Flugblatt bekannten wir uns nicht nur zum Anschlag gegen Leoni, es enthielt auch eine Liste von mindestens zwanzig führenden Angestellten, die es noch zu treffen galt. Eine Woche später erfuhren wir von einem Rundschreiben der Siemens-Direktion, das alle Führungskräfte aufforderte, die Autos nicht mehr auf dem »Angestellten-Parkplatz« abzustellen, sondern zwischen den Wagen der Arbeiter zu parken. Sie glaubten, ihre Autos so retten zu können. Sie hatten bereits Angst.

Nach den ersten Anschlägen auf Autos trennten sich Corrado, Duccio*, Vanni** und ihre Gruppe von uns. Sie warfen uns Abenteurertum vor: vor der militanten Aktion müsse die Organisation aufgebaut werden. Der bewaffnete Kampf sei ein Projekt auf lange Sicht, das nicht durch den Alltag aufgerieben werden durfte. Autos anzuzünden habe nichts mit Revolution zu tun. Einziges Resultat solcher Aktionen sei die erhöhte Wachsamkeit der Polizei. Genau wie die Deutschen der RAF dachten sie, der bewaffnete Kampf müsse am Hauptwiderspruch ansetzen, das heißt am »amerikanischen Imperialismus«. Man müsse eine geheime Struktur aufbauen, die die verschiedenen Gruppierungen der extremen Linken durchdringe und am großen Tag wirksam werde. Dieser Tag würde, angesichts mangelnder Reife der Massen, nicht vor Mitte der siebziger Jahre kommen. Sie waren für absolute Geheimhaltung, gegen Gruppennamen, Embleme oder Bekennerschreiben. Wir warfen Corrado und seinen Genossen ↑ »Bordigismus« und Zögern vor, Sektierertum und Angst vor dem Handeln. Einige nannten sie voreilig »Hosenscheißer«. Aber nachdem sie uns ihr Projekt ausführlich beschrieben hatten, hießen sie »Superclan«, die Supergeheimen.

Ich bedauerte ihr Aussteigen nicht, schon seit einiger Zeit hatte ich ihre Positionen angegriffen, ich traute ihnen nicht, verstand nicht, worauf sie hinaus wollten.

Und überhaupt war mir Corrado zutiefst unsympathisch. Er war elegant, ein aalglatter Typ und fuhr einen Maserati mit der Begründung, daß ein Gue-

* *Duccio Berio, Mitbegründer des politischen Stadtkollektivs CPM, früher Soziologiestudent in Trient. 1970 war er Mitglied des »Superclan« und heiratete die Tochter des damaligen KPI-Abgeordneten Alberto Malagugini. 1974 gründete er gemeinsam mit Simioni in Paris die Sprachschule Hyperion.*

** *Giovanni Mulinaris, genannt »Vanni«, Soziologiestudent in Trient, Mitglied des politischen Stadtkollektivs CPM. 1970 bildete er zusammen mit Simioni und Berio die Gruppe »Superclan«. Mitbegründer der Hyperion-Schule. Er wurde unter der Anschuldigung, einer bewaffneten Vereinigung anzugehören, verhaftet, dann jedoch nur unter Hausarrest gestellt. Seit 1985 untergetaucht.*

rillakämpfer sich zur Tarnung wie ein perfekter Bürger benehmen müsse. Wir hatten ihm zwei Spitznamen gegeben: »Schwarzer Papst« und, nachdem wir den Film »Queimada« gesehen hatten, »Engländer«. Marlon Brando spielt den »Engländer«, den liberalen Intellektuellen, der zuerst den Aufstand organisiert und ihn dann im Blut erstickt. Als ich ihn so nannte, wurde er wütend und versuchte mit gleicher Münze zurückzuzahlen. Er warf mir vor, ein Rechter zu sein, ein »bewaffneter Reformist«. Einmal kam ich zu einer Versammlung, an der auch er teilnahm. Ich hatte einen harten Tag hinter mir, ich hatte einige Arbeiter zu überzeugen versucht, daß der Moment gekommen sei, Parolen an die Wand zu malen, die zur proletarischen Gewalt aufriefen. Nur wenige hatten meinem Vorschlag zugestimmt. Es war schwierig, sie dazu zu bringen, Konzepte zu befürworten, die sie selbst und die KPI stets abgelehnt hatten. Bei der Versammlung erläuterte Corrado seine grandiosen Pläne, Anschläge auf NATO-Basen zu verüben. Ich unterbrach ihn sofort: »Du erzählst ständig solche Märchen. Weißt du überhaupt, wie die Arbeiter darüber denken? Du sagst, man soll die NATO-Basen angreifen, und die Arbeiter wollen nicht einmal ›Es lebe die proletarische Gewalt‹ an die Mauern schreiben. Geh wenigstens einmal in die Fabrik, dann verstehst du, wie die Dinge wirklich liegen.«

Ich traute dem »Superclan« nicht. Und als einige Genossen wie Prospero von dieser Gruppe wieder zu den Roten Brigaden zurückwollten, verlangte ich, daß sie am Rande der Organisation blieben. Wir unterzogen sie bestimmten Prüfungen: lange Zeit Fabrikarbeit, periodische Verhöre. Wenn sie mitmachten, hieß das, daß sie alle Beziehungen zum »Superclan« abgebrochen hatten. Nach meiner Verhaftung betraf die erste Botschaft nach draußen, an Mara, den »Superclan«. Ich forderte sie auf, den Genossen aus Corrados Gruppe gegenüber äußerst vorsichtig zu sein.

Der Ausstieg des »Superclans« hatte jedenfalls ein Symptom aufgezeigt. Je mehr wir vorankamen, desto weniger wurden wir. Ich redete mir ein, daß das normal, unvermeidbar sei, hatte nicht Lenin gesagt, daß nur »periodische Reinigungen« eine Partei stark machten? Aber ich befürchtete, daß der »Wendepunkt« nie kommen würde. Könnte unser Projekt überhaupt je neue Genossen anziehen? Eines Abends sprach ich mit Mara darüber. Aber sie, vielleicht von denselben Zweifeln geplagt, trat mit Bestimmtheit auf. »Wenn du willst«, sagte sie, »geh wieder nach Hause. Wir sind erst am Anfang, dir wird nicht viel passieren.« Ich wollte aber nicht nach Reggio Emilia zurück, ich wollte weder den Genossen aus der KPI, die mich kritisiert hatten, recht geben noch meinem Vater, der mich am liebsten als Parteimitglied gesehen hätte.

»Das ist ein Überfall!«

5

Banken auszurauben, kostete mich in meiner Zeit als Brigadist am meisten Überwindung. Ich fürchtete die Festnahme bei einem Überfall, aber nicht aus Angst vor dem Gefängnis, sondern weil ich nicht als Dieb erwischt werden wollte. Zu leicht hätte man uns als gewöhnliche Verbrecher abstempeln können, die sich, mit einem fünfzackigen Stern getarnt, nur bereichern wollten. Das hätte den politischen Wert unserer Arbeit zunichte gemacht. Ich wäre lieber bei einer Guerilla-Aktion gestorben, als mit einem Geldsack in der Hand verhaftet zu werden.

Doch irgendwann wurde es unumgänglich, Banken auszurauben. Vor den ersten Aktionen hatte uns eine Gruppe von Mailänder Intellektuellen finanziell etwas unterstützt. Ich ging auch einmal in einen dieser Salons, wo man über den bewaffneten Kampf diskutierte. Ich trug, wie immer, meine Pistole bei mir, und aus reiner Gewohnheit legte ich sie auf den nächstbesten Tisch. Alle taten so, als würden sie diesen Gegenstand nicht bemerken, aber an den Blicken, die sie einander zuwarfen, erkannte ich ihre Aufregung: jetzt konnten auch sie erzählen, daß ein Guerillero bei ihnen in der Wohnung gewesen war, einer mit dem Revolver im Gürtel. Kaum aber hatten dieselben Leute in den Zeitungen von den brennenden Autos gelesen, verflüchtigten sie sich. Nur ↑ Giangiacomo Feltrinelli bot uns weiterhin finanzielle Unterstützung an.

Renato und ich trafen uns einmal in der Woche mit ihm im Parco Sempione. Wir mußten so tun, als wüßten wir nicht, wer er war. Für uns war er Osvaldo, ein Aktivist der GAP, der »Partisanen-Aktionsgruppe«. Obwohl wir ihn noch aus der Trientiner Bewegung kannten, mußten wir die Spielregeln einhalten. Die Unterhaltung bestritt er allein. Mit ausgestreckten Beinen saß er auf einer Bank, die Hände in den Taschen, den Blick zum Himmel gerichtet, als erhoffte er von dort Inspiration. Er überschwemmte uns förmlich mit seinen Reden über revolutionäre Strategie, über die Struktur des proletarischen Heeres, über die Sowjetunion und ihre Führungsrolle. Wir hatten aufgegeben, ihn zu unterbrechen; obwohl wir ihm geduldig zuhörten, überzeugten uns seine Projekte nicht. Wir wollten kein Heer aufstellen, sondern eine bewaffnete Partei aufbauen, für die die politische Dimension entscheidend war. Und wir glaubten auch nicht an die Führungsrolle der Sowjetunion und ihrer Verbündeten: die

Revolution mußte sich auf ihre eigenen Kräfte verlassen. Auch seine Idee, Hochspannungsmasten im Gebirge in die Luft zu sprengen und damit die nationale Elektrizitätsgesellschaft ENEL und Fanfani zu treffen – es war die Zeit des »fanfascismo«* –, schien uns, gelinde gesagt, verschroben. Der Kampf mußte in den Großstädten geführt werden, die Zeiten des Partisanenkrieges in den Bergen war vorbei.

Wir konnten mit Feltrinelli alias Osvaldo keine Übereinstimmung erzielen. Deshalb war es auch unmöglich, uns von ihm finanzieren zu lassen. Unsere Autonomie war uns alles.

Aber wir brauchten Wohnungen, Strukturen, Waffen. Viel Geld also, das wir uns nur durch Banküberfälle beschaffen konnten.

Zum ersten Mal sollten wir nun eine Aktion durchführen, bei der die Waffe, die Pistole, wesentlich war. Wir besprachen vor allem die technischen und organisatorischen Probleme. Über die Zweckmäßigkeit von Banküberfällen waren wir uns längst einig; und auch über ihre politische Motivation: wir nehmen nur das proletarische Programm vorweg, sagten wir uns, das die Enteignung der besitzenden Klasse vorsieht.

Aber wie führt man eine Enteignung durch? Wieder mußten wir auf unsere Bibel zurückgreifen, auf die Schriften der Tupamaros. Diese holten den Bankdirektor nachts aus seinem Haus, ließen sich die Bank aufsperren und räumten sie aus. Eine faszinierende Technik, aber wir mußten sie verwerfen, wir hatten weder genügend Leute noch genügend Können.

Unsere Lehrer kamen aus der Unterwelt. Von ihnen ließen wir uns die verschiedenen Techniken erklären und entschieden uns für die klassische – Pistole in der Hand: »Das ist ein Überfall!« Aber ohne durch Schreien einzuschüchtern wie die Kriminellen, die dadurch jede mögliche Reaktion verhindern wollen. Ganz ruhig würden wir den Bankbeamten und den Kunden sagen, daß wir ihnen nichts antun wollten und es nicht auf ihr Geld abgesehen hätten, nur auf das Geld im Tresor.

Ich entwickelte den Plan für den ersten Überfall: ich kundschaftete eine geeignete Bank aus, suchte sie einige Male auf und ermittelte den günstigsten Zeitpunkt. Ich rief die Genossen zusammen, Renato und zwei andere, erklärte die Vorgangsweise und verteilte die Rollen. Am nächsten Morgen um halb neun

* *Mit dem Begriff »fanfascismo« bezeichnete die linke Bewegung der frühen siebziger Jahre das, was sie für den Plan einer autoritären Restauration hielt, dessen geistiger Führer der Christdemokrat Amintore Fanfani war.*

würden wir in die Bank eindringen, die Pistolen ziehen, »Hände hoch! Das ist ein Überfall!« sagen, dem Kassier die Pistole ins Gesicht halten, über den Schalter springen, die Banknoten in einen Sack stecken und wieder flüchten, in der Hoffnung, daß der Genosse vor der Bank alles im Auge hatte. Es gab keine Einwände, der Plan war in Ordnung.

Wir sind für sieben Uhr früh im Park neben der Porta Romana verabredet, aber schon um sechs verlassen Renato und ich das Haus. Ich gehe laut noch einmal alle Schritte der Aktion durch, ich will nichts dem Zufall überlassen. Fast verärgert unterbricht mich Renato und bittet mich, ihn in Ruhe zu lassen. Als wir, viel zu früh, in den Park kommen, setzt er sich auf eine Bank, schweigt, bewegt sich nicht. Dann springt er auf, und wir gehen los. Wir haben unsere Krise überwunden. Ich habe mir dauernd den geplanten Ablauf der Aktion vorgebetet, Renato hat nachgedacht.

Die Genossen sind pünktlich. Wir überprüfen die Waffen, kontrollieren das Auto. Dann geht es los. Um halb neun sind wir in der Bank. Zwei Wochen lang hatte ich mit der Pistole in der Hand vor dem Spiegel geübt: »Hände hoch! Das ist ein Überfall!« Ich hatte versucht, auf meine Stimme zu hören, den richtigen Tonfall zu finden, den überzeugendsten. Auch den Gesichtsausdruck: er sollte beruhigen und gleichzeitig die Macht ausdrücken, die ich in diesem Augenblick hatte. Meine Stimme zeigt Wirkung: kurze, entschiedene Befehle, dann Stille. Die Genossen gehen nach den Anweisungen vor, Schalter, Sack, Geld. Dann verschwinden wir in aller Ruhe.

Zu Hause leeren wir das Geld auf den Tisch und zählen es. Es ist viel Geld. Ich denke an meinen Vater, der sein Leben lang gearbeitet hat, an seine Armut. Sicher hat er noch nie eine Million auf einem Haufen gesehen. Und ich hier, mit der Pistole in der Tasche und so vielen Banknoten vor mir ... ich denke an die Absurdität dieser Gesellschaft ... warum arbeiten die Leute denn überhaupt? Das Geld liegt doch auf der Straße, es muß nur aufgehoben werden ... Und bald reden wir Unfug, der nichts mit Revolution zu tun hat. »Stell dir vor, wir wären eine Bande von Banditen, wir könnten reich werden und auf den Bahamas leben.« Jeder hängt seinen Träumen nach, wir vergleichen uns mit Cavallero*. Auch später, vor allem nach besonders »einträglichen« Überfällen,

* *Piero Cavallero, Anführer einer Bande, die nach dem Überfall auf eine Mailänder Bank 1967 zerschlagen wurde. Die Verfolgungsjagd der Polizei durch die Straßen der Stadt endete mit vier Toten und einundzwanzig Verletzten. Beim Prozeß, der mit Cavalleros lebenslänglicher Verurteilung ausging, grüßte er das Gericht mit erhobener Faust. Wegen seines politischen Engagements gilt er als eine Art Vorläufer der Roten Brigaden.*

sprachen wir oft von ihm. Wir sind besser als er, sagten wir uns, wir machen mehr und sind technisch perfekter.

Wir wurden Profis. Wir suchten uns Dörfer in der Provinz aus, Mailand war zu gefährlich. Zuerst führten wir eine Menge Recherchen durch, verfeinerten unsere Technik, indem wir die Zeitungsberichte über Banküberfälle aufmerksam lasen. Nach einer gewissen Zeit merkte ich, daß mir die Banküberfälle Spaß machten: siebzig, achtzig Leute mußten das tun, was ich als einzelner verlangte; das gab mir das Gefühl einer ungeheuren Kraft. Ich war so unbefangen geworden, oder dachte es wenigstens, daß ich die Waffen für nicht mehr erforderlich hielt: man müßte die Überfälle auch mit leeren Händen machen können, denn in Wirklichkeit folgte alles einem Handlungsschema, in dem die Waffe nur ein zweitrangiges Symbol darstellte. Was wirklich zählte, war der Satz: »Hände hoch! Das ist ein Überfall!«, im richtigen Tonfall und mit dem entsprechenden Gesichtsausdruck. Ich hatte bemerkt, daß die Leute nicht auf die Pistole, sondern in mein Gesicht schauten. Ich war so überzeugt davon, daß ich einmal die Pistole in der Tasche behielt, vor den Kassier trat und ihm ganz ruhig diese – fast magischen – Worte sagte. Er hob augenblicklich die Hände. Gut, die anderen standen mit gezückten Pistolen hinter mir, aber ich war sicher, der Kassier hätte die Hände auf jeden Fall gehoben. Nach diesem Überfall schlug ich den Genossen vor, einmal ganz ohne Waffen vorzugehen oder sie in der Tasche zu behalten. Aber der Vorschlag ging nicht durch.

Geldraub wurde zu einer Art Prüfung für die Genossen, die in die Organisation eintreten wollten. Eines Tages kamen Luigi und Vittorio* – wir hatten schon miteinander Autos gestohlen – zu mir und schlugen mir einen leicht durchzuführenden Überfall vor: die Lohngelder ihrer Fabrik. Es war viel Geld, und man mußte sich nur falsche Werksausweise beschaffen, gemeinsam mit den Arbeitern die Fabrik betreten, die einzige Wache unschädlich machen und konnte dann in Ruhe über eine Mauer flüchten. Wir billigten diesen Plan nicht: das waren die Löhne der Arbeiter, der Eigentümer hätte daraus seinen Nutzen ziehen und sie verspätet auszahlen können. Und hätte man uns dabei erwischt, hätten alle Umstände gegen uns gesprochen, mehr noch, als wenn wir in einer Bank festgenommen worden wären. Die beiden wandten nichts dagegen ein. Einige Monate lang kamen sie noch zu unseren Versammlungen, wir überfielen auch noch gemeinsam eine Bank, dann sah man sie nicht mehr.

* *Nicht identifizierte Brigadisten.*

Ein Jahr darauf las ich, daß die Lohngelder dieser Fabrik geraubt worden waren, genau so, wie es die beiden Genossen geplant hatten. Ich erkundigte mich nach ihnen und erfuhr, daß sie vor einiger Zeit gekündigt hatten. Es gab keinen Zweifel, sie hatten den Raub selbst durchgeführt und »sich von der Lohnarbeit befreit«.

Im Zusammenhang mit den Überfällen wurde ich auch zum »Richter« über einen Genossen, der die fundamentalen Regeln der Organisation verletzt hatte.

Cosimo*, ein Arbeiter um die Dreißig aus Kalabrien, als Kind nach Mailand gekommen, hatte sich allmählich unseren Positionen angenähert. Regelmäßig besuchte er die Versammlungen, er redete nicht viel, hörte aber aufmerksam zu. Er war verheiratet, hatte drei Kinder, von denen er liebevoll erzählte, und er war immer in Geldnöten. Wenn er wie abwesend in einer Ecke saß, die Lippen aufeinandergepreßt, wußten wir, daß er tiefer als gewöhnlich in Schulden steckte. Er wartete dann das Ende der Versammlung ab, näherte sich denen, die er für die Bosse hielt, Mara, Renato und mir, und redete fast flüsternd über seine Probleme: mit der Miete im Rückstand, die Raten für das Auto fällig ... Wenn wir konnten, halfen wir ihm, dann ging er schnell und erleichtert weg. Wir waren für ihn alles zugleich: die Genossen, die Revolution, das Sozialamt, die Bank.

Ich weiß nicht, welchen dieser Aspekte er am meisten schätzte, aber ich bin sicher, daß er ehrlich war, egal ob es um seine alltäglichen oder um seine – sagen wir – ideologischen Bedürfnisse ging. Er hatte schon an einigen Aktionen, Brandanschlägen und Überfällen, teilgenommen, er war auf dem Weg, ein »reguläres« Mitglied der Roten Brigaden zu werden.

Eines Tages jedoch wurde auch er »eigenständig«, er raubte zwanzig Millionen, mit denen er alle seine Schulden beglich. Er hatte eine Pistole der Organisation für den Überfall verwendet. Jemand hatte das in Erfahrung gebracht und erzählte es uns. Daraufhin beriefen wir eine Versammlung ein, bei der der Fall Cosimo besprochen wurde. Ich wurde beauftragt, die Ermittlungen zu leiten und dann zu entscheiden, welche Maßnahmen zu treffen waren.

Nachdem ich die nötigen Beweise gesammelt hatte, wartete ich am Fabrikeingang auf ihn. Als er mich sah, drehte er instinktiv den Kopf weg, als wolle er flüchten, kam dann aber auf mich zu. Ich brauchte keine Fragen zu stellen, er erzählte mir alles, bis ins letzte Detail. Er hatte aus Verzweiflung gehandelt. Er bot mir nicht an, die »Beute« abzuliefern, und ich verlangte es auch nicht.

* *Nicht identifizierter Brigadist.*

Aber er konnte nicht mehr länger bei den Roten Brigaden bleiben und mußte die Pistole zurückgeben. Er nickte schweigend, und tags darauf brachte er mir die Waffe. Ich sah ihn nie wieder.

Ein Überfall ging unter den Augen der Carabinieri über die Bühne. Sie warteten auf uns, weil Marco Pisetta* sie schon informiert hatte. Er war der erste Spitzel in unserer Organisation. Er betrieb ein Doppelspiel: was er Polizei und Carabinieri erzählte, erzählte er auch uns. Deshalb wußten wir, daß die Carabinieri unseren Plan kannten. Wir wollten die Filiale des »Banco di San Gimignano« in Rubiera, einem Dorf in der Nähe von Reggio Emilia, ausrauben. Wir hätten den Plan fallen lassen können, weil er zu riskant war. Aber der Geldbedarf und der Spaß an der Herausforderung waren zu groß: wir wollten den Überfall trotzdem machen, aber mit einer anderen, für jene Jahre ungewöhnlichen Taktik.

29. Mai 1972. Wir fahren schon früh los, mit einem schwarzen Fiat 1100, Mara am Steuer, neben ihr Giovanni**, hinten Renato und ich. Knapp eine Viertelstunde bevor die Bank schließt, sind wir am Hauptplatz bei der Filiale. Wir steigen ruhig aus dem Auto, mit den Aktenköfferchen sehen wir wie normale Geschäftsleute aus. Renato und Giovanni betreten die Bank, ich entferne mich in die entgegengesetzte Richtung, und Mara lenkt den Fiat 1100 in die erste Seitenstraße links. Sie hat kurze Haare, trägt ein Sakko und sieht von weitem wie ein Mann aus. Neben ihr auf dem Beifahrersitz unter der Zeitung liegt ein M1-Gewehr.

Ich mache eine Runde in den Straßen um das Rathaus, wie ein Spaziergänger, lasse aber die Uhr nicht aus den Augen. Einige Minuten vor halb zwei bin ich wieder auf dem Platz, beschleunige meinen Schritt und erreiche den Eingang der Bank, gerade als ein Angestellter den Knopf des elektronisch betriebenen Rollgitters betätigen will. Ich schlüpfe noch hinein, entschuldige mich und sage dem überraschten Angestellten, ich hätte dringend etwas zu erledigen. Er sagt nichts, und ich gehe in den Schalterraum. Ich sehe ihn, wie er den Knopf gedrückt hält und der Carabinieripatrouille, die jeden Tag um diese Zeit ihre Kontrollfahrt macht, zuwinkt. Ich warte noch einige Sekunden, dann ziehe ich die Pistole. Der Angestellte hat gerade den Finger vom Knopf genom-

* *Marco Pisetta kam aus der »Partisanen-Aktionsgruppe«, GAP, von Trient und trat nach dem Tod Feltrinellis den Roten Brigaden bei. Verurteilt wegen Zugehörigkeit zu einer bewaffneten Vereinigung. Befindet sich auf freiem Fuß.*

** *Nicht identifizierter Brigadist.*

men und schaut mich ratlos an. Ich sage ihm, er solle ruhig bleiben, ihm werde nichts geschehen. Renato und der andere Genosse sind aus der Warteschlange der Kunden herausgetreten und halten jetzt die Waffen gezückt: »Niemand rührt sich! Das ist ein Überfall!« Ich rede auf die Leute ein, gebe zu verstehen, daß ihnen nichts passiert, wenn sie ruhig bleiben. Sie haben die Hände gehoben und schauen mich an. Hundert Augen folgen meinen Bewegungen. Die zwei Genossen sind schon über den Schalter gesprungen und lassen sich vom Direktor den Panzerschrank öffnen. Eine Kundin schreit, sie trägt eine teure Goldkette, wahrscheinlich hat sie Angst, daß wir ihren Schmuck wegnehmen. Ich beruhige sie, sage ihr, daß wir weder ihr Geld noch ihren Schmuck anrühren werden.

In weniger als fünf Minuten ist alles vorbei. Wir flüchten durch den Hinterausgang, wo Mara mit dem schwarzen Fiat 1100 auf uns wartet.

Nach meiner Verhaftung erzählte mir ein Carabinierihauptmann, daß einer ihrer Unteroffiziere tagelang an einem Fenster des Rathauses postiert war, direkt der Bank gegenüber. Einmal sah er vier Männer in einem blauen Alfa 1600 vorfahren und fast im Laufschritt die Bank betreten. Der Unteroffizier schlug Alarm. Es hatte wenig gefehlt, und sie hätten aufeinander geschossen: die vier waren von der Polizei, auch sie hatten von Pisetta den Hinweis erhalten, daß wir die Bank ausrauben wollten.

»Mordi e fuggi!«

6

Wir steckten weiter Autos in Brand. Allerdings nicht mehr zu neunt oder zu zehnt und maskiert wie im Karneval, sondern zu zweit. Einer brachte die »Lilly« an, der andere kontrollierte, ob alles ruhig war.

Einmal nahm ich Aldo* mit. Ich hatte ihn im Basiskomitee bei Pirelli kennengelernt, das er angeregt hatte, nachdem er jahrelang Betriebsrat gewesen war. Er besaß noch den Ausweis der Kommunistischen Partei, hatte jedoch 1968 der aktiven Arbeit in Gewerkschaft und Partei den Rücken gekehrt. Wir freundeten uns sofort an und sprachen miteinander, als hätten wir uns schon immer gekannt: kein langes Herumreden, immer am Kern der Sache. Abends fragte er mich oft, was ich noch zu tun habe. Wenn er merkte, daß ich allein war, lud er mich zu sich nach Hause ein. Ich war gern in der kleinen Wohnung am Stadtrand von Mailand, wo seine Frau schon das Abendessen vorbereitet hatte, und der Sohn, auf den Wohnzimmertisch gestützt, die letzten Schulaufgaben machte. Wir aßen in der Küche. Seine Frau Anna hatte verstanden, daß ich nicht ein Genosse war wie die anderen, die Aldo sonst mitbrachte. Zu hart waren meine Reaktionen auf Fernsehberichte, zu radikal meine Kritik an der Entwicklung in der Fabrik.

Als wir das Auto in Brand stecken wollten, hatten wir uns für elf Uhr abends verabredet. Ich holte ihn in der Kooperative in der Nähe seiner Wohnung ab. Für mich war es nichts Außergewöhnliches, ich hatte schon viele Brände gelegt, aber für Aldo war es der erste. Ich erinnere mich, daß er kein Wort sagte, erst, als ich ihn fragte, ob etwas nicht in Ordnung sei, begann er zu reden.

Anna hatte wissen wollen, wohin er ging und was er vorhatte, und er hatte es ihr gesagt. Zuerst hatte er mir nichts davon erzählen wollen, denn ein Brigadist dürfe sich nicht einmal seiner Frau anvertrauen. »Sie hat nichts gesagt, sie hat nur ein Paar lange Wollunterhosen aus dem Schrank genommen und mich gebeten, sie anzuziehen, damit ich mich nicht erkälte, falls ich im Gefängnis lande.«

* *Nicht identifizierter Brigadist.*

Er zeigte mir seine Wollunterhosen, und wir lachten. Dann brannte das Auto, alles war glatt gegangen.

An einem 25. April ging ich mit Aldo im Viertel San Giovanni plakatieren. Die Plakate waren mit »Rote Brigaden« gezeichnet und forderten zum organisierten Widerstand gegen die Faschisten auf. Als wir zum Auto zurückkamen, war es von Leuten umringt. Ein Verkehrspolizist hatte ein Strafmandat unter den Scheibenwischer gesteckt, und eine Gruppe von Jugendlichen schaute in den Wagen: auf dem Rücksitz lagen Flugblätter der Roten Brigaden. Sie fragten uns, ob wir hier für die Roten Brigaden plakatierten. Aldo nickte. Die Jugendlichen schwiegen, sie waren alle von der Kommunistischen Partei und plakatierten auch gerade gegen die Faschisten. Für Aldo gab es nur ein Strafmandat, wir beschlossen aber, uns von ihm zu trennen: der Wagen war auf seinen Namen eingetragen. Diese Freundschaft war zu gefährlich geworden.

Aber wir konnten nicht nur ständig Autos in Brand stecken. Zwischen den großartigen Reden vom bewaffneten Kampf und den Aktionen, die wir durchführten, bestand ein enormer Unterschied. Es gab schon Leute, die unter Rote Brigaden »Autos in Brand stecken« verstanden, unser Image drohte, das einer zündelnden Jugendbande zu werden. Wir wollten aber Guerilleros sein und einen richtigen Krieg führen. Wir mußten uns andere, aufsehenerregende Aktionsformen überlegen, die uns als effiziente, jederzeit und überall zuschlagende Organisation ausweisen sollten. Wir planten unsere erste Entführung.

Es war zu Beginn des Jahres 1971, Mario Moretti* war zu uns gestoßen. Er war einer der Gründer des politischen Stadtkollektivs CPM und hatte in der Studiengruppe von Sit-Siemens mitgearbeitet, einer Gruppe von Angestellten, die 1969 die ersten autonomen Kämpfe geleitet hatte. Unzufrieden vom bloßen Reden, bildete er gemeinsam mit anderen Genossen wie Paola** und Corrado*** eine eigene Gruppe. Als er uns in Aktion treten sah, tauchte

* *Mario Moretti, Brigadist, einflußreichster Führer der Roten Brigaden nach der Verhaftung von Franceschini und Curcio. Er leitete die »Operation Moro«, legte den Hinterhalt in der Via Fani, führte die Verhöre mit dem christdemokratischen Politiker und fällte das Todesurteil. Zu lebenslänglicher Haft verurteilt.*

** *Paola Besuschio, Angestellte von Sit-Siemens, 1975 nach einem Feuergefecht mit den Carabinieri verwundet und festgenommen.*

*** *Corrado Alunni, Angestellter von Sit-Siemens, tritt 1975 aus den Roten Brigaden aus und schließt sich anderen bewaffneten Gruppen an. Im Sommer 1978 verhaftet und zu 30 Jahren Gefängnis verurteilt.*

er wieder bei uns auf. Es war nicht einfach, mit ihm übereinzukommen: monatelang diskutierten wir mit seiner Gruppe, aber erst als wir das Ziel höher steckten, wurde Mario Brigadist.

Für unsere erste Entführung nahmen wir wieder Direktoren oder leitende Angestellte ins Visier. Unser Opfer sollte eine Symbolfigur sein. Die Genossen aus der Fabrik gaben uns einen präzisen Hinweis: Idalgo Macchiarini, Direktor des Siemens-Werks, Christdemokrat wie Leoni, die Zielscheibe unseres ersten Brandanschlags. Bei jeder Betriebsversammlung hatten die Arbeiter versucht, Macchiarini aus seinem Büro zu holen und ihm öffentlich den Prozeß zu machen, aber es war ihnen nie gelungen. Unsere Aktion war also als erweiterte Betriebsversammlung gedacht, wir wollten ihn schnappen und ihm den Prozeß machen.

Wie die Entscheidung über die Technik der Brandanschläge besprachen wir auch die Vorgangsweise unserer ersten Entführung genau. Wieder griffen wir auf die Bücher der Tupamaros zurück. Für die Entführung der Fabrikdirektoren benutzten die Tupas einen Jeep: er hat keine Türen, die geöffnet werden müssen, und hinten neben dem Entführten war noch Platz für zwei oder drei Leute. Wir in Mailand würden sicher keinen Jeep benutzen können, ein Jeep würde sofort auffallen. Ich dachte an einen Kastenwagen, das war ein Fahrzeug für die Stadt – ein Fiat 850, klein, wendig und im Mailänder Verkehr leicht manövrierbar. Das Problem war, einen zu stehlen.

Seit einiger Zeit ging ich abends manchmal mit Riccardo* essen. Er war Arbeiter in einer kleinen Fabrik, man hatte ihn mir als Genossen vorgestellt. Es war angenehm mit ihm, er erzählte Geschichten aus der Unterwelt und zeigte mir Trattorien und Lokale in der Gegend der Porta Ticinese, die hauptsächlich von Leuten frequentiert wurden, die das Gefängnis San Vittore schon von innen kennengelernt hatten. Wir aßen gerade in einem dieser Lokale, als ich ohne Umschweife auf das Problem zu sprechen kam: »Riccardo, kannst du mir beibringen, wie man einen Lieferwagen stiehlt?« Er lachte: »Was willst du mit einem Lieferwagen? Willst du ein ganzes Geschäft ausräumen?« Ich zögerte mit der Antwort, fühlte seinen Blick auf mir. Ich mußte ihm trauen, wir brauchten den Lieferwagen, unbedingt. »Wir wollen einen Boß entführen.«

Riccardo war nicht mehr zu Witzen aufgelegt: »Ich weiß, daß du es ernst meinst, aber erzähl mir nichts mehr davon. Nach dem Essen zeige ich dir, wie

* *Nicht identifizierter Brigadist.*

man es macht.« Wir beeilten uns mit dem Essen, dann suchten wir die Straßen des Viertels nach einem 850er-Lieferwagen ab.

Auf einem Platz voller Menschen fanden wir einen, und Riccardo mußte mich fast zu dem Wagen hinzerren. Ich sagte, das sei weder der richtige Ort noch der geeignete Zeitpunkt. Er schimpfte mich einen Angsthasen, und wir gingen zum Wagen, als gehörte er uns. Er zog eine Art Schlüssel aus der Brieftasche, klein, robust, aber biegsam und spitz. »Damit«, erklärte er mir, »kann man jeden Fiat stehlen, außer er hat eine Lenkradsperre.« Das stimmte. Riccardo steckte das Ding ins Schloß, bewegte es etwas hin und her, und die Tür war offen. Er setzte sich ans Steuer und öffnete die Beifahrertür, daß ich einsteigen konnte: ich sah die vielen Leute, die an uns vorbeigingen, und hatte Angst. Aber niemand beachtete uns. Riccardo ließ mit seinem »Dolch«, wie er den Dietrich nannte, den Motor an. Er war zufrieden, während ich in Panik geriet: wohin mit dem Lieferwagen? Ich wollte jetzt keinen stehlen.

Riccardo stellte den Motor wieder ab, und wir stiegen aus. »Ich wollte dir nur zeigen, wie man es macht, wie leicht es ist, ein Auto zu stehlen.« Er nehme sich oft ein Auto für einen Ausflug ans Meer, meistens an die ligurische Küste, und dann bringe er es wieder an denselben Ort zurück, als sei nichts geschehen. Das hatte er vor zehn Jahren gelernt, als ihm ein Schrotthändler zehntausend Lire für jedes Auto bezahlte.

Es wurde ein »Abendstudium«: bis spät in die Nacht »übte« ich, bis ich ohne Hilfe das Schloß aufbrachte und den Motor startete. Dann stellte ich ihn wieder ab, schloß die Wagentür, und wir probierten es irgendwo anders. Es machte Spaß, in fremde Autos einzudringen: da lagen persönliche Dinge im Handschuhfach oder Kleinkram über dem Armaturenbrett, die Hinweise auf den Besitzer geben konnten, auf seinen Beruf, auf seine Hobbys. Das »Zauberding« von Riccardo nahm ich nach Hause mit, zu Mara und Renato; jetzt konnten wir uns den Lieferwagen beschaffen, den wir brauchten. Noch jahrelang benutzten wir den »Dolch« und stahlen nur den Autotyp, für den er geeignet war, 850er und 1100er Fiat-Lieferwagen. Deshalb nannten sie uns dann auch »die mit dem Elfhunderter«, und in den Zeitungen las ich seltsame Spekulationen darüber, warum wir ausgerechnet diese beiden Autotypen benutzten. Weil es verläßliche Fahrzeuge waren, die im Verkehr nicht auffielen, vermutete jemand. Die Erklärung war viel einfacher: wir hatten nur diesen einen »Dolch« von Riccardo.

Die Ermittlungen – so nannten wir von nun an die Recherchen über Zeiteinteilung und Gewohnheiten unserer Opfer – über den Ingenieur Macchiarini hatten wir bereits abgeschlossen. Er verließ sein Büro um halb sechs und ging zu

Fuß zu seinem Auto, das er in der Nähe der Fabrik abgestellt hatte. Er parkte es nicht mehr auf dem Werksgelände, aus Angst, es könnte in Brand gesteckt werden. Er stellte es immer an der gleichen Stelle ab, in einer verkehrsarmen Straße mit Bäumen, ideal für unsere Aktion.

Am festgesetzten Tag brachen wir zu viert auf. Ich saß am Steuer des Lieferwagens: wir warteten bis sechs, aber von Macchiarini keine Spur. Wir fuhren wieder weg, man hätte uns bemerken können. Tags darauf, am 3. März 1972, kamen wir um dieselbe Zeit, gegen fünf. Wieder stellten wir den Lieferwagen in geringer Entfernung von seinem Auto ab. Mario blieb hinten im Laderaum, Sergio und Alfredo spazierten den Gehsteig auf und ab, und ich saß am Steuer. Eine halbe Stunde verging, eine Stunde, aber der Ingenieur kam nicht. Inzwischen war eine Frau aus dem Haus gekommen, einkaufen gegangen und wieder zurückgekehrt. Sie mußte uns bemerkt haben, denn ab und zu kam sie ans Fenster ihrer Wohnung im ersten Stock, direkt über dem Lieferwagen. »Hauen wir ab«, meinten Sergio und Alfredo, »wenn jemand die Polizei ruft, sitzen wir in der Klemme.« Aber ich wollte nicht aufgeben, ich dachte: es ist unmöglich, daß Macchiarini zwei Tage hintereinander nicht um die gewohnte Uhrzeit das Büro verläßt. Wir mußten die Entführung unbedingt durchführen, um jene Lügen zu strafen, die uns nichts anderes zutrauten, als Autos anzuzünden. Für mich war die Entführung Macchiarinis fast Ehrensache geworden. Entweder er oder das Gefängnis, dachte ich.

»Wir bleiben hier, bis es dunkel ist, wenn es sein muß bis Mitternacht. Wenn ihr Angst habt, dann haut ab, dann schnappen ich und Mario ihn allein.« Ich provozierte sie mit Absicht. Nur so konnte ich die Angst, die ich aus ihrer Stimme gehört hatte, vertreiben. Aber auch ich war besorgt: diese Frau kam dauernd ans Fenster, sie schien nur Augen für uns zu haben.

Endlich sah ich ihn kommen, er näherte sich langsam. Es war nicht notwendig, die anderen darauf aufmerksam zu machen, sie gaben mir ein Zeichen, daß auch sie ihn gesehen hatten. Es war soweit. Als er sich dem Heck des Lieferwagens bis auf wenige Schritte genähert hatte, packten sie ihn am Kragen und schoben ihn mit Fausthieben und Tritten in den 850er. Dann sprangen sie hinein, schlugen die Hecktüren zu, und ich fuhr sofort los. Hinter mir war es ziemlich laut, später erzählten sie mir, daß sie ihn im Auto verprügelt hätten.

Als ich anhielt, um das Foto zu machen, und die Ladetür öffnete, sah ich die blutunterlaufenen Stellen auf seinem Gesicht, er tastete sich überall ab, er hatte Angst und sagte nichts.

Wir gingen genau nach Regieanweisung vor. Sergio hängte ihm das Schild um den Hals. Ich weiß nicht mehr, wie wir auf die Idee mit dem Schild gekommen waren, vielleicht weil wir auf Fotos aus dem Partisanenkrieg Faschisten mit Schildern um den Hals gesehen hatten. Auf das Schild, unter einen fünfzackigen Stern, hatten wir einen Slogan geschrieben, der dann berühmt wurde: »Beiß zu und flüchte! Nichts bleibt ungestraft! Schlag einen, und du erziehst hundert!«

Schon lange hatten wir uns ein Symbol überlegt, es sollte klar und einfach sein – und auch leicht an die Wand zu zeichnen. Daß es ein Stern sein mußte, stand außer Frage, er war das Emblem aller revolutionären Armeen: des Vietkong, der Tupamaros, Che Guevaras, der Garibaldi-Brigaden im Zweiten Weltkrieg. Aber der Stern mußte unverkennbar »unser« Stern sein. Für mich und Renato war es fast schon eine Sucht, auf jedem Blatt, das uns in die Finger kam, Sterne zu entwerfen. Wir entdeckten, daß eine 100-Lire-Münze, die jeder in der Tasche hat, den Umkreis für den Stern abgeben konnte. Wir versuchten es mit der Technik, die man aus der Schule kennt: den fünfzackigen Stern in einem Zug zu zeichnen, ohne den Bleistift abzusetzen. Aber er gelang nicht perfekt: er war nach rechts oder links geneigt, oder eine Zacke war größer als die andere. Aber trotzdem, unser Symbol durfte nur ein Stern sein, und wir legten auch die für alle gültige Abweichung fest: die oberste Zacke mußte kürzer sein, sie vermittelte so den Eindruck, nach oben zu weisen, in die Zukunft.

Das »Beiß-zu-und-flüchte!« hatten wir von Mao übernommen. Er hatte das Prinzip der Partisanentaktik so beschrieben. Das gefiel uns, es erinnerte an den Dschungel und erweckte die Vorstellung von wilden Tieren. Wir wollten signalisieren, daß Macchiarini nur der erste auf einer langen Liste war. Alle, die großen und kleinen Chefs, sollten sich bedroht fühlen, sollten Angst haben, wenn sie allein auf der Straße waren, sie sollten in jedem Arbeiter einen Feind sehen, den sie zu fürchten und zu respektieren hatten.

Ich hatte die Pistole mit, die Browning des alten Partisanen. Langsam zog ich sie hervor und sah, wie Macchiarini sie anstarrte. Seine Angst wuchs. Sergio und Alfredo hielten ihn fest, Mario wartete mit dem Fotoapparat.

Diese Aktion dauerte eine halbe Stunde: als das Foto gemacht war, ließen wir ihn laufen. Wir tilgten jede Spur im Lieferwagen, vor allem die Fingerabdrücke. Beim Putzen fanden wir Macchiarinis Uhr, eine goldene Omega. Nach Art der Tupamaros wollten wir zeigen, daß wir uns nicht an persönlichem Eigentum bereicherten. Also steckten wir die Uhr in einen Umschlag, zusammen mit einem Schreiben, in dem wir erklärten, warum wir sie zurückgaben. Dazu das Foto von Macchiarini mit dem Schild um den Hals und meiner Pistole, die auf seine Schläfe zielt. Das alles spielten wir der Nachrichtenagentur

Idalgo Macchiarini, leitender Angestellter bei Sit-Siemens,
erstes Entführungsopfer der Roten Brigaden, März 1972

ANSA zu. Es schien, als hätten wir mit unserer ersten Entführung ins Schwarze getroffen. Die Zeitungen berichteten darüber und veröffentlichten das Foto. Die Arbeiter ließen uns ihre Zustimmung wissen, und sogar »Lotta continua« rechtfertigte die Entführung in einem Kommuniqué. Elf Mailänder Führer von »Lotta continua« wurden deshalb wegen Anstiftung zum Verbrechen vor Gericht gestellt.

Nach der Aktion trafen wir uns, um die Resultate zu diskutieren. Wir hatten eine große Sache in Angriff genommen und gemeistert, ich war müde, aber auch entspannt, wie nach einer langen Bergwanderung. Nach und nach erzählten wir uns die Einzelheiten der Entführung. Das Erschrecken Macchiarinis, als wir ihm mitgeteilt hatten, von den Roten Brigaden zu sein. Die Freude, einen Menschen, den die Arbeiter haßten und dem sie die Verantwortung für ihr Leid zuschrieben, machtlos und hilflos in unseren Händen zu haben.

Nur Sergio beteiligte sich nicht an diesem Gespräch. Er schwieg und reagierte nicht, als ich versuchte, ihn in die »Feier« miteinzubeziehen.

Am nächsten Morgen, vor sieben, kam er zu mir in die Wohnung. Er schimpfte uns dumme Buben. Aufgebracht erklärte er mir, daß er keine Angst gehabt hatte, als er abhauen wollte. Er hatte nur die Risiken abgewogen, wie es ihm die Partisanen beigebracht hatten. Es sei ein Wahnsinn gewesen, noch länger auf den Ingenieur zu warten. Wir hätten festgenommen werden können, dann wäre es aus gewesen mit der Revolution. »So erreicht ihr gar nichts«, sagte er.

Er verwendete die zweite Person Plural, sie stand wie eine Mauer zwischen ihm und uns. Ich hätte ihm antworten können, daß er die Aktion gefährdet hatte, daß man auch etwas riskieren müsse, wenn man kämpfen und siegen will. Aber die zweite Person Plural war eindeutig, definitiv, als gehörte er schon nicht mehr zu uns. »Mach was du willst«, sagte ich, »die Entscheidung liegt bei dir. Wir treffen uns Morgen an der Metro-Station Porta Venezia.«

Er kam mit dem Koffer. Er fahre nach Hause, sagte er, um seine Kinder wieder zu sehen. Er schien ruhiger als am Tag zuvor. Wir umarmten uns, er stieg in die Metro, Richtung Nordbahnhof. Er kehrte nie mehr nach Mailand zurück. Als Sergio diesen Zug bestieg, war mir noch nicht bewußt, daß ein Stück des »roten Fadens« mit ihm verlorengegangen war.

Nicht aufgeben!

7

Die Pistole an der Schläfe von Idalgo Macchiarini veränderte die Roten Brigaden. Jetzt waren wir auch für Polizei und Carabinieri nicht mehr ein paar Jugendliche ohne Zukunft, sondern eine Gruppe, die Angst verbreitete. Sie gingen methodisch gegen uns vor und konnten am 2. Mai 1972 ihren ersten Erfolg verbuchen: mit Hilfe des Informanten Marco Pisetta gelang es ihnen, dreißig Genossen zu verhaften.

An diesem Tag waren auch wir vier – Mara, Renato, Mario und ich – fast verhaftet worden. Mehr durch Zufall waren wir der Polizei entkommen. Renato und Mara sollten Waffen aus einem Kellerversteck holen. Schon an den Kodex der Illegalität gewohnt, parkten sie den Wagen zwei oder drei Häuserblocks vom Keller entfernt und gingen dann zu Fuß. Vor dem Hauseingang stießen sie auf eine Ansammlung von Leuten, die von Gewehren und Pistolen erzählten, die die Polizei an diesem Morgen in einem der Keller gefunden hatte. Es waren fast die gesamten Waffen der Organisation. Mara und Renato entfernten sich rasch.

Mario und ich wollten uns an diesem Tag im »Gefängnis« treffen, im Keller des Geschäfts, das den Christdemokraten Massimo De Carolis »beherbergen« sollte, unser nächstes Entführungsopfer. Mario war noch kein Illegaler. Während er seinen Wagen genau vor dem Geschäftslokal einparkte, bemerkte er ein Fernsehteam: die Polizei hatte alles entdeckt. Mario ließ den Wagen stehen und flüchtete zu Fuß. Ich war vorsichtiger gewesen, war mit der Metro gekommen und hatte nach einer Runde um den Häuserblock in der Bar gegenüber dem »Gefängnis« einen Kaffee getrunken und den Eingang beobachtet. Als Kameras aufgetaucht waren, hatte ich mich aus dem Staub gemacht.

In der Wohnung, die Renato und Mara wenige Tage zuvor gemietet hatten, trafen wir uns wieder, alle vier. Die Polizei war uns auf den Fersen; länger in Mailand zu bleiben, war zu gefährlich. Wir packten eilig Kleider, Bücher, Blankodokumente, die Geräte zum Geld- und Kennzeichenfälschen zusammen und fuhren mit dem Auto zu einem Bauernhaus, unweit der Stadt. Wir besaßen nur mehr die Waffen, die wir bei uns gehabt hatten, zwei Beretta 7,65, die Browning und die Luger. Es war das gesamte Waffenarsenal, das den Roten Brigaden geblieben war.

Wir waren uns damals noch nicht ganz sicher, ob Pisetta die Adressen an die Polizei verraten hatte, aber es war offensichtlich, daß unsere Organisation durchlässig war, jemand hatte gesungen oder war dazu gezwungen worden. Die Ursache dieser Niederlage war das Bedürfnis, ständig neue Genossen einzubinden, und illegal, revolutionär und spielerisch zugleich sein zu wollen. An den langen Tagen im Bauernhaus setzten wir uns mit diesem Problem auseinander. Wir mußten entweder die Organisation grundlegend ändern und »restrukturieren« oder alles aufgeben und weggehen, weit weg, ins Ausland.

Aber niemand sprach das Wort »Aufgeben« aus, es war, als wollten wir es uns vom Leib halten, indem wir von den großen Schwierigkeiten des bewaffneten Kampfes sprachen, von unseren geringen Kräften und vom Problem, neue und zuverlässige Genossen zu rekrutieren. Renato analysierte die begangenen Fehler und zeigte auf, daß wir das leninistische Konzept der »bewaffneten Avantgarde« schlecht umgesetzt hatten. Mara und ich zählten die durchlässigen Stellen in der Organisation auf und verlangten eine sofortige »Abteilungsaufteilung« (ein häßliches Wort, mit dem wir die technisch-operative Autonomie der einzelnen Gruppen bezeichneten): sicher, unsere beiden Brigaden – Siemens und Pirelli – waren getrennt. Aber die Leute der einen wußten von denen der anderen. Sie kannten sich fast alle. Bisher hatten wir uns nur an eine einzige Vorsichtsmaßnahme gehalten: die Mitglieder der beiden Brigaden durften – was die Aktionen und die Stützpunkte betraf – keine Informationen austauschen. Aber sonst war unsere Struktur zu offen. Ein Genosse brachte einen anderen mit, dem er traute; dieser nahm an zwei oder drei Versammlungen teil und ließ sich vielleicht nie mehr blicken. Auf diese Weise hatten Hunderte von Personen die Roten Brigaden durchlaufen, Brigadisten für einen Tag, einen Monat, ein Jahr, dann waren sie wieder friedlich an ihre Arbeit zurückgekehrt. Bisher hatten wir keine Probleme damit gehabt, wir waren ja unter Genossen, und gegenseitiges Vertrauen war vorausgesetzt.

Über all das sprachen wir miteinander, ohne jemals die zentrale Frage zu stellen: »Aufgeben oder weitermachen?«

Eines Abends kam es dann heraus, daß jeder von uns schon mindestens einmal daran gedacht hatte, die »Flinte ins Korn zu werfen« und zu verschwinden. Nach einer Bemerkung von Mara (»Das ist hier ja wie im Urlaub«) sahen wir uns an und lachten. Die Frage nach unserer nächsten Zukunft hatte sich fast im Scherz gestellt. Wieder zurückkehren zu den Versammlungen, den Ermittlungen, den Beschattungen, den immer riskanteren Aktionen, oder den Urlaub fortsetzen, den wir uns nicht gewünscht hatten, der uns aber nicht so unangenehm war?

Mario sprach es dann aus: »Aufgeben oder weitermachen?« Wieder lachten

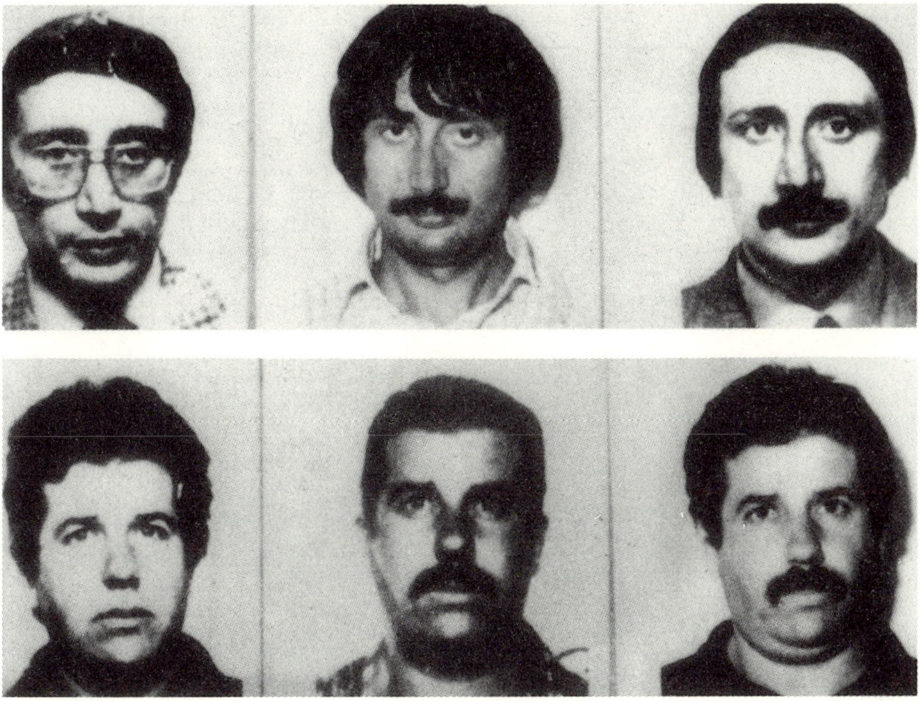

Die verschiedenen Gesichter Alberto Franceschinis (oben)
und Renato Curcios (unten) im Untergrund

wir, aber nur kurz. Die Revolution zur Halbzeit abbrechen? Sich nach den ersten Schwierigkeiten geschlagen geben? Die Genossen, die bis jetzt an uns geglaubt hatten, sich selbst überlassen? Hätten wir das bejaht, hätten wir vor uns selbst versagt. Das Gefühl, nicht vorzeitig scheitern zu dürfen, behielt die Oberhand, und das Wort »Aufgeben« benutzten wir einige Tage lang bei jeder Gelegenheit, wie um die Versuchung, die von ihm ausging, zu bannen. Kaum sprach jemand ein Problem an oder sah ein Hindernis, wurde er von den anderen zum Schweigen gebracht: »Du willst doch nicht etwa aufgeben?«

So lebten die Roten Brigaden weiter, oder besser, in diesem Bauernhaus entwickelten wir die echten Roten Brigaden, die, wie wir es nannten, den »spielerischen« Aspekt der Revolution hinter sich ließen: nämlich das Gefühl von Freiheit und Macht, das Vergnügen, mit falschem Bart und falschen Dokumenten das tun zu können, was einem am meisten Spaß machte. Mit dem Exorzieren des Wortes »Aufgeben« hatten wir gewaltsam und entschlossen weitere Brücken hinter uns abgebrochen.

Wie Regisseure beim Filmschnitt ließen wir noch einmal langsam vor unserem inneren Auge ablaufen, was wir bisher gemacht hatten. Wir stellten die Fehler und Schwächen und die mangelhafte technische Durchführung unserer Aktionen fest.

Unsere erste Entscheidung war, unser Aktionsfeld nicht auf Mailand zu beschränken, wir mußten die »Umzingelung«, die wir am Tag unserer mißglückten Verhaftung gespürt hatten, durchbrechen. Die zweite Stadt sollte Turin sein. Aus verschiedenen Turiner Fabriken hatten sich schon Genossen bei uns gemeldet. Einige von ihnen waren manchmal nach Mailand gekommen, und wir hatten sie in Turin besucht. Renato und Maras neue Aufgabe war, dort eine Kolonne aufzubauen, während Mario und ich die in Mailand reorganisieren sollten. Den Begriff »Kolonne« hatten wir von den Tupamaros.

Die Kolonnen von Turin und Mailand sollten absolut unabhängig voneinander agieren, dennoch sollten wir vier uns in periodischen Abständen treffen. Wir waren aber noch nicht die »Führung«, wir wollten noch keine »autoritäre Führungsgruppe« an die Spitze der Organisation stellen. Wir glaubten, daß noch eine Phase spontanen Wachstums nötig war, in der jede Kolonne ihre eigenen Möglichkeiten ausschöpfen sollte. Das war der einzige Weg, einen möglichst breiten Konsens zu erreichen, und wir vier würden weiterhin die politische Linie diskutieren. Später sollten Turin und Mailand allein vorgehen, niemand sollte dem anderen etwas aufzwingen können. Auch die Waffen und Dokumente mußten aufgeteilt werden; wenn eine Kolonne aufgerieben wurde, dann blieb die andere intakt. Die Roten Brigaden konnten es sich nicht mehr erlauben, nach einer Polizei-Aktion nur mehr vier Pistolen zu besitzen. Vor allem durfte nicht mehr das gesamte Material der Organisation in einem einzigen Depot aufbewahrt werden. Auch die Kolonnen sollten über mehr als eines verfügen, und die Brigaden – die Zellen, aus denen jede Kolonne bestand – sollten es selbst verwalten. Jedes Depot wiederum mußte das zum Überleben der Organisation Notwendige enthalten: Stempel, gefälschte Dokumente und Ausweise, Geld, Waffen.

Diese neue Philosophie hatten wir in dem Satz von Che zusammengefaßt: »Jeder Guerillero trägt, was er braucht, mit sich in seinem Rucksack.« Unser Traum war, einen Aktenkoffer für jeden Genossen zu entwickeln, der alles enthielt: Waffen, Führerscheine, Stempel, Banknoten, theoretisches Material der Organisation.

In Zukunft sollte sich auch jede Kolonne selbst ihr Geld besorgen, indem sie bei den sogenannten »proletarischen Enteignungen« auch »legale« Genossen aus den Fabriken, die wir damals schon »irreguläre« Brigadisten nannten, miteinbezog.

Als wir das Bauernhaus verließen, hatten wir eine klare Vorstellung davon, wie die neuen Roten Brigaden sein sollten. In der zweiten Hälfte des Jahres 1972 führten wir keine Aktionen durch, sondern verwendeten die Zeit dafür, die Richtlinien auszuarbeiten.

Wir diskutierten zum Beispiel lange, wie die einzelnen Kolonnen das Geld aus den Banküberfällen verwalten sollten: nämlich autonom. Die Kolonnen konnten sich, wenn nötig, gegenseitig Darlehen gewähren, aber die Bedingungen mußten einheitlich sein. Jeder Brigadist bezog einen Lohn, der dem monatlichen Durchschnittseinkommen eines Metallarbeiters entsprach; zusätzlich bekam jeder noch zwei »Kleidergutscheine« in der Höhe von 50 000 Lire, einen im Frühling, einen im Herbst, und eine Pauschale für Benzinspesen, die für die Genossen, die lange Fahrten machen mußten, oft nicht ausreichten.

Die genaue Aufschlüsselung und Verteilung der Geldmittel war vor allem in psychologischer Hinsicht von grundlegender Bedeutung. Damit unterschieden wir uns am augenscheinlichsten von Banditen, die die Beute unter sich aufteilten. Wir waren »Funktionäre« einer Partei, die einen Plan verfolgte, die für eine Sache kämpfte. Das Einkommen eines Metallarbeiters war ziemlich mager, und obwohl wir nur schwer bis zum Monatsende auskamen, fiel es niemandem ein, auch nur eine Lira des »Schatzes«, unserer Gemeinschaftskasse, anzurühren, nicht einmal für einen Vorschuß.

Aber die Lebensbedingungen in Turin und Mailand waren verschieden. Während in Turin das Gehalt – zwar mit erheblichen Einschränkungen – ausreichen konnte, war es in Mailand unmöglich, mit diesen paar Lire über die Runden zu kommen. Deshalb sollten die Genossen aus Turin einer Gehaltsaufbesserung zustimmen. Das lehnten sie ab, und wir schlugen uns weiterhin recht und schlecht durch, bis der erste und einzige Streik in der Geschichte der Roten Brigaden ausbrach. Der Schwarze* und der Blonde**, beide erst seit kurzem »reguläre« Mitglieder, legten die Hände in den Schoß. Wir hatten eine Verabredung, aber sie kamen nicht. Ich machte mir Sorgen, dachte, sie seien verhaftet worden, und suchte unter Einhaltung aller Vorsichtsmaßnahmen ihre Wohnung auf ... sie lagen im Bett, alle beide: »Wir streiken solange, bis die Gegenseite den Lohn erhöht. Revolution gut und schön, aber man muß auch essen, wenn man sie machen soll.« Die Gegenseite – das war ich – konnte da nur ihre volle Solidarität zum Ausdruck bringen: ich legte mich auch ins Bett. Schließlich wurde das Problem durch eine autonome Entscheidung der Mailänder Kolonne gelöst: alle Gehälter ihrer »Regulären« wurden erhöht.

Mittlerweile hatten wir die Gewißheit, daß Pisetta wirklich der Polizei-Informant gewesen war; das ließ uns in diesem Herbst 1972 noch vorsichtiger werden.

Wir wurden auch bei den ausländischen Genossen wählerischer, besonders bei den deutschen. Mit diesen standen wir in Briefverkehr, und seit 1970 hatten wir uns auch mit ihnen getroffen. Die Verbindung wurde über ein Postfach aufrechterhalten. Zu Besuch kamen vor allem die Genossen von der RAF und von der »Bewegung 2. Juni«. Die Treffen fanden in Wohnungen »legaler« Genossen statt, die selbstverständlich nicht wußten, wer diese Fremden waren. Die ersten Male hatten sie im Hotel übernachtet, bis uns klar wurde, daß sie an der Rezeption ihre Pässe abgeben mußten. Seither ließen wir sie in »konspirativen Wohnungen« schlafen. Sie hatten im Vorweisen der Dokumente kein Problem gesehen, in Deutschland war das nicht von Bedeutung, man konnte irgendeinen Namen angeben. Sie wußten nicht, daß in Italien die Namen der Gäste jeden Tag der Polizei mitgeteilt wurden, und daß sie so früher oder später identifiziert worden wären.

Unsere Beziehung bestand in erster Linie im Austausch von Dokumenten

* *Piero Bassi, Brigadist der ersten Generation, ehemaliger Student an der Universität Mailand. Im November 1974 in Mailand verhaftet, zu 21 Jahren und drei Monaten Haft verurteilt.*

** *Piero Bertolazzi, Brigadist der ersten Generation, ehemaliger Angestellter beim Ölkonzern Gulf, im November 1974 verhaftet und zu 14 Jahren und sechs Monaten Gefängnis verurteilt.*

und Erfahrungen. Sie bekamen von uns Waffen, Pistolen und Maschinenpistolen aus dem Krieg, und wir bekamen von ihnen eigenartiges Werkzeug, das wir nie benutzten: eine Art Korkenzieher, der Schlösser und Lenkradsperren sämtlicher Autos aufbrechen konnte, Instrumente, mit denen man leere Patronenhülsen wieder füllen konnte. Aber darum ging es uns eigentlich nicht: wenn wir uns mit ihnen trafen, fühlten wir uns ein wenig europäisch, international.

Das Material, das wir in unserem Postfach fanden, Broschüren, Bücher, Zeitungen, las ich sehr aufmerksam. In einer dieser Zeitungen sah ich das Foto einer jungen Frau, die drei Wochen bei uns gewesen war: man hatte sie in einer Berliner Wohnung verhaftet. Sie war blond und mager, und damals war sie nach Italien gekommen, um sich ein kleines Muttermal auf der Wange entfernen zu lassen. Sie sagte, die Polizei würde sie daran sofort wiedererkennen, aber ich glaubte, sie war mehr um ihre Schönheit besorgt. Wir vermittelten ihr einen Arzt und nutzten die Gelegenheit, mehr über die deutsche Situation zu erfahren. Aber das war nicht einfach: sie war sich ihrer Ideen zu sicher, sie stellte sie überhaupt nicht in Frage. Sie warf uns vor, Stalin nicht öffentlich verurteilt zu haben, und wollte nicht verstehen, daß wir, ohne Stalinisten zu sein, mit diesem Namen vorsichtig umgingen, weil er für einen Teil der italienischen Arbeiterklasse die Revolution, den harten Kommunismus verkörperte. Sie schimpfte uns »Machos«, weil sie bei uns nur eine einzige Frau gesehen hatte. Und sie schien nicht zuzuhören, wenn wir ihr erklärten, daß wir den Frauen nicht den Weg in unsere Führungsstrukturen versperrten. Wenn wir überhaupt ein Problem hatten, dann das, daß sich zu diesem Zeitpunkt nur wenige Frauen für den bewaffneten Kampf entschieden hatten. Ich schämte mich, ihr zu sagen, daß es bei uns eigentlich nur eine Frau gab, Mara, denn sie sagte: »In unserer Organisation sind vor allem Frauen.« So ging das immer, endlose Diskussionen. Und eines Tages beschimpfte ich sie, als »Scheißstudentin, die die Politik nie verstehen wird«.

Als ich die Meldung ihrer Verhaftung in der Zeitung sah, hätte ich mich gerne bei ihr entschuldigt.

Sie war von der RAF. 1972 brachen wir unsere Beziehungen zu dieser Organisation ab. Wir hatten uns nicht mit ihnen verständigen können, sie sprachen nur von weit entfernten, globalen Problemen: vom Imperialismus, von der Dritten Welt. Den Genossen von der »Bewegung 2. Juni« fühlten wir uns näher. Sie lebten so wie wir, diskutierten über Hausbesetzungen, über die Kämpfe der türkischen Gastarbeiter. Sie schlugen vor, jemand von uns sollte nach Deutschland kommen und ähnliche Aktivitäten unter den italienischen Emigranten anregen. Auch nach der Entführung des Richters Sossi trafen wir uns noch. Wir erklärten ihnen unsere Vorgangsweise, und sie kopierten sie bei der Entführung des CDU-Bürgermeisters von Berlin, Peter Lorenz.

Unsere neue Organisationsform kostete eine Menge Geld, sie erforderte neue Waffen und mehr Wohnungen. Damals stellte die Polizei noch keine Nachforschungen in den Grundbüchern an, und wir kauften die Wohnungen, anstatt sie zu mieten. Damit umging man die monatlichen Begegnungen mit den Hausbesitzern, denen die Miete zu bezahlen war. Es gelang uns, sowohl in Mailand als auch in Turin ein bescheidenes Netz von Stützpunkten aufzubauen, das die damals etwa zehn »regulären« Genossen problemlos unterbringen konnte. In der Regel lebten nicht mehr als zwei oder drei Leute in einer Wohnung, und niemand kannte das gesamte Netz: jeder von uns wußte nur die Adresse einer anderen Wohnung. Das funktionierte so gut, daß es in Mailand wahrscheinlich heute noch Wohnungen gibt, die unter falschem Namen von einem »regulären« Brigadisten gekauft wurden und jetzt leerstehen.

Jede Brigade mußte ein gut bestücktes Arsenal anlegen. Die Überreste aus dem Partisanenkrieg waren keine Bewaffnung für eine ernstzunehmende Organisation. Waffengeschäfte zu berauben, war ebenfalls sinnlos: die Waffen, die wir dort erbeutet hätten, etwa die langen Jagdgewehre, wären für die Stadtguerilla denkbar ungeeignet gewesen, wir wären ein unnötiges Risiko eingegangen.

Deshalb kauften wir die Waffen im Ausland, in der Schweiz und in Liechtenstein. Dort konnte man damals Kriegswaffen und Kaliber 9-Munition kaufen, man mußte nur einen Ausweis vorzeigen und in bar bezahlen. Uns interessierten in erster Linie die PPK, jene Pistolen, die auch die deutsche Polizei verwendete: sie hatten eine starke Feuerleistung und waren bei uns nicht zu bekommen. Wir mußten sie über die Grenze schmuggeln. Zigarettenschmuggler, deren Gewerbe damals noch florierte, zeigten uns unbewachte Grenzübergänge zwischen der Schweiz und Italien, und wir kundschafteten in den Zügen die Plätze aus, die nie kontrolliert wurden. Manchmal griffen wir auf die einfachste Methode zurück: ein hübsches Paket, postlagernd.

Wir kontaktierten auch die Mailänder Unterwelt, gaben uns als Bankräuber aus, die Waffen für ihre »Arbeit« benötigten. Wir verhandelten aber immer nur über kleine Lieferungen: zwei, drei Pistolen, einige MPs. Hätten wir nach größeren Waffenmengen gefragt, wären wir sicher in die Abhängigkeit eines Geheimdiensts geraten.

In diese Gefahr kamen wir tatsächlich, als der israelische Geheimdienst an uns herantrat. Ein Genosse von ↑ »Controinformazione« erzählte uns verwundert, daß sich Geheimdienstleute aus Tel Aviv mit ihm in Verbindung gesetzt hatten mit der Bitte, uns einen Vorschlag zu überbringen. Als Beweis ihrer Vertrauenswürdigkeit spielten die Israelis uns eine Adresse in Freiburg zu, wo sich Pisetta versteckt hielt, und die Namen einiger Fiat-Arbeiter, die im Auftrag der italienischen Geheimdienste versuchten, sich in unsere Organisation einzuschleichen.

Sie boten uns moderne Waffen und Munition ohne finanzielle Gegenleistung an, wir sollten nur so weitermachen wie bisher. Sie waren an einer Destabilisierung aller Mittelmeerländer interessiert, die halbwegs gute Beziehungen zu den Palästinensern unterhielten. Ohne lange Diskussion waren wir uns einig: keine Waffen von den Israelis, auch wenn die Informationen, die sie uns zugespielt hatten, exakt und nützlich gewesen waren. Wir hatten tatsächlich gerade einen falschen, von den Carabinieri bezahlten Genossen in die Fiat-Brigade aufnehmen wollen.

In die Mentalität, die Kniffe und Geheimnisse der Unterwelt hatte mich ein Siebzigjähriger eingeweiht, den mir Riccardo, mein »Dozent für Autodiebstahl«, vorgestellt hatte.

Als Riccardo mich bei einem Essen mit ihm zusammenbrachte, sagte er: »Der kann dir noch nützlich sein.« Der Alte hatte den größten Teil seines Lebens im Gefängnis verbracht, er kam ganz von selbst darauf zu sprechen, ich hatte ihn nicht danach gefragt. Ich hörte ihm zu, ohne Fragen zu stellen. Er sprach von der Gefängniszelle wie von einer Selbstverständlichkeit. So erfuhr ich die kleinen Tricks, die man kennen muß, damit einem nicht das Nötigste abgeht, wenn man eingesperrt ist; wie man eine Nadel im Hosenboden versteckt oder einen Faden aus dem Deckensaum zieht. Er erzählte mir, wie sie zu fünft ausbrechen wollten: sie verbrachten lange Abende damit, ihren Plan zu studieren und zu verbessern. Aber aus der Sache wurde nichts: zwei seiner Kameraden wurden vor dem Ausbruch entlassen, ihre Haftzeit war abgelaufen.

Mir wurden Worte geläufig wie: Beugehaft, Haftentlassung, Blechnapf. Er erklärte mir auch, wie man mit seiner Frau Kontakt herstellen konnte, ohne den Besuchstag abzuwarten: man freundete sich mit einem Gefängniswärter an, der am Abend die Frau anrief, und am nächsten Morgen hatte man schon die Antwort. Ich hörte ihm zu und machte mir im Geist Notizen. Allmählich begann ich, das Gefängnis wie einen Unfall in mein Leben einzuplanen. Ich stellte mir das Leben des Alten, nach dessen Namen ich nie gefragt habe, im Gefängnis vor, diese ewig gleichen Tage, ausgestreckt auf der Liege, am Morgen auf den Milchkaffee wartend, eigenartig riechende Dosengerichte kochend, auf den Wärter wartend, der ihn, eine Gittertür um die andere öffnend, zum Arzt brachte.

Wir wurden Freunde, und er erzählte mir auch von seiner Zeit draußen, von seiner Vergangenheit, seiner Arbeit für die Kommunistische Partei, die durch seine erste Verhaftung beendet worden war, von seinem Lungenemphysem, das ihm ständig zu schaffen machte, von seiner derzeitigen Arbeit: »Wenn ich aufhören würde, Dokumente zu fälschen«, sagte er eines Tages, »bliebe mir nur das hier.« Er zeigte mir einen Ring mit einem großen Brillanten am Finger, von dem er sich nie trennte, er nannte ihn seine »Pensionsversicherung«.

In der Umgebung der Porta Ticinese traute man ihm: in all den Jahren hatte er nie jemanden verraten, hatte nie auch nur einen Hinweis gegeben. Nachdem ich mit Riccardo darüber gesprochen hatte, beschloß ich, dem Alten gegenüber eine unserer unabdingbaren Normen zu verletzen, ich sagte ihm, wer ich war und wozu ich die gefälschten Ausweise brauchte. Er schien nicht überrascht zu sein, sondern schien zu wissen, daß ich nicht so war wie die anderen, er stellte keine Fragen und erhob keine Einwände.

Ich hatte mir angewöhnt, gegen sechs Uhr abends in seiner kleinen Wohnung vorbeizuschauen, wenn wir eines seiner »Kunstwerke« benötigten. Mit seinen siebzig Jahren fand er noch Spaß am Nachtleben, also war das die Zeit, zu der ich ihn sicher antreffen würde – häufig nicht allein. Er wurde nicht verlegen, wenn man ihn in der Küche mit einem jungen, kaum volljährigen Mädchen traf. »Schatz«, sagte er dann zu ihr, »verschwinde, ich habe noch was zu erledigen.« Das Paket mit den Früchten seiner Arbeit lag auf dem Tisch, säuberlich verschnürt, und daneben stand eine Flasche Martini Bianco. Wir setzten uns, tranken ein Glas und vereinbarten das nächste Geschäft. Dann nahm ich das Paket, ohne hineinzuschauen, und legte einen Briefumschlag mit Geld hin, er kontrollierte nicht, wir vertrauten einander.

Später im Gefängnis erinnerten mich viele Situationen an den Alten und an seine Geschichten: als hätte ich sie schon einmal erlebt.

Eines Abends, im Gefängnis von Saluzzo, erfuhr ich von einem Jungen aus Mailand, der wegen Bankraub saß, daß der Alte gestorben sei. Nicht in der Stadt, sondern in Pietra Ligure, in einer Pension für alte Menschen. Mir gefällt der Gedanke, daß unser Geld ihm half, seine letzten Lebensjahre in Ruhe zu genießen.

Der große Vater

8

Nach der Entführung Ettore Amerios versuchte die Kommunistische Partei mit uns Kontakt aufzunehmen.

Es war im Winter 1973: die Zeit der Energiekrise, der Kampf der Metallarbeiter um die Erneuerung ihres Kollektivvertrages, tiefgreifende Umwälzungen in den Fabriken. Fiat hatte schon die Entlassung einiger hundert Arbeiter angekündigt; es betraf die politisch aktivsten Genossen; anderen drohte die ↑ »cassa integrazione«. Auf dem Automarkt war es zu schwindelerregenden Einbrüchen gekommen. Das schien der richtige Zeitpunkt für uns, direkt in den Kampf um den neuen Kollektivvertrag einzugreifen. Ein geeignetes Opfer hatten wir schon seit Monaten im Visier: es war »Cavaliere« Ettore Amerio, Personalchef der ↑ Fiat-Autowerke, der Mann, der Anstellungen und Entlassungen verantwortete. Unsere Ermittlungen waren abgeschlossen: er war ein genauer, systematischer Mensch; pünktlich um halb acht verließ er jeden Morgen sein Haus und holte das Auto aus der siebzig Meter vom Haustor entfernten Garage.

Wir entführten ihn im bewährten Lieferwagen und brachten ihn in das »Gefängnis«. Es sollte unsere erste »lange« Entführung sein; deshalb hatten wir das Versteck sorgfältig ausgewählt. Bei den Vorbereitungen der Entführung De Carolis' in Mailand hatten wir das Gefängnis im Keller eines Geschäftes eingerichtet. Es wurde zu früh entdeckt, deshalb entschieden wir uns diesmal für einen zweigeteilten Lagerraum. Vor der Mauer hatten wir Kisten und andere Dinge gestapelt, wie in einem Lager; hinten, unmöglich zu erkennen, lag der mit Styropor ausgekleidete Raum, in dem wir den Fiat-Personalchef gefangenhalten wollten. Die Vorsichtsmaßnahmen erwiesen sich als gerechtfertigt, denn Polizei und Carabinieri durchkämmten alle verdächtigen Geschäftslokale der Stadt: sie hätten uns sicher entdeckt.

Die Aktion verlief ohne Zwischenfälle. Amerio sagte nach seiner Freilassung ausdrücklich, es habe ihn überrascht, daß diese vermummten Männer in Overalls höflich und gebildet waren. Er machte auf uns einen anständigen Eindruck. Er glaubte an seine Arbeit, an Effizienz und Produktivität. Arbeiter aber waren für ihn bloß Zahlen, die man notfalls streichen konnte. Erst als ihn die Genossen aus den Fabriken verhörten und ihm erklärten, was es hieß, seine

Arbeit zu verlieren, schien ihm aufzugehen, daß seine Entscheidungen große persönliche Tragödien auslösen konnten – als hätte er noch nie darüber nachgedacht. Ich weiß nicht, ob er wirklich aufrichtig war, aber nachdem wir ihn freigelassen hatten, befolgte er alle unsere Anweisungen: er kündigte bei Fiat, trat beim Prozeß nicht als Nebenkläger auf und wollte auch seine ehemaligen »Gefängniswärter« nicht wiedererkennen.

Wir hatten die Entführung Amerios nicht nur als Beitrag zum Kampf um den neuen Kollektivvertrag geplant, sondern auch als ersten konkreten Schritt unserer Angriffsstrategie gegen den ↑ »Historischen Kompromiß«. In jenen Monaten hatte die kommunistische Wochenzeitung »Rinascita« einschlägige Artikel von ↑ Enrico Berlinguer, dem Parteisekretär, veröffentlicht. Wir glaubten, eine Einigung zwischen Kommunisten und Christdemokraten, die Berlinguer thematisierte, müsse notwendigerweise die Spaltung der Arbeiterklasse bewirken. Auf diesen Augenblick hatten wir gewartet und aus ihm mußten wir politischen Nutzen ziehen: wir konnten fixer Bezugspunkt für all jene werden, die im »Kompromiß« den endgültigen Verzicht der KPI auf die Revolution, auf den Kampf um die Macht sahen. Und anfangs gaben uns die Fakten recht. Die Entführung Amerios war ein großer Erfolg. Viele traten mit uns in Verbindung, die Fabrikbrigaden wurden aktiver. Selbst alte Kommunisten, Basiskader aus Partei und Gewerkschaft, wandten sich an uns.

Und die Partei erkannte endlich, daß die Roten Brigaden nicht mehr als Feinde der Arbeiterklasse hingestellt werden konnten.

Bis dahin hatte die Kommunistische Partei uns gegenüber eine fest eingefahrene Taktik verfolgt. Öffentlich, in ihrer Tageszeitung »Unità« und in anderen befreundeten Zeitungen, ließ sie uns als Provokateure abstempeln, die mit den Geheimdiensten in Verbindung standen. Sie sprach vom »Phantom« Rote Brigaden, vom »roten Mantel über dem schwarzen Hemd«.

In Wahrheit aber wußte die Partei genau, wer wir waren. Sie wußte, daß die meisten von uns aus ihren Reihen kamen und daß einige von uns noch aktive Sektionsmitglieder waren.

Die Partei war informiert, arbeitete aber nicht mit Polizei und Carabinieri zusammen, sie beschränkte sich lediglich darauf, ein mysteriöses und wirres Bild von uns zu zeichnen, um damit die Arbeiter und andere von uns fernzuhalten. Wahrscheinlich war sie der Meinung, daß der bewaffnete Kampf in einem fortgeschritten kapitalistischen Land, wie dem unseren, ein Irrsinn sei, dem die Massen niemals folgen würden. Das Vakuum, das sie um uns herum schaffen wollte, hätte zum natürlichen Absterben unserer Organisation führen sollen.

Ettore Amerio, Personalchef von Fiat,
mit Familie nach seiner Entführung, Winter 1973

Dies hielt die KPI für die schmerzloseste Taktik, die sie politisch nichts kosten würde: wir würden sang- und klanglos verschwinden – eine kurze Episode in der Geschichte unseres Landes. Die KPI war mit den Bewegungen, die links von ihr standen, immer schon so verfahren, mit den Anarchisten oder der ↑ »Volante rossa«: sie wurden als Agenten wer weiß welcher Macht oder welcher Wirtschaftslobby diffamiert und aus dem Gedächtnis des Volkes gelöscht.

Zu Hause in Reggio Emilia wußte man, daß ich und andere aus der Stadt bei den Roten Brigaden waren, obwohl öffentlich niemand darüber sprach. So konnte ich in meine Heimatstadt zur »Festa dell'Unità« fahren und gemütlich mit den Genossen von früher am Tisch sitzen und essen. Ihr Umgang mit mir war unbeschwert. Zwar fragte mich keiner, was ich in Mailand tat, aber über meinen Haftbefehl wegen »Nichtfolgeleistung des Einberufungsbefehls« wurde offen gesprochen: man riskiert doch nicht Gefängnis, nur um in Mailand zu studieren. Diese Genossen sahen mich als einen der ihren an. Und da ich schon lange nicht mehr in der Partei war, baten sie mich, in meinen Kreisen nachzufragen, ob der neue Sektionssekretär ihres Jugendverbandes, der einer faschistischen Familie entstammte, auch wirklich Kommunist sei. Er fahre oft nach Mailand, und sie befürchteten, daß er ein Doppelleben führe: Kommunist in Reggio und Faschist in der Großstadt. Solche Gespräche wurden nicht heimlich geführt. Funktionäre kamen und gingen, manche Genossen begrüßten mich herzlich, setzten sich zu mir und plauderten, andere wieder taten so, als würden sie mich nicht erkennen.

Angelo Basone*, einer unserer Genossen, der bei Fiat an den Pressen arbeitete, lebte überhaupt völlig legal in Turin. Er war eingeschriebenes Mitglied der KPI und Gewerkschaftsdelegierter; die Arbeitskollegen vertrauten ihm. Er war einer der besten Parteikader bei Fiat.

So schlug ihn Giuliano Ferrara**, damals KPI-Verantwortlicher für die Turiner Fabriken, bei einer Versammlung der Betriebssektion als Sekretär vor. Er kannte Angelo seit langem und wußte, welche Achtung er unter den Arbeitern genoß. Doch der scheidende Sekretär, dem die Partei andere Aufgaben

* *Angelo Basone, Brigadist, Arbeiter im Fiat-Werk Mirafiori, im Januar 1976 in Mailand verhaftet, zu 15 Jahren Haft verurteilt. Er darf seit Ende 1986 tagsüber das Gefängnis verlassen.*

** *Giuliano Ferrara war Sekretär des Stadtkomitees, Stadtrat in Turin. Er wechselte zur Sozialistischen Partei über, war Mitarbeiter der Tageszeitung »Corriere della Sera« und der RAI, des staatlichen italienischen Rundfunks.*

zugeteilt hatte, ein verdienter Arbeiter und Freund Angelos, war gegen seine Wahl, ohne dies jedoch genauer zu begründen. Ferrara verstand das nicht, er wußte von der Freundschaft zwischen den beiden und kannte Angelos Zuverlässigkeit. Die Versammlung wurde vertagt.

Am nächsten Tag, während der Arbeit, holte der scheidende Sekretär Angelo beiseite und sagte ihm: »Ich weiß, daß du Brigadist bist, das ist mir in unseren Diskussionen klargeworden. Ich habe dich auch mit Flugblättern gesehen. Bisher habe ich nichts gesagt, weil es keinen Grund dazu gegeben hat. Aber jetzt bitte ich dich, lehn die Wahl ab, für die Partei wäre es eine Schande, wenn das bekannt würde. Zwing mich nicht, Giuliano den wirklichen Grund für meine Ablehnung zu sagen, ich will dich nicht verpfeifen, ich traue den Funktionären nicht.«

Bei der darauffolgenden Versammlung sagte Angelo, er könne die Wahl zum Sektionssekretär nicht annehmen, er habe zu viel zu tun und überdies werde er bald heiraten. Ferrara akzeptierte schweren Herzens die Entscheidung Angelos und bedauerte, daß ein so tüchtiger Genosse nicht für die Partei einzusetzen war.

Nach der Entführung Amerios änderte sich alles. Wäre ich in diesen Tagen nach Reggio Emilia gefahren, ich wäre wahrscheinlich nur gesenkten Blicken begegnet. Vielleicht hätte sich auch der alte Arbeiter anders verhalten und Angelo der Partei angezeigt.

Aber ich lebte in Mailand, es waren mehr als drei Jahre vergangen, seit ich Brigadist geworden war. Ein Genosse aus der »Unità«-Redaktion überbrachte uns eine Botschaft des Abgeordneten Alberto Malagugini, des Justizsprechers der KPI. Sie war nicht an die gesamte Organisation der Roten Brigaden gerichtet, sondern nur an bestimmte Personen: an mich, an die Genossen von Reggio, an einzelne Genossen aus Turin und Mailand. Wir hatten alle eines gemeinsam: wir kamen aus der Kommunistischen Partei, und einige waren sogar noch Mitglieder. Malagugini forderte uns auf, die Roten Brigaden zu verlassen und uns dem Mailänder Richter Ciro De Vincenzo zu stellen. Er ermittle bereits gegen uns, würde aber Milde vor Recht walten lassen und kein Verfahren einleiten, weil die bisherigen Aktionen nur Lausbubenstreiche gewesen seien. Diese Botschaft war wie ein Liebesbrief mit Bedingungen. An diesem Abend konnte ich nur schwer einschlafen. Ich kannte die Partei nur zu gut, um mir nicht vorstellen zu können, was geschehen war. Nach der Entführung Amerios war ihnen klar geworden, daß sie uns mit ein paar Randnotizen in der »Unità« nicht erledigen konnten. Sie mußten gespürt haben, daß wir allmählich an Zustimmung gewannen, sie hatten Angst – wie schon öfters –, links überholt zu werden. Sie wollten sich nicht auch nach links absichern müssen, wo plötzlich eine revolutionäre Kraft aufgetaucht war. Daß diese revolutionäre Gruppe nur klein und isoliert war, zählte weniger, als daß sie zum Großteil aus ehemaligen Mitgliedern bestand. Ich stellte mir ↑ Ugo Pecchioli, den Sicherheitssprecher der Partei vor, wie er – wenn wir ablehnten – mit dem Carabinierigeneral ↑ Dalla Chiesa an einem Tisch sitzen und ihn mit Informationen versorgen, ihm die Namen von Genossen geben würde, darunter rot unterstrichen auch meinen.

Die Partei hatte sich die Liste derer, die auf ihr besonderes Wohlwollen zählen konnten, genauestens überlegt: Renato, zum Beispiel, hatten sie explizit ausgeschlossen, weil er »keine saubere Vergangenheit« hatte. Er war nie in einer Parteisektion aktiv gewesen.

In jener Nacht analysierte ich die verschiedenen Möglichkeiten, die mir zur Wahl standen. Einerseits war die Vorstellung, wieder in die Legalität zurückzukehren, das nervenaufreibende Leben im Untergrund aufzugeben, verlockend genug, auch wenn ich mir diesen Wunsch selbst nicht eingestand. Und dann war es auch der Lockruf des »großen Vaters«, meiner ersten Familie, der Partei, die sich um alles kümmert, die verzeiht und bereit war, mich wieder in ihre weiten Arme zu schließen. Andererseits: den Vorschlag anzunehmen, wäre dem Eingeständnis eines Irrtums, eines Scheiterns an der Realität gleichgekommen. Ich hätte der Partei bestätigt, daß sie schon damals, als sie versuchte, die Radikalsten von uns zu besänftigen, recht gehabt hatte. Ich konnte auch Mara, Renato und die Genossen nicht im Stich lassen, ich hätte mich als Verräter gefühlt. Im Gegenteil, ich mußte beweisen, daß wir recht gehabt hatten.

Am nächsten Morgen sprach ich mit Mara, Renato und Mario darüber. Ich erzählte von dem Angebot, alles, jedes Detail. Ich sagte auch, wie ich antworten würde: mit einem klaren Nein, unwiderruflich. Sie schienen besorgt, als würden sie mir nicht trauen. Immer wieder erklärte ich ihnen, daß ich nicht zu ihnen gekommen wäre, wenn ich auch nur im entferntesten daran gedacht hätte, das Angebot anzunehmen.

Dann beschleunigten wir unsere Vorbereitungen für die Entführung des Richters Mario Sossi.

Das Herz des Staates

9

Mit Sossi kam der Tod ins Spiel: die Entführung des Genueser Staatsanwalts war die erste Aktion, bei der die Roten Brigaden die Tötung der Geisel ins Auge faßten. Und ich, als militärisch Verantwortlicher dieser Entführung, war entschlossen, Sossi, wenn nötig, selbst zu erschießen.

Die Entführung des höchsten Anwalts der Republik in Genua, Mario Sossi, hatten wir schon im Frühjahr 1973 zu planen begonnen, als die Turiner Genossen Bruno Labate* entführt hatten und die Aktion Amerio vorbereiteten. In Mailand war unsere Organisation entstanden, dort genügte einer von uns, die Fäden zusammenzuhalten. Das war Mario. Ich übersiedelte nach Genua. Zeitweise halfen mir andere Genossen bei der »Arbeit«: Mara, Renato, Fabrizio, Maurizio, Roberto, Alfredo und der Schwarze.

Die »Avanguardia operaia« hatte recht: man muß den Staat treffen. Das war vor allem mir inzwischen klar geworden. Solange unsere Aktionen nur im Umfeld der Fabriken stattfanden, hatten wir es immer nur mit zweitrangigen Figuren zu tun, mit braven Funktionären wie Macchiarini und Amerio.

In Genua wurde uns das Feindbild von den Zeitungen und den aktuellen Ereignissen geliefert: Mario Sossi. Er hatte die öffentliche Anklage im Prozeß gegen Mario Rossi** und die »Bande« des ↑ »XXII. Oktober« vertreten, hatte lebenslange Haft gefordert und sie auch durchgesetzt. Er hatte Prozesse gegen Genossen geleitet, Hausdurchsuchungen angeordnet. Er war der Richter der »Konterrevolution«.

Unserer vereinfachenden Sichtweise entsprechend, sah die Sache so aus: die damaligen christdemokratischen Führer, Fanfani, ↑ Andreotti und ↑ Taviani, der Innenminister aus Genua, planten einen »kalten Putsch« von rechts. Sossi war der Mann Tavianis. Die Vorstellung, die wir uns von seiner politischen Einstellung gemacht hatten, paßte genau ins Bild. Er war das kleine Rad, das

** Bruno Labate, Provinzsekretär der Metallarbeiter für die (neofaschistische) Gewerkschaft CISNAL. Er wurde am 12. Februar 1973 entführt und nach einem fünfstündigen Verhör freigelassen; man fand ihn vor dem Werkstor von Fiat Mirafiori, an einen Lichtmast gekettet.*

***Mario Rossi, Kopf der Gruppe »XXII. Oktober«. Er wurde für die Tötung Alessandro Floris' am 26. März 1971 zu lebenslanger Haft verurteilt.*

den gesamten Mechanismus lahmlegen konnte. Abgesehen von den Erklärungen, die wir nachher abgaben, entschieden wir uns nicht zuletzt deshalb für die Entführung Sossis, weil sie am einfachsten durchzuführen war.

Zuerst mußten wir die Wohnadresse unseres Opfers herausbekommen. Im Telefonbuch war kein Mario Sossi zu finden. Wir wußten aber, wie er aussah. Sein Bild war in allen Zeitungen, und außerdem hatte ich ihn im Gerichtssaal gesehen, als er das Urteil gegen die Genossen des »XXII. Oktober« forderte. Unsere Arbeit mußte also beim Justizpalast beginnen: dort mußten wir ihn abfangen und ihm bis zu seiner Wohnung folgen. Wir hielten uns an die Bürozeiten: morgens, mittags und abends spazierten wir vor dem Haupteingang des Gerichts auf und ab, kauften eine Zeitung und taten so, als warteten wir auf jemanden. Mara und Fabrizio entdeckten ihn dann eines Nachmittags, zu einer Zeit, in der normalerweise niemand seinen Arbeitsplatz verließ. Er trug einen Aktenkoffer unter dem Arm und nahm an der Haltestelle vor dem Justizpalast den Autobus. Mara und Fabrizio stiegen zu und folgten ihm bis zu seinem Haus in einer Gasse neben der größten Carabinierikaserne Genuas, der Kaserne Forte S. Giuliano. Das machte die Sache schwieriger.

Nachdem wir die Wohnung ausfindig gemacht hatten, gingen die Ermittlungen rascher voran. Wir warteten vor seinem Haus und folgten ihm unauffällig. Einmal setzte ich mich im Autobus sogar neben ihn und versuchte ein Gespräch anzuknüpfen: ich zeigte auf einen Zeitungsbericht über eine Kundgebung der »schweigenden Mehrheit«, die Sossi genehmigt hatte. Aber er war kurz angebunden. Mich erheiterte der Gedanke, daß er uns suchte, Polizei und Carabinieri auf Trab hielt, während wir ihn zwei- oder dreimal in der Woche zur Arbeit begleiteten.

Gleichzeitig legten wir eine Kartei an, jene »Superkartei«, von der dann im Prozeß so viel die Rede war. Wir haben sie auf die einfachste Art und Weise angelegt: Mara und ich gingen ins Archiv der Tageszeitung »Secolo XIX« und blätterten die Jahrgänge ab 1970 durch. Jede Meldung, die in irgendeiner Weise mit Sossi zu tun hatte, schrieben wir sorgfältig ab: eine langwierige und langweilige Arbeit.

Nachdem im Herbst 1973 unsere Erhebungen abgeschlossen waren, kümmerten wir uns um das »Gefängnis«. Genua kam nicht in Betracht, die Stadt war zu dicht besiedelt, hier war es unmöglich, unentdeckt zu bleiben. Wir fuhren das umliegende Hügelland ab, fanden aber nichts Passendes und landeten schließlich siebzig Kilometer von Genua entfernt in Tortona. An der Peripherie dieser Kleinstadt war eine Siedlung von gut hundert Einfamilienhäusern erbaut worden; jedes Haus hatte eine Garage und war von einem Garten umgeben. Das war der ideale Ort. Wir trieben uns einige Vormittage auf dem Marktplatz herum, wo die Wohnungsvermittler ihre Geschäfte abwickelten, bis ein solches Haus um 28 Millionen angeboten wurde. Ich stellte mich dem Eigentümer als Bergbauingenieur vor, erzählte ihm, ich würde bald heiraten und mich arbeitsbedingt viel im Ausland aufhalten. Ich zahlte bar, und das Haus gehörte uns. Man erreichte es über eine Privatstraße, die in die Hauptstraße mündete. Das Haus hatte zwei Etagen und rundherum viel Grün. Das Erdgeschoß richteten wir mit großer Sorgfalt ein. Es mußte wie ein normales Haus aussehen, damit eventuelle Besucher, Nachbarn, der Postbote ... keinen Verdacht schöpften. In das Wohnzimmer stellten wir zwei Lehnsessel, ein Sofa, etliche Lampen, einen Eßtisch, Stühle und ein Bücherregal, das über eine ganze Wand ging. Das Gefängnis für Sossi richteten wir oben ein, in einem der beiden Schlafzimmer. Zuerst wollten wir den Raum nur schalldicht isolieren. Aber diese Lösung war uns zu unsicher. Es gab Fenster, und obendrein war der Raum zu groß. Dann kam mir die Idee mit dem Holzwürfel: Sossi würde drinnen weder Geräusche hören noch Einzelheiten der Wohnung sehen, durch die er sie später identifizieren könnte. Mit einer Black & Decker zimmerten der Schwarze und ich aus Spanplatten eine Box: zwei Meter hoch, drei mal vier Meter Grundfläche. Außen verkleideten wir sie mit Styroporplatten, und innen legten wir einen weichen Teppich auf den Boden. Zwei Öffnungen in der Decke waren für die Belüftung gedacht: in eine steckten wir ein Rohr, das bis zu einem Fenster reichte, an der zweiten befestigten wir eine Dunstabzugshaube und verbanden sie mit dem zweiten Fenster. Stellte man den Ventilator an, war die Luftzirkulation ausreichend. Das Mobiliar bestand aus einem Bett, einem Tisch, zwei Hockern und einem Campingklo.

Das größte Problem war die Wahl des »Fluchtweges«, der günstigsten Route zu unserem Haus. Es ging nicht mehr darum, nach dem Anzünden eines Autos abzuhauen oder mit einem Gefangenen eine halbe Stunde in einem Lieferwagen zu bleiben, wie bei der Entführung Macchiarinis. Diesmal mußten wir mit einem gefesselten und geknebelten Staatsanwalt eine Strecke von 70 Kilometern zurücklegen, während Polizei und Carabinieri der gesamten Umgebung mobilisiert waren. Genua war so angelegt, daß man sofort in eine Straßensperre hineingeraten mußte. Nur wenige Straßen führten aus der Stadt hinaus ins Hügelland. Wir suchten lange. Schließlich fanden wir eine noch in Bau befindliche Straße, die über die Berge führte. Sie war nicht asphaltiert und durch eine Halbschranke abgesperrt. Die Schranke beruhigte uns, man konnte sie mit einem Kleinwagen seitlich umfahren: die Polizei würde niemals eine Straße kontrollieren, die als unpassierbar galt.

Wir schnappten ihn am Abend des 18. April 1974, gegen acht Uhr. Er leistete keinen Widerstand, und die Genossen schoben ihn ohne große Mühe durch die hinteren Ladetüren in den Lieferwagen. Den einzigen Zwischenfall verursachte die Portiersfrau. Sie wollte eingreifen und stellte sich dem Lieferwagen in den Weg, aber ein Genosse faßte sie am Arm, beschwichtigte sie, es werde nichts Schlimmes geschehen, und brachte sie ins Haus. Im Lieferwagen fragte Sossi sofort, wer wir seien und was wir wollten. Jemand sagte: »Wir sind die Roten Brigaden.« Er erschrak und stellte keine Fragen mehr.

Zweihundert Meter weiter warteten ich und der Schwarze in einem Autobianchi 112 mit laufendem Motor. Die Genossen hatten Sossi einen Sack übergestülpt und übergaben ihn uns. Er sagte nichts, rührte sich nicht, schien nicht einmal zu atmen. Ich fürchtete, er sei in Ohnmacht gefallen, weil ich wußte, daß sie ihm kein Schlafmittel gegeben hatten. Aber durch die Jute hindurch fühlte ich sein Herz regelmäßig schlagen. Ich beruhigte mich, und wir fuhren los.

Mara wartete einige Kilometer weiter, kurz vor der Schranke, in einem Fiat 128 auf uns. Sie war die Vorhut im gefährlichsten Abschnitt der Flucht, dort, wo die Staatsstraße über den Hauptplatz eines Dorfes führt: es war anzunehmen, daß die Carabinieri hier eine Straßensperre errichteten. In diesem Fall sollte uns Mara über Funk warnen, und wir müßten auf einen Feldweg ausweichen.

Bis zur Ortschaft folgen wir Mara in geringem Abstand.

Dann werden wir langsamer: vor dem »gefährlichen« Dorfplatz versperrt uns eine scharfe Kurve die Sicht. Wir halten an und warten auf Maras Signal. Aber es kommt keines. Wir nehmen an, daß alles in Ordnung ist, und fahren los.

Gleich hinter der Kurve ist die Straßensperre, die wir befürchtet haben. Ich sitze am Steuer, der Schwarze neben mir, und hinten liegt Sossi mit dem Sack über dem Kopf. Ein Carabiniere winkt uns an den rechten Straßenrand, ich werde etwas langsamer, um ihn zu täuschen, dann aber gebe ich Vollgas. Der Carabiniere wirft sich zur Seite. Im Rückspiegel sehe ich Maras Wagen. Sie kontrollieren ihre Papiere. Ich sehe auch, wie ein Mann in Uniform mitten auf der Straße in die Knie geht und die Maschinenpistole in Anschlag bringt. Er schießt auf uns. Ich fahre im Zickzackkurs, was das Auto hergibt. Nach einer Kurve sind wir außer Schußweite.

Wir müssen blitzschnell entscheiden, wie es weitergeht. Auf dem Platz haben wir einen Kastenwagen der Carabinieri gesehen. Der wird uns sicher nicht einholen. Aber irgendwo in der Nähe könnten sie ein schnelles Auto geparkt haben oder Alarm schlagen und die Posten an den anderen Straßensperren informieren. Mara haben sie sicher verhaftet. Wie soll sie das Funkgerät rechtfertigen? Wir überlegen: das Auto stehen lassen und mit Sossi über die Berge flüchten ist zu mühsam und zu riskant. Wir könnten den Gefangenen mit einem Kopfschuß töten und flüchten, aber das bedeutet, die Aktion aufzugeben.

In wenigen Sekunden haben wir die verschiedenen Möglichkeiten analysiert und beschließen, weiterzufahren. Sossi wollen wir nur dann erschießen, wenn kein Fluchtweg mehr offen ist.

Wir sind allein auf der Straße, im Rückspiegel ist kein Auto zu sehen. Wir müssen die Abzweigung von der Hauptstraße erreichen. Dort werden wir ruhiger. Es ist eine Bergstraße mit scharfen Kurven und Serpentinen, die über verlassene Kämme führt. Es gibt weder Dörfer noch einzelne Häuser. Plötzlich leuchten weiter unten Scheinwerfer auf. Ein Auto folgt uns. Es sind die Carabinieri, denken wir. Sie halten Abstand, wollen sehen, wohin wir fahren. Wir sind in Gefahr: die nächste Abzweigung führt direkt zu unserem Haus. Wenn die Carabinieri uns folgen, ist die Aktion gescheitert. Ich und der Schwarze beschließen, sie vor der Abzweigung in einen Hinterhalt zu locken. Nach der ersten unübersichtlichen Kurve halten wir. Wir lassen Sossi im Auto und verstecken uns hinter dem Autobianchi. In der rechten Hand halte ich eine Mab-Maschinenpistole, in der linken einen Revolver, den ich durch das Fenster auf Sossis Schläfe richte. Wenn sie mich treffen, muß ich Sossi erschießen, sonst wäre die Niederlage total. Neben mir kniet der Schwarze mit der Pistole. Als das Auto in der Kurve auftaucht, eröffne ich das Feuer. Aber die Schüsse gehen in die Luft. Man kann mit der Mab nicht schießen, wenn man sie nur mit einer Hand hält. Der Schwarze läuft um das Auto herum, stützt sich auf das Wagendach und schießt scharf. Das Auto bleibt stehen. Wir glauben, wir haben getroffen, und machen uns auf einen Schußwechsel gefaßt. Einen Augenblick lang. Dann steigt jemand aus dem Auto, schreit, beschimpft uns. Es ist eine Frauenstimme, es ist Mara.

Sie ist nicht verhaftet worden. Als wir die Straßensperre durchbrachen, waren sofort alle hinter uns her, und sie konnte weiterfahren. Um ein Haar hätten wir sie erschossen. Denn der Schwarze hatte gut gezielt: er hatte einen Reifen durchlöchert und hätte auch Mara in den Rücken getroffen, wenn nicht hinter ihrer Lehne Sossis Aktenmappe verstaut gewesen wäre, voll mit Papieren und Dokumenten. Dort finden wir zwei Geschosse.

Jetzt stoßen wir auf keine Hindernisse mehr. Im Garten vor dem Haus laden wir den Sack, in dem Sossi steckt, aus und bringen ihn in die Zelle. Die ganze Fahrt über hatte er keine Silbe gesagt, jetzt will ich seinen Gesundheitszustand kontrollieren. Wir streifen die Overalls und die Kapuzen über und nehmen den Sack weg: es geht ihm gut, er ist wach und bedankt sich dafür, daß wir ihn nicht getötet haben, als die Carabinieri uns beschossen.

Während der ganzen Flucht – fünf Stunden lang – war er bei Bewußtsein, hatte die einzelnen Vorfälle mitbekommen und die Gespräche zwischen mir und dem Schwarzen gehört. Ihm war klar, daß wir ihn getötet hätten, wenn die Dinge anders gelaufen wären.

Wir schlossen ihn in die Zelle und stellten ein umgebautes Radio auf die Frequenz des Polizeifunks ein. Sie suchten uns und tauschten kurze codierte Informationen aus, die wir entschlüsselten. In Genua verfolgten sie ein verdächtiges Auto, während wir längst in Sicherheit waren. Wir lachten: zu neunt hatten wir der Polizei, den Carabinieri, dem Staat ein Schnippchen geschlagen. Ich erinnerte mich an meine Kindheit, als ich mit Freunden Kinder verprügelte, die »Trottelhosen« trugen: lang, mit runden Knöpfen an der Außennaht. Es waren die Söhne des Metzgers, des Apothekers – für uns »die Reichen«. Wir paßten sie in einer engen Gasse ab, verhauten sie und flüchteten, sobald ein Erwachsener auftauchte. Es hatte uns nie jemand erkannt.

Und jetzt war es ähnlich: wir hatten den Staat herausgefordert, aber wir dachten weder über die Folgen noch über unsere weiteren Schritte nach. Für den Moment reichte uns die Befriedigung, eine Schlacht gewonnen zu haben.

Einige Zeit war Mario Sossi wie betäubt. Er sprach nicht, aß appetitlos das wenige, das wir ihm gaben, verlangte nichts.

Dann rief er nach mir. Es war praktisch das erste Mal, daß ich seine Stimme hörte. Bisher hatte er auf unsere Fragen vor allem mit Gesten geantwortet, und als wir ihn wie geplant einschüchtern wollten, reagierte er überhaupt nicht. Wir schilderten ihm seine Gewohnheiten, seinen bevorzugten Platz im Autobus, seinen Tagesablauf und wie er einmal sehr spät nach Hause gekommen war und seine Frau am Fenster auf ihn gewartet hatte. Manchmal sah er uns erstaunt an, senkte aber sofort wieder den Blick und beschränkte sich aufs Zuhören. Wir sprachen immer wieder von Mario Rossi und den Genossen des »XXII. Oktober«, von Sossis Plädoyer für »lebenslänglich«, von anderen Genossen, die er ins Gefängnis gebracht hatte. Jetzt sollte er dafür büßen. Ständig wiederholte ich den Satz, den ihm schon die Genossen bei seiner »Verhaftung« gesagt hatten: »Du hast die Roten Brigaden gesucht, und sie haben dich gefunden.«

Unserer Überzeugung nach – und die ersten Tage nach der Entführung hatten uns darin bestärkt – würde Sossi nicht »kollaborieren«. Wir stellten uns auf ein schwieriges und langwieriges Verhör ein.

Aber nur drei Tage nach der Aktion rief er nach mir und begann zu reden. Er zeigte auf die Fahne, die Mara genäht und an einer Zellenwand befestigt hatte. Sie war rot, trug unseren gelben Stern und die Aufschrift: »Das Herz des Staates treffen«.

»Ich bin ganz sicher nicht das Herz des Staates«, sagte er, »ich bin nur ein Staatsanwalt, der seine Pflicht erfüllt. Ihr müßtet doch wissen, daß ein Staatsanwalt nur im Auftrag seines Vorgesetzten, des Generalstaatsanwalts, handelt. Er ist nicht der Letztverantwortliche. Er bearbeitet die Akten, führt Prozesse, die ihm zugewiesen werden, er sucht Beweise, wägt sie ab und fordert ein Strafmaß ...« Ich ließ ihn nicht weiterreden, sondern sprach von Mario Rossi und seiner Mutter, seiner Frau, von den Töchtern, die ohne ihn aufwachsen mußten. Daß er getötet hatte, interessierte uns wenig, im Gegenteil, wir waren überzeugt, daß er das Opfer einer »Intrige«, eines »Komplotts« war, an dem unser Gefangener mitgewirkt hatte. Bevor er in den Lieferwagen verfrachtet worden war, hatte Sossi geschrien: »Meine Töchter, meine Töchter!« und als wir ihm jetzt vom Schmerz der Familie Rossi erzählten, für den er verantwortlich war, weinte er hemmungslos. Wir konnten ihn nicht beruhigen. Er verlor jede Beherrschung, schrie, sprach von seiner Frau, wollte ihr schreiben, mit ihr telefonieren, sie benachrichtigen, daß er noch am Leben sei, wollte Nachrichten von seinen Töchtern haben.

Wir hatten die richtige Methode gefunden, mit ihm umzugehen. Nun erzählten wir ihm auch, daß Polizei und Carabinieri überall nach ihm suchten. Das Geräusch eines Hubschraubers signalisierte ihm, daß sie in der Nähe unseres Unterschlupfs waren. Wir behaupteten, es sei ein Traktor, aber er war nicht überzeugt davon. Vielleicht war es dieses Geräusch, das ihn veranlaßte, uns zu bitten, dem diensthabenden Staatsanwalt eine Mitteilung schicken zu dürfen. In dieser ersten Nachricht wurde das Einstellen der Nachforschungen gefordert.

Vor der Entführung hatten wir mit den Genossen unserer »regulären Streitkräfte« ein Maximalprogramm festgelegt. Es enthielt die Forderung, die Genossen des »XXII. Oktober« im Austausch gegen Sossi freizulassen. Sollte dieses Ziel nicht erreicht werden, war die physische Vernichtung des Gefangenen vorgesehen. Wir gingen davon aus, daß jemand wie Sossi, dieser erbarmungslose Ankläger, niemals mit uns zusammenarbeiten würde.

Als er uns aber um diese Botschaft bat, wußten wir, daß er kein hartgesottener Bursche war, und daß die Entführung einen anderen Verlauf nehmen würde als vorgesehen. Mara, der Schwarze und ich beschlossen, seiner Bitte nachzukommen, und ließen ihn die Nachricht schreiben. Die Botschaft zu überbringen, bedeutete eine radikale Änderung unseres Plans. Daher wollten wir mit Renato und Mario darüber diskutieren. Mara sollte zum Spiottahof fahren, einem unserer Stützpunkte, wo sich Mario und Renato während der gesamten Dauer der Entführung aufhielten. Dort konnten wir sie leichter erreichen, falls es etwas Dringendes zu besprechen gab.

Am Morgen fuhr Mara mit Sossis Mitteilung los und kehrte am Nachmittag zurück. Mario und Renato waren gegen die Weitergabe der Botschaft, mit der Begründung, es könnte als Schwäche ausgelegt werden, als Angebot zum Waffenstillstand. Und im übrigen, ließen sie durch Mara ausrichten, könne ein von der Organisation diskutierter und gutgeheißener Plan nicht mehr geändert werden.

Ich wurde wütend: es war absurd, daß die Genossen nicht begriffen, was passierte. Sossi wollte, entgegen aller Voraussicht, mit uns zusammenarbeiten. Weiterzumachen wie bisher war einfach dumm.

Ich selbst mußte mit Mario und Renato sprechen. Mara warf mir Mißtrauen vor, schließlich habe sie unseren Standpunkt schon einmal – und zwar korrekt – dargelegt; der Schwarze hingegen befürchtete, daß die Operation ernsthaft gefährdet wäre, wenn ich gefaßt würde. Es war klar, daß überall nach mir gefahndet wurde. Aber ich hatte mich schon entschieden. Ich nahm das Auto und fuhr zum Hof.

Mario und Renato sind von meinem abendlichen Besuch überrascht. Von meinem Gesicht ist deutlich abzulesen, daß es kein Höflichkeitsbesuch ist. Ich komme sofort zur Sache und sage ihnen, daß ich mit ihrem Standpunkt überhaupt nicht übereinstimme. Die Botschaft Sossis müsse unbedingt abgeschickt werden. Es sei wichtig, für künftige Verhandlungen einen Draht zur Gegenseite zu haben. Und schließlich und endlich sind – formal gesehen – nicht wir es, die eine Einstellung der Nachforschungen verlangen, sondern Sossi, nicht wir fordern einen Waffenstillstand, sondern er. Mario sagt, das sei ein Trugschluß, auf den niemand hereinfalle; wenn wir die Botschaft übermittelten, dann sei klar, daß wir mit Sossi einer Meinung seien. Wir würden dann die Einstellung der Nachforschungen verlangen und Verhandlungen anbieten. »Diese Botschaft«, sagt er, »darf nicht überbracht werden.«

Renato will zwischen mir und Mario vermitteln, aber es ist zwecklos. Wir diskutieren noch eine Weile, ohne einen gemeinsamen Nenner zu finden.

Ich beharre darauf: die Botschaft muß so schnell wie möglich übermittelt werden, schon morgen müssen die Zeitungen darüber berichten. Diskutieren nützt nichts mehr, unsere Positionen sind diametral entgegengesetzt. »Ab jetzt«, sage ich, »entscheiden ich, Mara und der Schwarze, was zu tun ist. Schließlich bewachen wir den Gefangenen, und nur wir wissen, wo Sossi ist. (Bei dieser Entführung hatten wir zum ersten Mal die strenge Trennung der Aktionszellen durchgeführt.) Also befehlen wir. Von diesem Moment an erkennen wir keine andere Entscheidungsgewalt mehr an, wir übernehmen die volle Verantwortung. Und wenn die Aktion abgeschlossen ist, werden wir den Genossen unsere Entscheidungen erklären.« Mario und Renato sagen nichts, sie können meinem Standpunkt nichts entgegenhalten und wissen auch, daß ich bis zum letzten gehen würde.

Ich kehrte ins »Gefängnis« zurück, und von dort aus leiteten wir nun zu dritt die Operation: Mara, der Schwarze und ich. Als ich den beiden Genossen den Verlauf des Gesprächs am Spiottahof berichtete, sprachen sie von einem »richtigen Staatsstreich«.

Der kurze Brief Sossis, der fast zur Spaltung der Roten Brigaden geführt hätte, wurde ein Erfolg. Er ließ die ersten Widersprüche im Staat offenbar werden: die Polizei wollte ihre Nachforschungen fortsetzen, die Justizbehörde stellte sie ein. Auch als Gefangenenwärter und »Ermittlungsbehörde« hatten wir langsam Erfolg. Abgesehen davon, daß er weinte und jammmerte, sprach der Gefangene mit uns, antwortete auf gezielte Fragen und schrieb seiner Familie und seinen Kollegen. Wir hinterlegten seine Nachrichten und warteten auf ihre Wirkung. Sogar der Papst wandte sich mit einem Appell an uns, an die »unbekannten Männer, die den Richter Mario Sossi gefangenhalten«.

Wir fühlten uns so sicher, daß wir den nächsten Schritt wagten: für die Freilassung des Staatsanwalts forderten wir die Enthaftung der Genossen des »XXII. Oktober«. Dieser Zug sollte unsere Gegner in die Knie zwingen. Die »Konterrevolutionäre« hätten ihre Deckung aufgeben und für ein klares Nein eintreten müssen. Aber wir hatten einen von ihnen in der Hand: dieser Trumpf gab uns die Gewißheit, daß sie verlieren und die Genossen freikommen würden.

Zwei Wochen nach Sossis Entführung brach im Gefängnis von Alessandria eine Revolte aus: drei bewaffnete Häftlinge hatten die Lehrer der Gefängnisschule als Geiseln genommen und verlangten, freigelassen zu werden. Im Einvernehmen mit dem Turiner Generalstaatsanwalt Reviglio della Veneria ließ Carabinierigeneral Dalla Chiesa das Gefängnis von seiner Spezialeinheit stürmen.

Es gab ein Blutbad, sieben Menschen – Geiseln und Häftlinge – wurden erschossen. Die Zeitungen berichteten über das Ereignis, als stünde es in einem unmittelbaren Zusammenhang mit der Entführung Sossis, verherrlichten die Aktion Dalla Chiesas und bezeichneten sie sogar als Generalprobe für das, was geschehen könnte, wenn man Sossis Gefängnis finden würde.

Wir waren nicht mehr als fünfzehn Kilometer vom Ort des Blutbads entfernt und fühlten uns mehr denn je bedroht. Ich gab dem Gefangenen die Zeitungen, er war entsetzt. Er ahnte, wie eng sein Leben mit unserem verknüpft war. Was in den Zeitungen stand, waren keine bloßen Drohgebärden.

Sossi schwieg eine Weile, er schien die Situation abzuwägen, dann wandte er sich an mich: »Ich weiß, mein Leben ist dem Staat keinen Pfifferling wert. Bei meinen Ermittlungen als Staatsanwalt bin ich aber immer wieder auf heikle Fakten gestoßen, die ich dann auf höhere Weisung hin vertuscht habe. Die wichtigsten kenne ich genau. Wenn ich sie euch erzähle und ihr sie öffentlich bekannt macht, dann retten wir uns vielleicht alle.« Und er erzählte uns von einem Diamantenhandel mit einem afrikanischen Staat; die Gegenleistung hatte in Waffen bestanden. Das Geschäft war unter Mithilfe von Catalano, dem damaligen Chef der politischen Polizei von Genua und Vertrauensmann Tavianis, abgewickelt worden. Wir hielten das für Staatsgeheimnisse. Die Enthüllungen Sossis begeisterten uns, und wir veröffentlichten sie. Von da an waren Sossi und wir wirklich Komplizen.

Wir hatten alles sorgfältig vorbereitet. Über einen Mittelsmann, den ich und Renato zweimal in einer römischen Kirche getroffen hatten, hatten wir Kontakt mit der Botschaft Kubas beim Heiligen Stuhl aufgenommen. Wir waren sicher, daß Castro die italienischen Guerilleros unterstützen würde. So war es auch: man signalisierte die Bereitschaft, die freigepreßten Genossen in der diplomatischen Vertretung aufzunehmen. In den Kommuniqués sagten wir, die Genossen würden nach Algerien, Nord-Korea oder Kuba ausreisen. Aber nur Kuba war realistisch, eine Hoffnung, die auf konkreten Zusagen basierte: von der Botschaft aus zum Flugzeug und auf die große Insel zu gelangen. Aber diese Hoffnung stellte sich als falsch heraus: wie ich später aus zuverlässigen Quellen erfuhr, setzte sich die KPI mit den Kubanern in Verbindung und argumentierte, die Mitarbeit an einer solchen Aktion trage zur Niederlage des italienischen Staates und der Demokratie bei. Man sagte uns auch, die KP habe Castro mit einer Lieferung preiswerter Traktoren überzeugt.

Die Nachricht, daß die Kubanische Botschaft den Genossen kein Asyl mehr gewähren wollte, erreichte uns, als der Erfolg schon greifbar war: der Appellationsgerichtshof wollte die von uns genannten Häftlinge bereits auf freien

Mario Sossi in einem „Gefängnis“ der Roten Brigaden, April 1974

Fuß setzen; sie waren tatsächlich dabei, ihre Gefängnisse zu verlassen, wenn diese auch von der Polizei Tavianis umstellt waren. Cesare Maino* befand sich sogar schon in der Registratur des Gefängnisses von Lecce, mit gepacktem Koffer, den Entlassungsschein in der Hand. Aber dann traf die Anfechtung des Generalstaatsanwalts Francesco Coco ein, und Maino und die anderen mußten wieder in ihre Zellen zurück. Etwa zum selben Zeitpunkt teilte uns unser Mittelsmann den Rückzieher Kubas mit. Das hätte unser politisches Ende sein können: wir versuchten nun Gewinn daraus zu ziehen, daß wir Sossi freiließen, obwohl wir gedroht hatten, ihn zu töten, sollten unsere Genossen nicht enthaftet werden.

Wir hatten zwar darüber gesprochen, ihn zu töten, aber uns nicht überlegt, wer oder wie man ihn töten sollte. Die Entscheidung, daß ich ihn erschießen würde, hatte ich alleine getroffen, und dem Gefangenen hatte ich sie mitgeteilt, wohl in erster Linie, um mir Mut zu machen. Wir trugen zwar immer die Pistole in der Tasche und hatten schon eine Menge bewaffneter Aktionen durchgeführt, aber nie darüber diskutiert, eine Geisel zu töten. Bevor Sossi in unserer Gewalt war, waren wir entschlossen, ihn »hinzurichten«, sobald die Dinge nicht nach Plan liefen. Wir gebrauchten dieses Wort so unpersönlich, wie es in Geschichtsbüchern steht. Dann aber lebten wir mit Sossi, kümmerten uns um seine elementaren Bedürfnisse, sahen ihn weinen – nicht daß wir ergriffen gewesen wären, aber das Wort »Hinrichtung« verschwand aus unseren Gesprächen. Wenn es nicht anders ging, dann ersetzten wir es durch Umschreibungen, ohne ins Detail zu gehen. Es handelte sich um eine rein politische Möglichkeit, und wir analysierten sie nur unter diesem Aspekt, als würde der Moment, abzudrücken, niemals kommen. Deshalb bin ich nicht sicher, ob wir uns nur aus politischen Motiven entschlossen, ihn freizulassen, oder weil keiner es fertig brachte, ihn zu töten. Auf jeden Fall waren Mara, der Schwarze und ich überzeugt, daß seine Freilassung den Staat in noch größere Schwierigkeiten bringen würde: sie würde seine »Widersprüche auf die Spitze treiben«.

Sossis »Abreise« feierten wir mit ihm gemeinsam, mit einem Gemüserisotto und einer Flasche Barolo. Zum Schluß sangen wir Bergsteigerlieder. Ich hatte das Gefühl, bald von einer großen Last befreit zu sein.

Er selbst schlug vor, sich zu verkleiden, damit ihn Polizei und Carabinieri unterwegs nicht erkennen konnten: lange Koteletten, Spitzbart und neue

** Cesare Maino, Genueser, Mitglied der Gruppe »XXII. Oktober«. 1972 in Brüssel verhaftet und wegen Raub, Zugehörigkeit zu einer staatsfeindlichen Vereinigung und anderen Vergehen zu 16 Jahren Haft verurteilt, ist heute wieder frei.*

Frisur. So fotografierten wir ihn und klebten das Bild in einen gefälschten Ausweis. In derselben Formation, in der wir gekommen waren, fuhren wir wieder los: Mara als Vorhut, dahinter ich und der Schwarze mit Sossi auf dem Rücksitz. Wir hatten uns darauf geeinigt, daß an einer möglichen Straßensperre jeder von uns seinen Ausweis herzeigen sollte, um in Ruhe passieren zu können. Das war auch für Sossi günstig, denn bei einem Schußwechsel wäre er der erste Tote gewesen. Den Beweis, daß wir bereit waren, ihn zu erschießen, hatten wir ihm schon am Abend der Entführung geliefert. Damit er die Route nicht sehen konnte, klebten wir ihm Heftpflaster über die Augen und setzten ihm eine Sonnenbrille auf. Er verhielt sich wie vereinbart, er blieb unser »Komplize« bis zum Schluß.

In Mailand setzten wir ihn auf eine Parkbank, mit ebenso viel Geld in der Tasche wie zum Zeitpunkt seiner Entführung und mit einer Fahrkarte nach Genua. Er hatte uns den Vorschlag gemacht, ihn in der lombardischen Hauptstadt freizulassen, denn sollte man uns schnappen, würde das Gerichtsverfahren in Mailand stattfinden. In Turin hatte man Spezialeinheiten der Carabinieri ausgebildet, die eng mit der Justizbehörde ihrer Stadt zusammenarbeiteten. Ein Gerichtsverfahren in Mailand hätte einen weiteren Widerspruch im System der Macht an den Tag gebracht, weil alle bisherigen Ermittlungen über uns der Turiner Justizbehörde übertragen werden sollten.

Aber diese List half nichts: Gesetz hin, Gesetz her, der Prozeß für die Entführung Sossis wurde uns später trotzdem in Turin gemacht.

In Rom

10

Wenige Tage nach Sossis Freilassung übersiedelte ich nach Rom, um die Entführung von Giulio Andreotti vorzubereiten.

Die Entscheidung, aufs Ganze zu gehen, war an den langen Tagen der Bewachung Sossis gereift. Er selbst war für den Staatsapparat und für das »Projekt des Staatsstreichs« der Rechten, das wir bekämpfen wollten, ohne Bedeutung – nur ein kleines Kaliber. Wenn wir mit seiner Entführung gute Resultate erzielt hatten, dann nur deshalb, weil es uns mit seiner Hilfe gelungen war, die Widersprüche der Macht bis zum letzten auszunützen. Sossi hatte uns diese Einschätzung bestätigt, oder besser, seine Angst – als wir den Gefangenentausch verlangten – war Beweis dafür gewesen: er hatte ständig gesagt, nicht Leute wie er zählten, sondern die Politiker. Er hatte Taviani genannt und uns wichtige Hinweise gegeben: seine Adresse, seine Gewohnheiten, die Zahl seiner Leibwächter.

Aber ich hatte mich auf Andreotti eingeschossen. Für mich war er die Schlüsselfigur des neogaullistischen Plans.

In jenen Jahren war in allen linken Zeitungen (besonders in den Wochenmagazinen »L'Espresso« und »Panorama«) immer wieder von Verbindungen zwischen Cefis, dem damaligen Präsidenten des Montedison-Konzerns, und Andreotti die Rede. Diese wurden als Hinweis auf eine »reaktionäre Wende« durch eine Gruppe von Christdemokraten gesehen. Auch wenn die Zeitschriften nie explizit die Namen derer nannten, die an der Spitze der Lobby standen, war es nicht schwierig, diesen Teil der Christdemokraten auszumachen. Denn die allgemeinen Hinweise und das aufmerksame Studium der ökonomischen Fakten wiesen direkt auf die zwei wichtigsten Männer dieses Plans: Andreotti und Cefis.

Ich begeisterte mich für die Sache. Alles paßte perfekt in das Schema marxistisch-leninistischer Wahrnehmung: der Großkapitalist und der große Politiker, die Aufdeckung eines Komplotts zwischen Wirtschaft und Politik. Die Achse Cefis-Andreotti mußte es tatsächlich geben, und wenn es gelang, ihr einen Schlag zu versetzen, hätte ich ein lange angestrebtes Ziel erreicht: es den Christdemokraten heimzuzahlen.

Ich träumte von einem Foto, das Andreotti mit einer Kröte aus Pappmaché im Mund zeigte, mit einer jener Kröten, die man vor den Wahlen 1948 in Reggio Emilia die Christdemokraten zu schlucken zwang. Mit Mara und dem Schwarzen freute ich mich schon auf den Augenblick, an dem wir Andreotti tatsächlich eine Kröte in den Mund stecken würden.

Täglich las ich die Parteizeitung der Christdemokraten »Il Popolo«, obwohl sie schwierig zu bekommen war: sie schien ein Geheimblatt zu sein, nur der Kiosk vor der Parteizentrale führte sie. Jeden Morgen ging ich dorthin, um »meinen« reservierten »Popolo« abzuholen. Der Zeitunsverkäufer muß mich für einen Parteifunktionär gehalten haben, nach der Ehrerbietung zu schließen, mit der er mich grüßte. Ich las alle Meldungen über das Innenleben der Partei, über die Diskussionen zwischen den Wortführern der verschiedenen Flügel, und nach einiger Zeit war ich überzeugt, den Kern des neogaullistischen Plans ausfindig gemacht zu haben: eine Gruppe junger Parlamentarier, die die Zeitschrift »Europa 70« ins Leben gerufen hatten. Die politische Patenschaft hatte Giulio Andreotti übernommen. Aus einem »L'Espresso«-Artikel erfuhr ich, daß diese Zeitschrift über einen Mittelsmann von Cefis finanziert wurde. Der Kreis war – für mich – geschlossen, alles war klar. Ich arbeitete einen Plan aus, den ich mit Renato, Mara und Mario diskutierte.

Alle drei stimmten meiner Idee zu, im Winter 1974, wenn die Erneuerung der Kollektivverträge für die Metallarbeiter fällig sein würde, in Rom Andreotti und in Mailand die rechte Hand von Cefis, den Direktor der »Montefibre« Massimiliano Gritti, zu entführen. Ihre Befreiung sollte im Tausch gegen die Freilassung der Genossen des »XXII. Oktober« und Maurizios* erfolgen, der gleich nach Sossis Freilassung in Florenz festgenommen worden war. Außerdem wollten wir die Zulassung einer »Gegenplattform« fordern, die in den Kollektivvertragsverhandlungen radikaler als die etablierten Gewerkschaften argumentieren sollte. Damit wollten wir verwirklichen, was wir schon mit der Entführung von Amerio und Sossi beabsichtigt hatten. Diesmal aber würde die Auseinandersetzung mit Staat und Kapital auf höchster Ebene stattfinden.

Ich sollte nach Rom übersiedeln, Andreotti ausfindig machen und Erkundungen über ihn einholen, während Mario sich in Mailand Gritti an die Fersen heften sollte. Dieser hatte sein Büro wahrscheinlich im Hauptsitz der Montedison, am Foro Buonaparte.

** Paolo Maurizio Ferrari, Brigadist der ersten Stunde. Wegen Mord, Entführung und Raub zu 21 Jahren Haft verurteilt. Wortführer der Roten Brigaden im Turiner Prozeß von 1978.*

Ich fuhr mit einem grünen Fiat 128 nach Rom. An einer Autobahnraststätte besorgte ich mir aus der »Guida Monaci« – einem Verzeichnis wichtiger Institutionen und Persönlichkeiten der Region Latium – nicht nur die Adresse Andreottis, sondern auch die seiner rechten Hand Evangelisti und die von Taviani. Sollte ich Andreotti nicht finden oder sollte sich die ganze Aktion als zu schwierig erweisen, würde ich einen der beiden entführen.

Mein Vorhaben war einfach. Ich würde wie bei der Sossi-Entführung vorgehen: zuerst die Stadt »studieren« (ich war nur selten dort gewesen und nie für längere Zeit), dann die für die Entführung nötigen Erhebungen durchführen. Am Anfang wollte ich wie in Genua allein arbeiten, um eine Begegnung mit den Genossen aus der Bewegung zu vermeiden.

Es durfte nicht durchsickern, daß die Roten Brigaden in Rom gelandet waren, das war zu gefährlich. Ich fürchtete, daß die »Römer« eventuelle Treffen mit mir nicht für sich behalten würden. Ich traute ihnen nicht. Ich hatte sie einige Jahre zuvor kennengelernt, am Beginn unserer Geschichte. Es waren Jugendliche aus den Stadtrandsiedlungen, sympathisch und gesellig, aber zu leichtfertig und zu geschwätzig. Es war sinnlos, ihnen irgendwelche Verhaltensregeln beizubringen. Hin und wieder tauchten sie bei einem von uns mit dem Kopf einer gestohlenen Statue auf und baten, ihn einem Antiquitätenhändler in Mailand zu verkaufen. Statuenteile zu stehlen, war ihre bevorzugte Methode, sich Geld zu beschaffen.

Die Begegnungen mit ihnen hinterließen bei mir stets einen üblen Nachgeschmack von Lumpenproletariat. Immer wieder sagte ich ihnen, eine revolutionäre Bewegung dürfe nicht ein Haufen von »Grabräubern« sein, sondern müsse sich das Geld aus den Banken holen. Dann sahen sie mich mit einem gewissen, ewig müden Blick an und antworteten immer dasselbe: »Du hast ja recht, Genosse, aber zuerst bring diesen Kohlkopf da an den Mann.«

Übers Ohr gehauen haben sie mich auch. Ich trug immer eine Beretta, Modell 34, bei mir, aus der Zwischenkriegszeit, aber in gutem Zustand. Einer von ihnen redete mir ein, sie sei zu alt, und durch die Halbautomatik könnten leicht Ladehemmungen auftreten. Besser, sagte er, seien die Trommelrevolver, und er zeigte mir einen, den er bei sich hatte: sechsschüssig, Kaliber 32. Er sah neu aus, und der Genosse fügte hinzu, man könne die Munition in jedem Waffengeschäft kaufen. Er zeigte mir auch zwei Schachteln davon.

Er schlug mir einen Tausch vor: ich hielt es für ein gutes Geschäft und willigte ein. Monatelang trug ich den Revolver bei mir. Als ich ihn aber in den Bergen endlich ausprobierte, blieben die Projektile in der Trommel, obwohl der Hahn zu funktionieren schien. In Mailand zeigte ich den Revolver Riccardo, meinem »Waffenexperten«. Er sagte, man hätte mich reingelegt, der Hahn sei völlig abgenutzt. Von da an herrschte zwischen mir und den Genossen der »römischen Bewegung« Eiszeit.

Hätte man eines Tages beschlossen, die »Massen« in unsere Arbeit einzubeziehen, dann hätte man in Neapel beginnen müssen, wo die ↑ NAP, die »Bewaffneten Proletarischen Zellen«, schon ihre ersten Aktionen durchgeführt hatten. In Rom hingegen war es wichtig, und das war mein eigentliches Ziel, eine »strategisch-logistische Struktur« aufzubauen, eine Aktionsgruppe, die völlig unabhängig und in der Lage war, die wahren Zentren der Macht anzugreifen.

Die ersten zehn Tage wohnte ich in den Pensionen rund um den Bahnhof Termini. Ich wechselte täglich das Quartier: gegen Mitternacht kam ich mit dem Auto an, gab mich als Kaufmann aus, zeigte einen falschen Ausweis, und um sechs Uhr früh verließ ich die Pension wieder, weil ich wußte, daß die Polizei gegen sieben die Meldezettel mit den Personalien der Gäste abholen kam. Diese Vorsichtsmaßnahmen waren nicht umsonst. Nach meiner Festnahme erfuhr ich, daß den Carabinieri der falsche Name, den ich jeden Abend angegeben hatte, aufgefallen war, und daß sie in eine Pension eingedrungen waren, die ich einige Stunden zuvor verlassen hatte.

Nachdem ich mich mit Rom genügend vertraut gemacht hatte, suchte ich auf die einfachste Art und Weise eine Wohnung: über Immobilienbüros. Nach einer Woche entschied ich mich für eine Garçonnière im Prenestino-Viertel, für die sie einen unverschämten Preis verlangten, sechs Millionen. Aber diese Gelegenheit konnte ich mir nicht entgehen lassen: kein Portier, Hochparterre, aus dem Zimmerfenster war man mit einem Sprung im Hof, und damit in einem anderen Teil des Hauses – ein perfekter Fluchtweg.

Von dieser Basis aus »bemächtigte« ich mich der Stadt. Ich streifte ziellos durch das Zentrum, blieb vor alten Gebäuden stehen und las auf vergoldeten Schildern über den Eingängen: »Oberster Gerichtshof«, »Verfassungsgerichtshof« ... Ich war »im Herzen des Staates«, hier befanden sich die wirklichen Zentren der Macht, das war etwas anderes als Sossi und die Skandale im Polizeipräsidium von Genua.

Ich hielt mich oft vor dem Parlament auf der Piazza di Montecitorio auf. Hier arbeiteten die Vertreter des Volkes, es war das Zentrum des politischen Lebens unseres Landes. Die Vertreter des Volkes, die ich mir in Parteien und Parteiflügel aufgesplittert vorgestellt hatte, kamen Arm in Arm aus dem Parlamentsgebäude, witzelten und unterhielten sich wie Angestellte nach Büroschluß:

Faschisten mit Christdemokraten, Liberale mit Kommunisten. Ich beobachtete sie, und ihr oberflächliches Geplauder war für mich der endgültige Beweis, daß dieses politische System keine Lebenskraft mehr in sich hatte. Aber schon nach wenigen Tagen waren sie für mich, obwohl ich erst seit kurzem Römer war, ein gewohntes Schauspiel.

Ich ging auch in die Via delle Botteghe Oscure, zur Parteizentrale, dem Hirn der Kommunistischen Partei. Hier wurde die Parteilinie festgelegt, und von hier aus hatte man uns, die Kommunisten der Roten Brigaden, aufgefordert, uns zu ergeben. Hier hatten Togliatti und Longo gearbeitet, jetzt Berlinguer: ich stellte mir vor, wie er an seinem Schreibtisch mit der obersten Parteiführung über den »Historischen Kompromiß« diskutierte. Im Grunde war er durch seine Politik der Verständigung mit den Christdemokraten unser politischer Pate. Ich empfand es zumindest so. Wegen seiner politischen Linie hatten sich viele Genossen von der KPI abgewandt, deren politisches Erbe wir antreten wollten.

Ich sah Giancarlo Pajetta auf den Eingang zugehen. Instinktiv machte ich einige Schritte auf ihn zu. Dann blieb ich stehen: was hätte ich ihm sagen sollen? Daß ich Brigadist war? Wäre ich Sekretär des kommunistischen Jugendverbandes von Reggio gewesen – was ich leicht hätte sein können –, dann hätte ich ihm rasch die Situation meiner Stadt geschildert, vielleicht wäre ich sogar mit in sein Büro hinaufgegangen und hätte mit ihm über die Parteilinie diskutiert ... Das unmittelbare Gefühl, ein ausgestoßener Sohn zu sein, dem das Elternhaus versperrt ist, wurde sofort von einem heftigeren verdrängt: ich selbst hatte dieses Haus aus freier Entscheidung verlassen, hatte die Angebote, »auf den rechten Weg zurückzukehren«, ausgeschlagen, denn ich verfolgte die wahren Ziele, die die KPI unterwegs aus den Augen verloren hatte. Nichts wie weg von hier, von dieser Partei, von ihren falschen Mythen und ihrer Unbeweglichkeit.

Ich drehte mich um und ging.

Gegen Ende Juni, nicht einmal einen Monat nach meiner Ankunft, hatte ich die Wohnung eingerichtet (mit einem Spiegel und einem Lampenschirm im Vorzimmer, mit einem Bett und einem Tisch im Zimmer, die Dusche hatte ich repariert) und war bereit, Giulio Andreotti zu beschatten.

Er wohnte am Lungotevere. Ich hatte gelesen, daß er Frühaufsteher war. Als Katholik, dachte ich, wird er morgens zuerst zur Messe gehen. An einem der ersten Julitage bezog ich Posten. Um halb sieben trat er aus dem Haustor. Ich hatte nur wenige Minuten gewartet: noch nie hatte eine Ermittlung so gut begonnen. Er schritt ruhig dahin, als wollte er nur die frische Morgenluft genießen; es überraschte mich, jemand wie ihn, den Verteidigungsminister, ohne Leibwächter zu sehen. Aus einiger Entfernung folgte ich diesem mächtigen Mann, und ich erinnere mich noch an die leichte Erregung, die ich dabei empfand. Ich dachte, das ist der Anfang der gefährlichsten und aufsehenerregendsten Aktion, die die Roten Brigaden je geplant haben; nach ihrem Abschluß – denn ich zweifelte nicht daran, daß wir sie zu Ende führen würden – werden wir im Zentrum des politischen Lebens dieses Landes stehen. Er ging über eine Brücke und bog dann in eine Gasse ein, die nach Trastevere führte. Hier brach ich die Verfolgung ab: ich befürchtete, jemand könnte ihn aus der Entfernung bewachen und mich bemerken. Einige Stunden später kehrte ich wieder zurück und ging den Weg weiter, den er eingeschlagen hatte. Die Gasse endete auf einem Platz mit einer Kirche. Er kam also jeden Tag hierher zur Messe.

Am nächsten Morgen setzte ich mich auf die Stufen des Brunnens vor der Kirche und wartete auf ihn. Pünktlich wie am Tag zuvor erschien er, mit ruhigem, gemessenem Schritt.

Für den Anfang wußte ich genug. Die Woche darauf fuhr ich Rom und Umgebung ab und hielt nach Orten für das Gefängnis Ausschau. Zwei Lösungen boten sich an: eine Art Magazin in der Nähe des Bahnhofs Termini. Dort wurden viele solcher Lokale zum Verkauf angeboten, und der starke Lastwagenverkehr hätte es erleichtert, den Gefangenen unauffällig aus- und einzuladen. Die andere Variante war, einen Ort außerhalb von Rom zu finden. Einige Tage lang fuhr ich die Küste von Ostia bis Circeo ab. Es gab eine Menge interessanter Orte, die Gegend war sehr belebt, die Häuser leicht zu mieten oder zu kaufen. Da war nur ein Problem: im Winter war die Gegend wie ausgestorben, und jede ungewöhnliche Aktivität wäre aufgefallen. Ich entschied mich für das Magazin in der Nähe des Bahnhofs.

Nach diesem Entschluß nahm ich die morgendlichen Treffen mit Andreotti wieder auf: ich wollte ihm bis zum Kirchentor folgen, in seine Nähe kommen, ihn berühren und beobachten, ob er Verdacht schöpfte oder ob jemand auftauchte, ihn zu schützen. Ja, ich sehnte mich danach, ihn zu berühren, diesen Mann, der für mich die Inkarnation der Macht war. Ich folgte ihm aus wenigen Metern Entfernung; nachdem er die Brücke überquert hatte, überholte ich ihn und streifte ihn mit dem Arm. Ich drehte mich um und entschuldigte mich; er sah mich mit einem unbeschreiblichen Blick an, der nur mir zu gelten schien, und setzte seinen Weg fort. Er hatte keinen Verdacht geschöpft, kein Leibwächter hatte mich aufgehalten, er war wirklich allein. Ich war begeistert: ihn zu entführen, würde ein Kinderspiel sein. In meiner Vorstellung hatte ich

Andreotti schon in der Tasche, während die Polizei vergeblich ganz Rom absuchte.

Ich stieg ins Auto und fuhr nach Norden, ich mußte sofort Renato, Mara und Mario sprechen. Ich wollte keine Zeit mehr verlieren, wir mußten uns an die Arbeit machen.

In Mailand suchte ich Mario auf und fragte ihn nach Gritti. Er habe alles Wissenswerte herausgefunden, sagte er, er kenne Grittis Auto, dessen Nummer und auch die Garage, wo er es in der Nacht abstellte. Ich berichtete ihm von meinen Recherchen in Rom, und wir beschlossen, das Tempo zu beschleunigen. Ich sollte in Rom die nötige militärische Struktur aufbauen und den »Tag X« für die Entführung Andreottis festsetzen. Er würde in Mailand dasselbe für die Aktion Gritti übernehmen.

Entscheidend waren aber noch die Meinungen von Renato und Mara: glücklich über die Ergebnisse, traf ich mich mit ihnen in Turin.

Sie waren überrascht, wie einfach alles war. Ich erzählte ihnen von Rom, dieser Stadt, die vom bewaffneten Kampf noch gänzlich unberührt war, in der noch niemand Antiterrormaßnahmen ergriffen hatte: ich war am Parlament vorbeispaziert und den Abgeordneten Colombo und Rumor begegnet.

Mara und Renato hörten mir zu, als erzählte ich ihnen ein Märchen. Die Macht war in unserer Hand, alles sah schön und einfach aus. Viel zu einfach.

Verraten

11

Am 8. September 1974 verschwand Andreotti aus meinen Träumen.

Ein Haufen Männer in Zivil umstellte uns. Ich dachte, es seien Faschisten, die uns verschleppen und umbringen wollten. Ich schrie um Hilfe, rief den paar Leuten, die die Szene beobachteten, zu, daß die Faschisten uns entführten. Aber niemand rührte sich. Renato saß im Auto, die Hände am Steuer. Eine Pistole war auf seine Schläfe gerichtet. Ich lag mit dem Gesicht nach unten auf dem Rücksitz des Wagens, der uns von hinten angefahren hatte, während wir in einer Kolonne an einem Bahnübergang warteten. Ich konnte mich doch nicht einfach der erstbesten Horde Faschisten, die mir an den Kragen wollte, ergeben. Ich richtete mich auf, sprang aus dem Wagen und stand vor einem Mann mittleren Alters, Sportjacke, Hände in den Taschen, Zigarre im Mund. Ich schrie: »Das sind Faschisten, hilf uns.« Er schien nicht richtig verstanden zu haben, kam näher und schlug zu, hart. Und ich lag wieder auf dem Rücksitz. Erst später erfuhr ich, daß dieser Mann mit Zigarre und Sportjacke der Carabinierifeldwebel Maritano* gewesen war. Ich sah nichts, ich konnte nur den Funk hören. An einen Funkspruch erinnere ich mich noch: »Hier Benito, hier Benito, bitte kommen ...« Das bestärkte mich in der Überzeugung, in der Hand von Faschisten zu sein. Wieder versuchte ich zu fliehen, und wieder stand der Mann vor mir und stieß mich auf den Rücksitz.

Erst als wir losfuhren – ich in einem Auto und Renato in einem anderen hinter uns – zeigten sie mir ihren Carabinieri-Ausweis: ich hätte vorher nie geglaubt, daß mich so etwas jemals würde beruhigen können. Vielleicht konnte ich noch flüchten – die Illusion jedes Festgenommenen. Die »Freiheit« ist noch da, zum Greifen nahe, es scheint fast unmöglich, sie so plötzlich zu verlieren. Ich überdachte meine Situation: niemand kannte mich als Brigadist, gegen mich lag nur ein Haftbefehl wegen Wehrdienstverweigerung vor, ich riskierte höchstens einige Monate Militärgefängnis. Aber schon das schien mir zu viel.

* *Felice Maritano, Carabinierifeldwebel. Er wurde am 10. Oktober 1974 in Robbiano di Mediglia von Roberto Ognibene erschossen. Die Carabinieri hatten ein Versteck der Roten Brigaden ausfindig gemacht und seinen Bewohnern aufgelauert. Ognibene, der auf der Flucht angeschossen wurde, traf Maritano tödlich.*

Im Grunde wußten sie ja nicht einmal – wenn ich es ihnen nicht sagte –, wie ich hieß, denn in der Brieftasche hatte ich drei oder vier gefälschte Ausweise. Sie konnten mich deswegen anklagen, das war weniger schlimm als die Anklage wegen Wehrdienstverweigerung. Ich entschied mich, die Rolle des ahnungslosen Anhalters zu spielen (tatsächlich hätte ich an diesem Tag nicht mit Renato unterwegs sein sollen, ich hatte ihn nur gebeten, mich ein Stück mitzunehmen, wir hatten verschiedene Verabredungen), der nicht verstand, was da mit ihm passierte.

Ich erzählte ihnen meine Version, redete auf den einen, dann auf den anderen meiner vier Begleiter ein. Keiner antwortete, und ich ereiferte mich immer mehr mit meiner Geschichte und behauptete, daß ich nicht wüßte, wer der andere sei.

Schließlich unterbrach mich einer der beiden neben mir, wahrscheinlich ein Offizier: »Wir wissen nicht, wer du bist«, sagte er ruhig, »aber in deiner Brieftasche haben wir vier verschiedene Führerscheine gefunden, gefälschte. Das genügt für eine Festnahme. Und wenn wir auch nicht wissen, wer du bist«, und er deutete zum Wagen zurück, in den sie Renato gesteckt hatten, »so wissen wir, wer der da hinten ist. Es genügt, wenn ich dir sage, daß ich einen Hund habe, der Renato heißt.«

Sie hatten gezielt nach uns gesucht, und sie hatten uns gefunden. Dieser Offizier muß Renato seit Monaten auf der Spur gewesen sein, wenn er sogar seinem Hund diesen Namen gegeben hatte. Ein sonderbarer Zufall, denn früher, in Trient, wurde Renato wirklich »der Hund« genannt, wegen seiner wackelnden Art zu gehen vielleicht, oder weil er immer zwei Schritte hinter Mara herlief.

Ich sah die Männer im Wagen an, und mir war klar, daß alles bis ins letzte Detail organisiert worden war. Nicht wie damals bei der Entführung Sossis, als die Polizeiwagen mit Blaulicht und Sirene blindlings die Stadt abgesucht hatten. Das hier waren Profis, die den Auftrag hatten, uns zu schnappen, und das hatten sie getan, ohne Sirene, in Zivil, zielsicher. Zuerst hatten sie Silvano Girotto auf ihre Seite gebracht. Er hatte uns verraten.

Er war mir schon von Anfang an suspekt gewesen. Zu sehr stellte er seine Vergangenheit als Guerillero heraus, uns aber kontaktierte er, ohne die üblichen Vorsichtsmaßnahmen einzuhalten. Als er 1973 aus Chile zurückkehrte, war er schon eine Persönlichkeit, man nannte ihn »Frate Mitra« (»Bruder Maschinengewehr«). Er hatte ein Buch über seine südamerikanischen Abenteuer geschrieben, und die gesamte Linke, vor allem »Lotta continua«, machte ihm den Hof und wollte ihn für sich gewinnen. Aber Girotto wies alle Angebote

Die Verhaftung Alberto Franceschinis (umringt)
und Renato Curcios (am Steuer), 8. September 1974

zurück und wiederholte ständig, ihn interessierten nur die Roten Brigaden, sie allein hätten eine neue und interessante Strategie. Sein Interesse für die Roten Brigaden hatte sich herumgesprochen und schließlich gelang es ihm, mit Enrico Levati Verbindung aufzunehmen, einem Genossen aus Turin, der wegen Zugehörigkeit zu den Roten Brigaden einige Monate im Gefängnis gesessen hatte. Er suchte ihn auf und sagte, er wolle mit den Roten Brigaden in Kontakt treten. Levati war, wie er uns versicherte, anfangs sehr zurückhaltend, ließ sich dann aber überzeugen. Girotto hatte die Fähigkeit, seine Gesprächspartner für sich einzunehmen und von sich selbst ein vorteilhaftes Bild zu entwerfen. Über einen Mittelsmann bei Fiat stellte Levati dann den Kontakt her.

Frate Mitra legte als Empfehlung einige Briefe der kommunistischen Parteiführung Kubas vor, die seine Ausbildung im Guerillakampf bezeugten. Er rühmte sich, nicht nur mit den Kubanern, sondern auch mit den Tupamaros in Verbindung zu stehen. Die Sache mußte uns interessieren. Die Verhandlungen während der Sossi-Entführung hatten gezeigt, daß wir engere internationale Verbindungen knüpfen mußten. Hätten wir mit den Kubanern direkte Kontakte unterhalten, dann hätten sie uns vielleicht nicht im Stich gelassen. Deshalb beschlossen wir, uns mit Girotto zu treffen. Renato und Mario gingen zur ersten Verabredung; als sie zurückkamen, erzählten sie begeistert, endlich einen echten Guerillakämpfer kennengelernt zu haben, der die Erfahrungen der Tupamaros in die Roten Brigaden einbringen könne. Aber weder ich noch Mara waren davon überzeugt. Uns schien er zu exhibitionistisch, um ein guter Brigadist zu werden. Aber nach Mario gab auch ich meine Zustimmung zu Girottos Rekrutierung. Denn während Renato sich leicht für jemanden begeisterte und seine Urteile deshalb mit Vorsicht zu genießen waren, war Mario kühler, mißtrauisch. Sein Urteil überzeugte mich. Mara hingegen blieb ablehnend, sie sagte, dieser ehemalige Klosterbruder sei nicht vertrauenswürdig, ohne jedoch Argumente für ihre Behauptung vorbringen zu können. Es war für sie einfach eine Sache des Instinkts.

An dem Tag, an dem sie uns schnappten, war Renato mit Girotto bei Pinerolo verabredet. Das Treffen hatten die beiden bei ihrer letzten Begegnung vereinbart; es war Regel, daß nur sie den Ort und den Zeitpunkt kannten. Ich und Mario erfuhren von dieser Verabredung erst einen Tag vorher, am Samstag. Renato hatte es uns erzählt. Nur Girotto konnte den Carabinieri das Vorhaben mitgeteilt haben. Offensichtlich – und unsere Festnahme bewies dies – hatte er sich in die Roten Brigaden nur eingeschlichen, um die Verhaftung ihrer Anführer zu ermöglichen.

Die Verhaftung hätte aber auch vermieden werden können. Am Donnerstag, dem 5. September, hatte Levati einen Telefonanruf erhalten. Eine unbekannte Stimme trug ihm auf, Curcio zu warnen. Er solle am Sonntagmorgen verhaftet werden. Levati setzte sich sofort mit dem Mittelsmann bei Fiat in Verbindung und erzählte ihm von dem Telefongespräch. Aber die Information wurde vermutlich unterschätzt, man suchte ohne großen Eifer nach Renato und fand ihn daher auch nicht. Es hatte aber auch niemand von der Verabredung mit Frate Mitra gewußt. Die Falle schnappte zu, und in den Zeitungen war einige Tage später von diesem Telefonanruf die Rede. Zuerst glaubte ich diese Geschichte nicht, ich dachte an eine der üblichen Erfindungen, die uns mit einer Aura des Geheimnisvollen umgeben und uns mit irgendwelchen Nachrichtendiensten in Verbindung bringen sollten. Ich konnte auch nicht glauben, daß die Genossen, die von dem Anruf wußten, nicht alles mögliche unternommen hätten, Renato zu warnen.

Zwei Jahre später, beim Prozeß gegen den »historischen Kern« der Roten Brigaden in Turin, fragte ich den Schwarzen und den Blonden, sie waren kurze Zeit nach mir verhaftet worden, ob Levati wirklich angerufen worden sei. Sicher, sagten sie, und ich, verblüfft und immer noch ungläubig, wollte auch die letzte Einzelheit wissen. Levati, sagten sie, habe den Anruf am Donnerstag erhalten. Dann hätten sie Renato gesucht. Am Samstagnachmittag sei es ihnen gelungen, Mario zu finden, den sie beauftragt hätten, Renato zu suchen. Mario war, wie er später erzählte, obwohl er Zeit und Ort der Verabredung kannte, eine Stunde zu spät gekommen: wir waren schon verhaftet. Er hatte die ganze Nacht von Samstag auf Sonntag an allen möglichen Orten vergeblich nach Renato gesucht. Erst im letzten Moment hatte er sich entschlossen, Renato am Ort der Verabredung zu treffen. Ich verstand sein Verhalten nicht. Ich wußte zwar, daß er bei all seiner Selbstsicherheit imstande war, in einem Glas Wasser zu ertrinken, aber diesmal hatte er wirklich das genaue Gegenteil von dem getan, was er hätte tun sollen. Statt durch halb Italien zu fahren, hätte er einfach an der Straße zum Treffpunkt warten müssen: er kannte Route und Auto.

Fünf Jahre nach diesem Prozeß begegnete ich Mario im Gefängnis von Cuneo. Ich fragte ihn sofort, warum er uns an jenem 8. September 1974 nicht gewarnt hatte. Er sah mich erstaunt an, als hätte er diese Frage nicht erwartet: »Wie soll ich mich an etwas erinnern, das vor sieben Jahren passiert ist? Du erinnerst dich nur daran, weil sie dich damals geschnappt haben.« Ich hätte ihn am liebsten zusammengeschlagen.

Ich habe mich immer wieder gefragt, wer wohl drei Tage im voraus von der Falle am Bahnübergang bei Pinerolo gewußt haben konnte: nur Renato und Girotto kannten zu diesem Zeitpunkt die Einzelheiten der Verabredung. Und wenn man nun annahm, daß Girotto die Carabinieri davon in Kenntnis gesetzt hatte, dann mußte jemand angerufen haben, der gute Kontakte zum Heer hatte und wahrscheinlich daran interessiert war, die erste wichtige Operation der Spezialeinheiten Dalla Chiesas scheitern zu lassen. Dadurch wären Konflikte zwischen den Carabinieri entstanden. Ohne dafür irgendwelche Beweise zu haben, war ich immer der Überzeugung, daß dieser Anruf nur von den Israelis stammen konnte. Sie standen mit den Carabinieri und den Geheimdiensten in Verbindung, und sie hatten – wie ihr Waffenangebot bewies – nichts gegen die Aktionen der Roten Brigaden.

In der Falchera-Kaserne am Stadtrand von Turin wurde ich das erste Mal verhört. Der Offizier mit dem Hund namens Renato schloß sich mit mir in ein Zimmer ein. Er wollte wissen, wer ich sei, ich sagte: Giovanni Fiorini. Das ging aus einem der Führerscheine hervor, die sie in meiner Brieftasche gefunden hatten. Er ging aus dem Zimmer, um meine Aussage zu überprüfen. Er brauchte nicht lange, um festzustellen, daß der wirkliche Giovanni Fiorini zu diesem Zeitpunkt in einer Mailänder Diskothek tanzte.

Der Offizier nahm das Verhör wieder auf. Er wurde immer nervöser, ich fürchtete, er könnte zu harten Methoden übergehen, und beschloß, mich so zu verhalten, wie die Tupamaros in dem Film »Der unsichtbare Aufstand« von Costa Gavras: sie vermittelten dem Polizisten, der sie verhörte, das Gefühl, alles über ihn zu wissen. Ich kannte das Gesicht dieses Mannes, der sich mit mir in ein Zimmer geschlossen hatte, tatsächlich. Sossi hatte mir von ihm erzählt, als wir sein Foto in einer Zeitung gesehen hatten. Das sei ein tüchtiger Bursche, hatte Sossi gesagt, von ihm habe er schießen gelernt, er gehöre zur Carabinieritruppe, die dem Gericht zugeteilt sei. Damals hatte ich den Zeitungsbericht mit dem Bild des Hauptmanns ausgeschnitten und archiviert. Ich ging zum »Angriff« über. »Du kennst mich nicht, aber ich weiß genau, wer du bist, ich kenne sogar deinen Vornamen, du heißt Luciano.« Er schien überrascht und leicht beunruhigt, ich hatte ins Schwarze getroffen:er war Hauptmann Luciano Seno. Er sah mich nachdenklich an und ging. Das Verhör in der Carabinierikaserne war beendet.

In diesem Zimmer blieb ich nur einige Stunden. Dann brachten sie mich in einen Raum, wo schon zwei Männer in Zivil auf mich warteten. Einer von ihnen – er hatte leicht ergrautes Haar, war aber noch jung – erhob sich und stellte sich freundlich lächelnd vor: »Ich bin Giancarlo Caselli, der Untersuchungsrichter.« Die erste Forderung, die ich an die italienische Justiz stellte, war, unverzüglich in ein Gefängnis gebracht zu werden. Aber Caselli sagte, das sei unmöglich, man könne nicht einen Unbekannten ins Gefängnis stecken, er mache mir aber einen Vorschlag. »Ich sage Ihnen drei Namen und Sie sagen mir nur, ob Sie einer dieser drei sind. Dann lasse ich Sie in ein Gefängnis überführen.« Was blieb mir anderes übrig, als zuzustimmen. Die Namen waren Fabrizio Pelli, Roberto Ognibene und Alberto Franceschini. »Ja«, sagte ich, »ich bin einer von ihnen.« Es war ein Trick, er wußte, wer ich war: »Dann sind Sie Franceschini«, sagte Caselli, »endlich haben wir Sie.«

Sein zufriedenes Lächeln, die Siegesgewißheit, die in seinen Worten lag, waren mir zuwider. Aber er hatte recht, er war der Stärkere, er hatte gesiegt.

Es war eigenartig, kaum verhaftet, einem solchen Richter gegenüberzusitzen. Wir gehörten derselben Generation an, beide kamen wir aus der Kommunistischen Partei. In vielem, schien mir, waren wir ähnlich und doch Feinde: wir standen nicht auf der gleichen Seite der Barrikade. Auf einen alten Richter, aristokratisch, reaktionär und gesetzesgläubig, war ich vorbereitet, er wäre mein natürlicher Feind gewesen. Stattdessen saß ich einem intelligenten Menschen gegenüber, der meine Art zu Denken, meine Beweggründe verstand. Es schien mir unmöglich, daß ein solcher Mensch mein Feind sein konnte.

Caselli versuchte systematisch, unseren politischen Plan, den wir bisher erarbeitet hatten, zu rekonstruieren. Und er verunsicherte uns. Während eines Verhörs zeigte er mir Fotos, die die Carabinieri bei einem Treffen Renatos mit Frate Mitra gemacht hatten: auf einem war auch Mario deutlich zu erkennen. Er fragte mich: »Kennen Sie den?« und zeigte auf sein Gesicht. Ich verneinte. Und Caselli meinte: »Überlegen Sie einmal, warum man gerade Sie zusammen mit Curcio verhaftet hat. Sie waren nicht der einzige, der sich mit Girotto getroffen hat, auch der auf dem Foto hat das getan. Sie haben ja mit Girotto praktisch nie gesprochen, Sie haben ihn nur von weitem gesehen ...« Tatsächlich, als sich Renato vor unserer Verhaftung mit Girotto getroffen hatte, hatte ich im Wagen auf ihn gewartet. Ich verstand nicht ganz, was Caselli mir sagen wollte: etwa, daß Mario von den Carabinieri gedeckt wurde? Seine Andeutungen waren mir zuwider, aber das wollte ich mir nicht anmerken lassen. Ich sagte daher, die Carabinieri hätten mich wahrscheinlich deshalb verhaftet, weil ich ihnen sympathischer war.

Im Gefängnis

12

Mein erstes Gefängnis war Verbania am Lago Maggiore.

Schon oft hatte ich versucht, mir das Leben als Häftling vorzustellen. Besonders während der Sossi-Entführung hatte ich das Gefängnis, als Faktor, mit dem zu rechnen war, in Betracht gezogen. Ich hatte das Buch von Sante Notarnicola* und alles, was in diesen Jahren über die Gefängnisse geschrieben worden war, gelesen. Ich hatte die Erzählungen des alten Dokumentenfälschers im Kopf und hatte mir angewöhnt, jedem Knastbruder, den ich traf, eine Menge Fragen zu stellen. Ich hielt mich für gut vorbereitet und glaubte, alle Tricks zu kennen, um im Gefängnis überleben und flüchten zu können. Als man mich durch das Gefängnistor von Verbania führte, dachte ich sofort an Ausbruch.

Mich empfingen ein unangenehmer Geruch nach Minestrone und eine Feuchtigkeit, die von den Wänden zu tropfen schien. In der Registratur mußte ich die Kleider ausziehen, die an diesem verdammten Bahnübergang beschmutzt und zerrissen worden waren, und sie gaben mir Gefängniskleidung: einen grauen, schweren Wollpullover, eine braune Baumwollhose und eine Baumwolljacke, das »Knastkostüm«. Sie fuhren mir mit einer tintengetränkten Walze über die Fingerkuppen der rechten Hand, die sie dann auf die Seite des Aufnahmeregisters mit meinen Personalien drückten.

Ich wurde in Einzelhaft gesteckt, und der erste Gefangene, mit dem ich sprechen konnte, war der vom Putzdienst. Er rief durch das Guckloch herein und reichte mir die Zeitung mit dem Bericht über unsere Verhaftung durch. Ich fühlte mich besser: im Gefängnis waren wir nicht isoliert, die Proletarier hatten verstanden, daß wir auf ihrer Seite waren, und sie würden uns helfen. Diese kleine Geste bestärkte mich in der Gewißheit, daß man auch im Gefängnis den Kampf weiterführen konnte, daß man Unterstützung für die Flucht finden würde.

* *Sante Notarnicola war Mitglied der Cavallero-Bande. Zu lebenslanger Haft verurteilt, politisierte und radikalisierte er sich im Gefängnis und schloß sich dort den Terroristen an, die sich nicht der Justiz beugten.*

Den ersten Spaziergang verbrachte ich mit dem Studium der Fluchtmöglichkeiten: der Hof, in den man mich gebracht hatte, war von einer fünf oder sechs Meter hohen Mauer begrenzt; sie war unbewacht, vielleicht lag direkt dahinter die Straße. Aber ich mußte sicher sein, ich durfte nicht riskieren, dahinter einem bewaffneten Wachebeamten zu begegnen, der nicht zögern würde, auf mich zu schießen. Nur der, der mir die Zeitung durchgeschoben hatte, konnte mir helfen. Er bestätigte mir, daß hinter der Mauer die Straße lag. Ich würde die Flucht wagen, aber nicht sofort: ich mußte erst den Tagesablauf im Gefängnis kennenlernen und den günstigsten Augenblick herausfinden.

Aber ich konnte meine Arbeit gar nicht beginnen, denn schon am nächsten Morgen wurde ich in das Gefängnis von Cuneo verlegt. Mein »Freund vom Putzdienst« – nur er konnte es gewesen sein – hatte den Wachebeamten meine Frage nach der Mauer mitgeteilt, und sie wollten jedes Risiko vermeiden. Das war meine erste praktische Lektion im Gefängnis: mit dem Putzdienst im Isoliertrakt darf man nicht reden: sie sind die Hinterhältigsten, sie bekommen diese Arbeit nur, wenn sie dem Wachpersonal Informationen liefern.

Im alten Gefängnis von Cuneo blieb ich vierzig Tage in Einzelhaft. Das stellte mich vor ein Problem, dessen Existenz ich vorher nicht einmal geahnt hatte. Man hatte mir zwar von den endlosen Stunden auf dem Bett erzählt, in denen man nur auf die starren, sich monoton wiederholenden »Termine« im Gefängniszeitplan wartete. Aber ich hatte mir nie vorstellen können, welche Beklemmungen und Angstzustände dieses langsame Dahinrinnen der Zeit hervorrufen würde. Ich war ohne Uhr und versuchte, die Zeit nach der Gefängnisroutine zu bestimmen. Am Abend wurde gegen die Gitterstäbe geschlagen, um zu kontrollieren, ob sie untertags nicht angesägt worden waren, eine halbe Stunde später wurde das Abendessen verteilt. Ich schätzte, daß es halb acht sein mußte, normalerweise ging ich kurz darauf zu Bett: meine innere Uhr zeigte acht, das Tageslicht drang kaum in die Zelle. Erst als ich nicht mehr in Einzelhaft war, erfuhr ich, daß die Gitterstäbe um vier abgeklopft wurden und das Essen um halb fünf gebracht wurde. Vierzig Tage lang hatte ich von fünf Uhr nachmittags bis um halb acht Uhr früh geschlafen, vierzehn lange, von Träumen besetzte Stunden: ich sah die Genossen draußen, ich war mit ihnen, frei; wir gingen essen, diskutierten, planten neue Aktionen. Das hielt ich für meine Realität und nicht diese vier Wände und die Gefangenenkleider.

Diese Kleider trug ich noch, als ich von der Einzelhaft in eine Zelle mit drei jungen Männern gesteckt wurde. Ich hatte einen langen Bart, und mein einziges Gepäck war der Eßnapf.

Als das Essen durchgereicht wurde, nahm nur ich es, setzte mich aufs Bett und begann, schweigend zu essen. Wir hatten noch kein Wort miteinander gewechselt, sie beobachteten mich mißtrauisch. Aber schließlich sagte einer von ihnen: »Was machst du denn da? Du ißt diesen Fraß?« Das war eine blöde, fast provokante Frage: im Gefängnis muß man essen, was sie einem geben. Diese Erzählungen vom selbstgekochten Essen hatte ich nie geglaubt und gemeint, es sei ein Privileg, das man erst nach langen Jahren der Haft genießt. Aber ich fragte trotzdem, ob man etwas anderes auch haben könne. Sie waren verblüfft, und erst als ich ihnen sagte, wer ich war, verstanden sie. Sie hatten die Berichte über meine Verhaftung gelesen, sie wußten, daß es meine erste Erfahrung mit dem Gefängnis war. Sie warfen mein Gefängnisessen ins Klo, gaben mir andere Kleider und sagten, ich solle warten. Sie nahmen ein Tischtuch und Keramikteller und wärmten auf einem Campingkocher, der in einem Zellenwinkel stand, einen Topf Suppe auf. Ich fühlte mich wie zu Hause – jetzt gehörte ich zu ihnen.

Einer war groß, blond, und vorne fehlten ihm die Zähne. Vielleicht nannten sie ihn auch deshalb »Milchzahn«. Er war ein Autofanatiker: stundenlang erzählte er mir von verschiedenen Autotypen, und welchen Spaß es ihm machte, dahinzurasen und jedes Polizeiauto abzuhängen. Der andere war kleiner und hatte rabenschwarzes, schulterlanges Haar. Sie nannten ihn »Cochise«, weil er wie ein Indianer aussah. Sie waren wegen eines gemeinsamen Bankraubes angeklagt.

Vor allem wollten sie alles über meine Festnahme wissen. Sogar im Fernsehen waren Ausschnitte gezeigt worden: die Carabinieri hatten an jenem Tag bei Pinerolo alles exakt vorbereitet, sie hatten sogar ein Kamerateam hinbestellt. Ich erzählte von Girotto, von seinem Verrat. Zu meiner Überraschung sagte Milchzahn, er habe ihn vor einigen Jahren im Gefängnis von Turin kennengelernt. Dort saß Girotto wegen Bankraub und galt schon damals als Kollaborateur. »Merkwürdig«, sagte er, »daß eine Organisation wie eure so einem Typen vertraut hat.« Er sagte das mit der Bestimmtheit eines Menschen, der in der Einschätzung von Personen eine Ruhe und Sicherheit bekommen hat, wie nur das Gefängnis sie lehren kann. Er gab mir zu verstehen, daß wir ahnungslos und naiv gewesen waren.

Der dritte in dieser Zelle war ein Spitzel. Er hielt sich abseits und beteiligte sich kaum an unseren Gesprächen. Am Abend nahm er mich beiseite und flüsterte, ohne mich anzusehen: »Erzähl mir keine heiklen Dinge, der Wachoffizier hat mich in deine Zelle gesteckt, um dich auszuhorchen. Ich muß ihm mitteilen, was du erzählst. Wenn er mich fragt, muß ich ihm alles sagen. Deshalb sei still, wenn ich zuhöre. Es ist besser für uns beide.« Er sagte mir noch, daß er wegen Belästigung und Beleidigung in trunkenem Zustand hinter Gittern sitze. Er war ein armer Teufel, den sie erpreßten. Vor mir hatte er mehr Angst als vor den anderen Häftlingen, die er sicher auch bespitzelte. Ich war ein politischer Gefangener, praktisch der erste, ein »Terrorist«, über den Radio und Fernsehen berichteten. Erst später, als ich das Gefängnis genauer kannte, habe ich begriffen, daß ich für die anderen eine Autorität war, ich stand fast auf einer Ebene mit den Offizieren. Mich zu bespitzeln, schien zu gefährlich, bei mir war Vorsicht geboten. Deshalb wollte er sich heraushalten.

Den Offizier der Wachmannschaft hatte ich schon in der Isolationshaft kennengelernt. Er war Sarde, und als er das erste Mal in meine Zelle gekommen war, hatte er mich wie einen Kriegsgefangenen behandelt, nicht wie einen »gewöhnlichen« Häftling. Er könne mich verstehen, sagte er, ich sei Soldat wie er, und er sei sich bewußt, daß ich zu fliehen versuchen würde. Er betonte das, als gehörte es zu meinen Rechten, er zitierte sogar die Genfer Konvention, die den Kriegsgefangenen das Recht auf Flucht zugesteht. Aber von hier, versicherte er mir, würde mir die Flucht nicht gelingen. Das war eine Herausforderung, und wir begannen einen Kleinkrieg zu führen. Er hielt mich nicht den ganzen Tag in der Zelle eingeschlossen, sondern beschäftigte mich sogar als Schreiber in der Registratur, eine der begehrtesten Arbeiten im Gefängnis. Es schien, als wolle er mich auf Fluchtmöglichkeiten hinweisen, um dann zu beweisen, daß er es verhindern konnte, daß er der Stärkere war.

In der Registratur entwarf ich meinen ersten Fluchtplan. Das Büro lag wenige Meter vom Eingang entfernt. Es dürfte für die Genossen nicht schwierig sein, dachte ich, unter dem Vorwand, ein Paket abzugeben, sich das Tor öffnen zu lassen, dann die Maschinenpistolen hervorzuziehen und den Gefangenen Franceschini freizupressen. Mit dem Absender eines Mithäftlings schickte ich einem »legalen« Genossen eine Mitteilung, die dieser einem »regulären« Brigadisten weitergab. Mit Zitronensaft, der elementarsten Geheimtinte, schrieb ich die Nachricht zwischen die unverfänglichen Zeilen. Die Genossen reagierten prompt mit einer Ansichtskarte an den Zellengenossen. Die Idee zu flüchten, sei gut, schrieben sie mit Zitronensaft zwischen die Zeilen, aber die Folgen seien zu groß, die Bewegungsfreiheit der anderen Genossen in den Gefängnissen würde zu sehr eingeschränkt, und die Flucht Renatos, die schon geplant war, erschwert. Meinen Plan könnten sie aber für die Flucht Renatos verwenden, denn das Gefängnis von Casale sei dem von Cuneo ähnlich. Später erfuhr ich, daß die Entscheidung, Renato zu befreien, Streitereien zwischen den Genossen und Abspaltungen hervorgerufen hatte. Mario hielt die Aktion für zu riskant, und hätte sich nicht Mara dafür eingesetzt, wäre nichts daraus geworden. Als ich die Nachricht las, kam ich mir verraten vor, meinem Schicksal überlassen. Erst später verstand ich die Position der Genossen: Renato war wichtiger, nicht so sehr, um die Fäden der dezimierten Organisation wieder zu knüpfen, sondern um die politische Linie neu zu definieren.

Also entwarf ich einen neuen Plan. Zwischen dem Schreibtisch in der Registratur, an dem ich meine Vormittage verbrachte, und der Freiheit war nur ein Fenster, und zwischen meiner Zelle und diesem Fenster war nur das Sperrgitter unserer Zelle, das nie abgeklopft wurde, und die Tür des Trakts, die die Wache nachts offenließ. Also blieben nur das Sperrgitter und die Eisenstäbe vor dem Fenster, die leicht zu durchsägen waren. Der Plan war fast zu einfach: man benötigte bloß Sägeblättchen. Die Genossen billigten diesen Fluchtplan: wenn die Flucht gelang, lag die Verantwortung nur bei der Gefängnisleitung, die mir zu große Bewegungsfreiheit zugestanden hatte, und die Flucht Renatos wäre dadurch nicht gefährdet. In einer Büchse mit Kompott schickten sie mir die Sägeblättchen, die ich auf die gewohnte Art und Weise angefordert hatte. Sie teilten mir auch mit, daß am festgesetzten Tag ein Wagen mit drei Genossen draußen vor dem Gefängnis auf mich warten würde.

Ich begann das Sperrgitter zu durchsägen, ließ aber ein winziges Stück der Stäbe intakt: das würde ich ganz zum Schluß erledigen, in einer halben Stunde. Ich konnte in Ruhe arbeiten, der »Spitzel« war den ganzen Tag in der Küche und kam erst gegen zehn Uhr abends zurück. Ich brauchte nicht länger als eine Woche.

Am Nachmittag kündige ich den Zellengenossen an, daß ich in dieser Nacht abhauen werde. Während ich die Gitterstäbe endgültig durchsäge, schläft der »Spitzel«, das Gesicht zur Wand gedreht, als würde er das Sägen nicht hören. Aus dem Sperrgitter entferne ich gerade genug Stäbe, um durchzuschlüpfen. Ich bin jetzt im Korridor und stoße auf das erste Hindernis: die Tür unseres Trakts, die sonst immer offen steht, ist heute versperrt. Mir bleibt nichts anderes übrig, als den Wachebeamten zu rufen. Ich gebe vor, krank zu sein, und warte hinter der Tür auf ihn.

Aber etwas muß seinen Verdacht geweckt haben: vielleicht hat er bemerkt, daß meine Stimme nicht aus der Zelle kam. Langsam öffnet er die Tür, und der Lichtstrahl, der von draußen hereinfällt, beleuchtet meine Füße.

Der Wächter will wegrennen, Alarm schlagen, aber ich werfe mich auf ihn, halte ihm mit einer Hand den Mund zu, und mit der anderen schlage ich auf seinen Kopf ein. Ich will ihn betäuben, aber es gelingt mir nicht. Ich packe ihn am Jackenkragen und stoße ihn gegen die Registratur. Gerade als sich der Wachebeamte, ohne zu reagieren, über den Boden schleifen läßt, beginnt der Häftling aus der Zelle nebenan zu schreien. Sofort gehen in der Wachkaserne die Lichter an: in ein paar Minuten würde ich alle gegen mich haben, ich muß aufgeben. Ich lasse den halb ohnmächtigen Wachebeamten vor der Registratur zurück, schließe die Tür zum Trakt, schlüpfe durch die Öffnung in die Zelle, setze die Gitterstäbe wieder ein und lege mich ins Bett. Eine halbe Stunde lang passiert nichts, vielleicht haben die Wachen Angst, in unseren Trakt zu kommen, vielleicht denken sie, daß ich bewaffnet bin. Dann steht der Wachoffizier vor der Zelle, allein. »Franceschini, tun Sie nicht, als würden Sie schlafen«, sagt er, »ich weiß, daß Sie flüchten wollten, geben Sie mir die Zellenschlüssel.« Aber ich habe keine Schlüssel, und das sage ich ihm auch. Er hat die durchgesägten und wieder eingesetzten Gitterstäbe nicht bemerkt. Ich schlage ihm einen Tausch vor: ich sage ihm, wie ich hinausgekommen bin, und er muß mir versprechen, daß die Wachen mich nicht zusammenschlagen werden. Er gibt mir sein Ehrenwort, und darauf kann ich mich verlassen: mit einem leichten Tritt stoße ich die durchgesägten Gitterstäbe heraus.

Der Offizier eskortierte mich in sein Büro – durch ein Spalier von Wachebeamten, die mich wütend ansahen, weil ich einen von ihnen geprügelt hatte und sie mitten in der Nacht geweckt worden waren. Aber keiner faßte mich an. Bis zum Morgen blieb ich im Büro des Offiziers, dann kamen die Carabinieri und überstellten mich in das Gefängnis von Saluzzo. Die Genossen hatten bis um drei Uhr morgens draußen vor dem Gefängnis auf mich gewartet, dann wußten sie, daß die Flucht gescheitert war. Durch das Fenster im Offizierszimmer hatte ich das Auto langsam wegfahren sehen.

Der Häftling, der Alarm geschlagen hatte, wurde zur Belohnung innerhalb eines Monats freigelassen. Der »Spitzel« aus meiner Zelle jedoch hatte, trotz des Lärms und Durcheinanders, die ganze Nacht in derselben Stellung weitergeschlafen, ohne sich zu rühren: er hatte sich herausgehalten.

Renato hingegen gelang die Flucht.

Am 18. Februar 1975, gegen fünf Uhr nachmittags, lag ich auf dem Bett und hörte Musik. »Sie haben Renato aus Casale befreit, ich habe es gerade im

Polizeifunk gehört«, schrie Franco*, »eine Gruppe von Genossen hat ihn aus der Zelle geholt. Ich habe mir den Kopf an der Tür angeschlagen, so schnell bin ich gerannt.«

Ich springe vom Bett auf, schreie und umarme ihn, wir beginnen zu tanzen, wir fühlen uns wie Brüder. Wir haben es geschafft, Renato ist frei, wir haben die Staatsgefängnisse geknackt. Ich bin glücklich, ich fühle, daß eine neue Ära anbricht: die Roten Brigaden sind lebendiger denn je. Die anderen lächeln, meine Freude scheint das ganze Gefängnis angesteckt zu haben. Sogar der Untersuchungsrichter, der mich einige Tage später verhört, teilt mir seine Verwunderung mit. Er schickt voraus, er sei absolut gegen die Roten Brigaden, aber diese Befreiung – perfekt durchgeführt, ohne einen Schuß abzugeben – bewundere er. Und dann diese Frau, diese großartige Frau, die das Kommando geführt habe. Er gesteht mir, daß er einiges darum geben würde, eine solche Ehefrau zu haben. Ich will Mara decken, behaupte, daß das ein verkleideter Genosse war. Er will es nicht glauben, ist erstaunt, fast enttäuscht, daß diese Aktion keine Frau geleitet haben sollte. Schließlich sage ich ihm, ich hätte Spaß gemacht, es sei wirklich ein wunderbares Mädchen.

Das Gefängnis von Saluzzo, in dem ich war, als sie Renato befreiten, war mein erstes wirkliches Gefängnis. Eine Festung auf einem Hügel, umgeben von einer hohen Mauer. Seitlich am Tor war eine Gedenktafel angebracht: »Hier war Silvio Pellico** eingekerkert, bevor er auf den Spielberg überführt wurde.« Es war eine Strafanstalt. Wenn sie mich hierher schicken, dachte ich, dann wollen sie mich lange behalten – mit oder ohne Urteil.

Bettlaken, Decken, Eßnapf und Löffel hatte mir ein Häftling mit rasiertem Schädel, kleinen runden Augen und einem Buddhabauch ausgehändigt, er trug Gefängniskleidung. Später erfuhr ich, daß er Mitglied der »Volante rossa«, gewesen war und seit dreißig Jahren im Gefängnis saß, ein Terrorist, der nie begnadigt, dem nicht einmal Strafmilderung zuerkannt worden war und der schon als so »vertrauenswürdig« galt, daß er im Magazin arbeiten durfte. Um

* *Franco Bartoli, Strafgefangener, der sich im Gefängnis politisierte.*

** *Silvio Pellico, italienischer Dichter, 1789 in Saluzzo geboren, 1854 in Turin gestorben. Wurde wegen seiner Zugehörigkeit zur »Carboneria«, die antiösterreichisch, national eingestellt war, 1820 von den Österreichern zum Tode verurteilt. Die Strafe wurde zu zwanzigjähriger Kerkerhaft auf der Festung Spielberg bei Brünn umgewandelt. Dort schrieb er das Buch »Le mie prigioni« (dt. »Meine Gefängnisse«), das für die spätere italienische Nationalbewegung Bedeutung erlangte.*

dort zu arbeiten, mußte man das absolute Vertrauen der Direktion genießen, denn über diese Stelle konnte alles mögliche eingeschleust werden. Als man mir die Geschichte dieses glatzköpfigen Mannes erzählte, sah ich einen Augenblick lang mich selbst in dreißig Jahren. Würde ich so lange im Gefängnis bleiben? Würde auch ich nicht mehr gefährlich, sondern »vertrauenswürdig« sein? Diese Gedanken hielten mich eine ganze Nacht lang wach, ich hatte sie nie jemandem anvertraut.

In der Abteilung wurde ich freundlich empfangen. Eine Menge Häftlinge lief auf den Gängen herum und schlug einen Höllenlärm. Als erste waren mir Franco und ein anderer Genosse, Martino*, entgegengekommen. Sie hatten meinen Namen gerufen und gesagt, daß ihnen ein Freund aus der Registratur meine Ankuft mitgeteilt hatte. Dann war ich ihnen in einen großen Raum mit etwa fünfzehn Betten gefolgt. Jedes Bett hatte eine Art Baldachin aus Besen, Stöcken und Bettlaken, der die Intimität seiner Bewohner wahren sollte. Es sah aus wie ein Zeltlager, und nachdem ich meinen Platz selbst aussuchen durfte, richtete ich mich hier ein.

Mit Franco und Martino freundete ich mich sofort an. Sie waren »gewöhnliche« Häftlinge, die sich erst im Gefängnis politisiert hatten und den NAP angehörten. Wir sprachen und sprachen. Sie erzählten mir vom Gefängnisalltag, von den Kontakten mit den ersten inhaftierten Genossen aus der Bewegung, von den Kämpfen und Revolten im Innern des Gefängnisses, von ihrem Bruch mit »Lotta continua«, ihrer Entscheidung für den bewaffneten Kampf und von der Gründung der NAP.

Ich schilderte ihnen mein Leben vor der Verhaftung, die Kämpfe der Fiat-Arbeiter, die Sossi-Entführung. Ich benötigte Stunden, ihnen die Freilassung Sossis verständlich zu machen, ihnen zu erklären, daß in der »Politik« die Vernunft und die Fähigkeit zu vermitteln vor dem Instinkt kommen. Sie hatten seinen Tod gewünscht, weil sie ihn für eine »unglaubliche Kanaille« hielten.

Franco, Martino und ich gründeten eine Gruppe, die Ökonomie studieren wollte. Wir stellten ein Programm zusammen: mit Abschnitten aus dem ersten Buch des »Kapital« von Marx und aus dem »Xu-Huè«, einem chinesischen Handbuch der politischen Ökonomie aus der Zeit der Kulturrevolution, das in den siebziger Jahren in der Bewegung sehr verbreitet war. In Anlehnung an George Jacksons Buch »Soledad Brother« nannten wir uns die »Brüder von Saluzzodad«.

* *Martino Zicchitella trat im Gefängnis den NAP bei. Er wird erschossen, als die NAP dem Antiterrorismus-Spezialisten Alfonso Noce einen Hinterhalt legen.*

Ich studierte, aber auch in Saluzzo dachte ich an Flucht.

Beim Spaziergang im Hof konnte ich hinter dem Mauerring die Freiheit sehen. Es würde genügen, wenn ein Genosse aus dem Wald gegenüber einen Schuß auf den Wachposten abfeuerte, nicht, um ihn zu töten, sondern um ihn zu erschrecken, damit er sich ins Wachhaus zurückzog. Wenn wir uns gegenseitig helfen würden, wäre die Mauer an ihrer niedrigsten Stelle, die vom Wachhaus nicht einsehbar war, leicht zu überwinden. Diesen Plan konnte ich aber nicht allein ausführen. Deshalb sprach ich mit Franco und Martino darüber, ich wußte, daß ich mich auf sie verlassen konnte, und ich konnte durch ihre Post, die nicht zensuriert wurde, mit draußen Kontakt aufnehmen. Ich wollte den Genossen ihre Namen mitteilen, damit sie alle mit Zitronentinte geschriebenen Botschaften für mich an Martino und Franco adressieren konnten.

Franco und Martino hatten nichts dagegen einzuwenden, im Gegenteil, sie schienen glücklich darüber, von den Roten Brigaden in einen Ausbruch miteinbezogen zu werden, denn die aufsehenerregende Flucht Renatos hatte uns einen gewissen Nimbus verliehen. Außerdem war die Freundschaft zwischen uns drei immer stärker geworden.

Ich schickte den Genossen also den genauen Plan.

Während ich auf Antwort wartete, wurde meine erste Begegnung mit der italienischen Justiz vorbereitet. Ich bekam eine Vorladung: in Reggio Emilia sollte mir – gemeinsam mit dem flüchtigen Renato – wegen dem Überfall auf die Bank von Rubiera der Prozeß gemacht werden, wegen jenem Überfall, der geglückt war, obwohl die Carabinieri davon gewußt hatten. Aber ich hatte keine Lust hinzugehen: mir war noch nicht klar, wie ich mich im Gerichtssaal verhalten sollte. Deshalb weigerte ich mich und schrieb an den Vorsitzenden des Schwurgerichts einen Brief, der meine Motive erklärte. Ich titulierte ihn »Sehr geehrte Exzellenz«, sprach ihm das Recht ab, über mich Gericht zu halten, weil »meine Gerechtigkeit eine andere« sei, und teilte ihm meinen Wunsch mit, ihn möglichst bald nach unserem Sieg zu verurteilen.

Zwei Tage vor dem Prozeßtermin kamen die Carabinieri und sagten mir, daß der Richter mich um jeden Preis wolle, er habe meine »zwangsweise Überführung« angeordnet: ein Rechtsmißbrauch, gaben sie zu, aber immerhin ein Befehl, und der mußte befolgt werden. Ich packte ein paar Sachen in meinen Sack und fuhr mit der Eskorte ab. Ich war jedoch entschlossen, mich diesem Richter, der meine Anwesenheit im Gerichtssaal zu einer Frage des Prinzips erhoben hatte, nicht geschlagen zu geben. Ich wollte ihm auf derselben Ebene antworten: indem ich meine Abwesenheit zu einer Frage des Prinzips erhob.

An der Autobahnausfahrt von Reggio erwartete mich ein großes Aufgebot von Polizisten und Carabinieri: von der Straßenmautstelle bis zum Gefängnis, vielleicht sechs oder acht Kilometer, war der Verkehr völlig abgesperrt, an jeder Kreuzung standen bewaffnete Beamte. Verwundert beobachteten die Leute unseren Wagen und glaubten sicher, daß eine »wichtige Persönlichkeit« drinnen saß und nicht ein gefesselter Häftling. Im Gefängnis steckten sie mich in eine Einzelzelle, und am nächsten Morgen kamen die Carabinieri und wollten mich in den Gerichtssaal bringen.

Ich weigere mich ihnen zu folgen, sie aber bestehen darauf, sie sagen, sie müßten mich notfalls mit Gewalt hinbringen. Ich ziehe mich blitzschnell aus. Sie denken wahrscheinlich, daß ich mich umziehen will, und unternehmen nichts. Als ich in Unterhosen dastehe, sage ich ihnen, ich sei bereit: »Wir können gehen.« Der Chef der Eskorte ist beunruhigt, er weiß nicht, was er tun soll, sagt, so könne er mich nicht in den Gerichtssaal bringen. Nichts kann mich umstimmen: es gibt kein Gesetz, das mir verbietet, in Unterhosen vor dem Richter zu erscheinen. Ratlos geht der Unteroffizier weg. Nach einer halben Stunde kommt er wieder und sagt, ich könne in der Zelle bleiben.

Ich hatte gewonnen, so kam es mir wenigstens vor. Und als sie mir am Abend das Urteil mitteilten – zwölf Jahre Haft für einen »friedlichen« Bankraub ohne Verletzte -, war ich nicht einmal sehr überrascht. Es war klar, daß der Richter sich für mein Verhalten hatte »rächen« wollen: dieses Urteil bestärkte mich damals in meinem Gefühl, einen Sieg davongetragen zu haben.

In Saluzzo war inzwischen die Antwort der Genossen auf meinen Ausbruchsplan eingetroffen. Auf wenigen Zeilen, mit viel Zwischenraum, teilte die Mutter Franco mit, daß sie ihn am vereinbarten Tag nicht besuchen kommen könne. Franco erkannte sofort, daß die Handschrift nicht von seiner Mutter war. Der Brief mußte daher für mich sein: er gab ihn mir, ohne Genaueres wissen zu wollen, eine stillschweigende Abmachung erlaubte keine Fragen. Ich ging auf die Toilette und erwärmte mit einem Feuerzeug vorsichtig den Brief, bis zwischen den Zeilen die Worte sichtbar wurden: »Dein Plan überprüft … alles in Ordnung … teilen Dir Datum mit.«

Ende Mai ließen sie mich wissen, daß sie demnächst eine »strategische Enteignung« durchführen wollten – genau so schrieben sie in ihrer Botschaft, ich verstand nicht recht, worum es sich handelte –, aber Mitte Juni, nach dieser Operation, würden sie mich befreien. Zu Martino und Franco sagte ich nichts. Ich wollte erst mit ihnen reden, wenn der exakte Zeitpunkt feststand.

Bis zum 5. Juni 1975 setzte ich das Studium mit den Brüdern von Saluzzodad fort.

Es ist halb zehn am Vormittag, ich rasiere mich und höre die Nachrichten im Radio. Die erste Meldung ist trocken und dramatisch: Schießerei zwischen Carabinieri und Banditen bei einem Bauernhof in der Nähe von Acqui Terme, ein Carabiniere und eine Frau getötet, der Industrielle Vallarino Gancia, gestern Nachmittag in Canelli bei Asti entführt, konnte unversehrt befreit werden.

Ich denke sofort an die Genossen: die »strategische Enteignung«, von der sie mir geschrieben haben, muß die Entführung Gancias gewesen sein. Man hat sie entdeckt, und sie haben schießen müssen. Es können nur die Genossen vom Spiottahof sein.

»Ein Carabiniere und eine Frau getötet ...« Eine Frau, Mara, ich hoffe, daß nicht sie es ist, aber so darf ich nicht denken, auch wenn nicht sie es ist, ist es eine tote Genossin. Ich habe meine Gedanken nicht mehr unter Kontrolle, hoffe nur, daß es nicht Mara ist. Den ganzen Tag über halte ich mich von den anderen fern, rede mit keinem. Martino und Franco ahnen etwas und lassen mich in Ruhe.

Am Abend gehe ich ins Fernsehzimmer und schaue die Nachrichten an. Sie zeigen eine Wiese, einen mit einem Tuch verhüllten Körper: es ist Mara, ich erkenne ihre an den Knöcheln hochgekrempelten Jeans, ihre Leinenschuhe. Ich kann nicht weiter zusehen, ich muß gehen, ich muß raus. Ich begegne Martino und Franco. Sie sehen mich besorgt an. Ich muß etwas zu ihnen sagen, muß reden, und mit dem letzten Rest an Selbstkontrolle presse ich heraus: »Genossen, alles ist beim Teufel.«

Ich sage nichts von Mara, nichts von diesen Leinenschuhen, die wir gemeinsam in einem UPIM-Kaufhaus ausgesucht haben.

In der Zelle werfe ich mich aufs Bett, schließe den Vorhang des Baldachins und heule. Zuerst habe ich noch versucht, die Tränen zurückzuhalten, aber sie schießen mir schließlich doch in die Augen. Ich weine stundenlang, als ob in mir ein Eisblock schmelzen würde.

Mara hatte vor drei Jahren den Spiottahof um wenig Geld gekauft, sechseinhalb Millionen Lire. Monatelang hatten wir gearbeitet, um das Wasser einzuleiten und Bad und Dusche einzubauen. Wann immer möglich, hatten wir die Wochenenden vor dem offenen Kamin oder auf den Feldern verbracht. Es gab eine Menge Obst: Kirschen, Pfirsiche, Aprikosen, Nüsse. Auch Trauben, aus denen wir einen leichten, prickelnden Wein herstellten. Der Bauer aus unserer

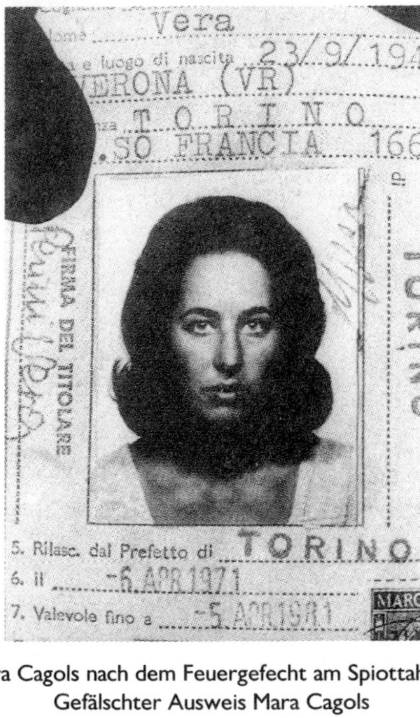

Die Leiche Mara Cagols nach dem Feuergefecht am Spiottahof, 5. Juni 1975
Gefälschter Ausweis Mara Cagols

Nachbarschaft hatte uns bei der Arbeit geholfen. Wir machten nicht alles allein, wir hatten gelernt, daß man auf dem Land die Nachbarn miteinbezieht. So kümmerte er sich um den Wein und das Kornfeld. Wir hatten ihm erzählt, wir seien eine Gruppe von Lehrern, die die Natur liebten, und hatten uns mit ihm angefreundet. Seine Tochter, die in unserem Alter war, hatten wir manchmal nach Acqui zum Tanzen mitgenommen, und sie hatte uns von ihrer Sehnsucht nach der Stadt erzählt, nach den großen Geschäften und den Bürohäusern.

Niemand hatte diesen Platz der Polizei gemeldet, als man viele von uns, mich, Renato, Maurizio und Alfredo, die auf dem Hof aus und ein gegangen waren, festgenommen hatte und die Zeitungen große Fotos von uns gebracht hatten. Die Genossen waren auf den Hof zurückgekehrt und hatten dort das Gefängnis für Gancia eingerichtet.

Auch Mara war dorthin zurückgekehrt, und der Tod, der sie schon einige Male gestreift hatte, hatte sie ausgerechnet auf dem Spiottahof erwischt. Am Tag, als ich und der Schwarze sie während der Sossi-Entführung fast erschossen hätten, sagte ich scherzhaft: »Ich glaube, jetzt ist die Zeit gekommen, daß einer von uns ins Gras beißt.« Und sie hatte es als erste getroffen.

Dieser Satz traf mich nun wie ein Schlag. Lieber wäre ich an ihrer Stelle tot gewesen, wenn nur sie am Leben geblieben wäre, und ich diese dumme Prophezeiung rückgängig hätte machen können.

Erst nach Stunden schlief ich ein, ein Bild vor Augen: Mara starb im Sonnenschein, lächelnd, ohne zu leiden, auf dem Feld neben ihren Haselnußsträuchern.

Ort ohne Wiederkehr

13

Jemand hatte einen Rosenstrauß an die Stelle gelegt, an der Mara gestorben war. Es war weder Renato noch ein anderer Genosse: am besten gefällt mir die Vorstellung, daß es die Tochter des Nachbarn war, die wir nach Acqui zum Tanzen mitgenommen hatten.

Ein Jahr darauf folgte der Racheakt der Genossen: sie töteten den Staatsanwalt von Genua, Francesco Coco. Er hätte am 5. Juni 1976 umgebracht werden sollen, dem Jahrestag des Feuergefechts auf dem Spiottahof, aber er kehrte an dem Tag später heim als erwartet. Ein Kommando der Organisation tötete ihn und seine Eskorte dann drei Tage später: es war der erste geplante Mord der Roten Brigaden, aber ich fühlte mich nicht als Mörder. Nicht, weil ich nicht selbst geschossen hatte, sondern weil mittlerweile auf beiden Seiten Tote absehbar waren: die Auseinandersetzung war in eine »neue Phase getreten«.

Für uns im Gefängnis hieß das verschärfter Strafvollzug.

Im Frühjahr 1977 brachten sie mich nach Porto Azzurro auf Elba, ins Gefängnis für Lebenslängliche, für die »lebendig Begrabenen«. Dort hatte Mario Rossi gesessen, als wir während der Sossi-Entführung seine Freilassung verlangt hatten, und ich wußte, daß viele Freunde, die ich im Gefängnis gewonnen hatte, dort waren.

Als ich mit dem Sack über der Schulter die Abteilung betrat, kamen sie mir entgegen: Oscar, Giancarlo, Italo, Carmelo. Immer wenn ein neuer Genosse dazukommt, ist es wie ein kleines Fest, und so war es auch diesmal. Sie ließen mir nicht einmal Zeit, mein Gepäck abzustellen, und überhäuften mich gleich mit Fragen, wollten Nachrichten von anderen Gefangenen, erzählten mir, wer alles hier in Porto Azzurro war. Einem von ihnen war ich noch nie begegnet. Er lächelte mir zu: es war Piero Cavallero, der Mann, mit dem wir uns nach den Banküberfällen oft verglichen hatten. Er war kein x-beliebiger Räuber. Das Foto in den Zeitungen, das ihn vor Gericht mit erhobener Faust zeigt, ist in die Geschichte eingegangen. Er war Bankräuber, aber auch Kommunist; den »Geiseln« hatte er als Entschädigung für die Unannehmlichkeiten Geldscheine zugesteckt. Ich war überzeugt davon, daß die vielen Toten bei seinem letzten Bankraub eher auf das Konto der Polizei gingen als auf seines und das seines

Genossen Notarnicola. Auch der war auf dem Foto aus dem Gerichtssaal verewigt.

Einmal hatte uns Cavallero geschrieben. Das war zu Beginn des Jahres 1971, als die Zeitschrift »Nuova Resistenza« in die Buchhandlungen kam. Wir wollten ein »legales« Propagandamittel mit weiter Verbreitung: dort druckten wir unsere Flugblätter und die Kommuniqués der GAP ab und diskutierten über die »Stadtguerilla«. In seinem Brief aus dem Gefängnis San Vittore schrieb uns Cavallero, die Zeitung sei gut gemacht, interessant und seine bevorzugte Lektüre. Ich und Renato freuten uns: es schien möglich, die verschiedensten Kräfte zu verbinden. Aber »Nuova Resistenza« stellte nach der zweiten Nummer ihr Erscheinen ein, der Kontakt zu Cavallero war abgebrochen.

Hier in Porto Azzurro umarmten wir uns, die Verbindung war wiederhergestellt. Ich respektierte Cavallo, »das Pferd«, wie er im Gefängnis wegen seiner großen Nase genannt wurde, für mich war er eine Symbolfigur. Seine erhobene Faust hatte mir geholfen, Banken »im Namen des Proletariats« auszurauben: man konnte »gewöhnliche« Straftaten begehen und trotzdem ein »Genosse« sein.

In den Monaten in Porto Azzurro waren wir oft zusammen. Er lud mich zum Essen in seine Zelle ein, und wir diskutierten ständig. Ich wollte ihn über sein Leben ausfragen, über vieles, das ich in meiner Jugend über ihn gelesen hatte. Aber er wollte nicht darüber sprechen, als hätte er Angst, mir mit seinen Geschichten auf die Nerven zu gehen; für ihn waren sie vergangen und vergessen.

Also sprachen wir von Politik. Er wollte wissen, ob wir wirklich an unseren Sieg glaubten, und wie wir – in einem Land wie dem unseren, in dem »niemand mehr verhungert« – die Menschen für den bewaffneten Kampf gewinnen wollten.

Ich antwortete – und davon waren wir überzeugt –, daß die ökonomische Krise zur allgemeinen Verelendung führen werde und damit den bewaffneten Kampf notwendig mache.

Cavallo horchte mir aufmerksam zu, aber ich hatte das Gefühl, er tat es mehr aus Lust an intellektueller Unterhaltung als aus wirklichem Interesse. Das einzige Thema, für das er sich erwärmen konnte, war die Sowjetunion. Seiner Meinung nach konnte sich kein revolutionärer Prozeß ohne die Unterstützung der UdSSR durchsetzen. Daraufhin zitierte ich Mao, man müsse sich auf die eigenen Kräfte verlassen, oder analysierte die Widersprüche in den Mittelmeerländern, die sich meiner Meinung nach gerade in unserem Land konzentrierten und eine soziale Explosion hervorrufen mußten. Piero hörte mir jedesmal geduldig zu und sagte schließlich gutmütig: »Berto« (er verwendete die Turiner Koseform von Alberto), »ohne Vater geht man nirgendwo hin.« Ein Satz, auf den ich nur mehr mit einem halbherzigen Lächeln antworten konnte: »Wir werden sehen, Cavallo, wir werden ja sehen.«

Am 16. Juli 1977, gegen sieben Uhr abends, befahlen sie mir, die Sachen zu packen, ich sollte weggebracht werden. Der Wachebeamte wußte nicht warum, und der Wachoffizier in der Registratur, wo Piero schon mit gepacktem Rucksack wartete, konnte uns diesen überraschend eingelangten Befehl ebenfalls nicht erklären. »Ich weiß nicht, wohin man euch bringt, aber draußen warten die Carabinieri.« Piero beruhigte mich: »Vor vier Monaten habe ich den Antrag gestellt, in ein Gefängnis in der Nähe meines Geburtsorts überführt zu werden. Du wirst sehen, sie bringen uns nach Cuneo.«

Aber als ich in den Kastenwagen der Carabinieri stieg, ahnte ich schon, daß das keine normale Überstellung war: es waren zuviele Aufsichtsbeamte für nur zwei Gefangene. Der Verantwortliche für die Eskorte, ein Unteroffizier, sollte uns nach Pisa bringen. Mehr wußte er nicht. Cavallo schien nicht mehr sehr überzeugt, daß unser Bestimmungsort Cuneo war, aber er ließ es sich nicht anmerken und sagte: »Warten wir ab.«

Ich hatte Handschellen an den Gelenken und konnte nur durch das kleine Fenster des Gefangenenwagens schauen. Als wir vom Fährschiff an Land fuhren, bot mir ein Carabiniere eine Zigarette an. Ich hob die gefesselten Hände und nahm sie. Ich hatte Mühe, sie zu rauchen. Jedesmal mußte ich beide Hände zum Mund führen. Ich wollte sie schon ausmachen, aber der Carabiniere lächelte mir zu. Er freute sich wahrscheinlich, daß er einem »Terroristenboß« eine Zigarette angeboten hatte. Ich rauchte weiter: die Geste dieses Beamten hatte mir ein Gefühl von Komplizenschaft vermittelt.

Ich rauchte und schaute aus dem Fenster. Ein Mann, eine Frau, ein Geschäft, ein Kind, ein Zeitungsverkäufer, ein Auto, ein Motorrad. Der Ablauf der Bilder ergab für mich keinen Sinn. Und die Leute draußen wußten nicht, daß in diesem Kastenwagen ein Mann beide Hände brauchte, um zu rauchen. Für uns war es schon selbstverständlich geworden. Ich bot Cavallo ein paar Züge an.

Spät in der Nacht erreichten wir Pisa. Aber wir fuhren nicht zum Gefängnis, das gleich am Stadtrand lag; um uns herum waren nur Felder. Wir hielten vor einer scharf bewachten Schranke. Über der Einfahrt konnten wir ein Schild erkennen: »Camp Darby«, der US-Militärstützpunkt in der Toskana.

Wir verstehen gar nichts mehr. Piero sagt nichts mehr über Cuneo, wir schauen uns schweigend an. Als wir aussteigen, befinden wir uns auf einem riesigen Platz, in dessen Mitte zwei Helikopter, Chinooks, wie sie im Vietnamkrieg eingesetzt wurden, mit laufenden Motoren bereitstehen. Die Rotorblätter drehen sich schon langsam. Mindestens fünfzig Carabinieri, einige mit Schäferhunden, umringen uns und stoßen uns zu den Hubschraubern. Als ein besonders unruhiger Hund Cavallo anbellt, läßt er sich zu einem Witz hinreißen: »Das ist der Hund von Dalla Chiesa, der gibt hier die Befehle.« Ein Feldwebel hört das und brüllt: »Du Mörder! Leute wie dich müßte man auf der Stelle erschießen.« Aber Cavallo tut, als hätte er nichts gehört, lächelt, und seine Augen wirken noch blauer als sonst.

Im Hubschrauber geben sie uns Schwimmwesten, dann machen sie unsere Ketten am Fußboden fest. Wozu sollen die Schwimmwesten gut sein, wenn wir abstürzen? Das frage ich einen Carabiniere. Er zuckt nur mit den Schultern. Cavallo sagt: »Ich verstehe, wenn das Ding ins Meer fällt, müssen wir zwei schwimmen, um alles über Wasser zu halten, sie und den Hubschrauber.«

Der Flug dauerte ungefähr drei Stunden. Es war schon Tag, als wir auf dem Sportplatz einer kleinen Insel landeten. Ihre Umrisse hatte ich schon von oben gesehen.

Wir stiegen aus dem Hubschrauber, vor uns hatten etwa dreißig Wachebeamte Aufstellung genommen. Ein winziger Mann kam auf uns zu: kindliche Gesichtszüge, hellblaues Hemd, khakifarbene Hosen. Er grüßte Piero und nahm ihm das Gepäck ab. Sie schienen alte Freunde zu sein: ich dachte, der Zwerg sei ein Häftling, den Piero von früher her kannte, und der sich durch gute Führung im Laufe der Jahre eine gewisse Bewegungsfreiheit verschafft hatte. Aber die Erklärung Pieros traf mich wie ein Schlag: es war Cardullo, der Gefängnisdirektor von Asinara. Demnach war unsere Überstellung keine normale Routine.

In den darauffolgenden Tagen kamen weitere Genossen an. In den Zeitungen lasen wir, daß auf Asinara die erste Sonderstrafanstalt für Terroristen und besonders gefährliche Verbrecher eingerichtet worden war: ich und Cavallo hatten sie eingeweiht, und Cardullo, der als Direktor der Sonderstrafanstalt noch berühmt werden sollte, hatte uns wie einen hohen Besuch empfangen.

Was man unter »Sonderstrafanstalt« verstand, begriffen wir rasch. Sie steckten mich und Piero in eine Zelle, gaben uns nichts zu essen, nichts zu trinken.

Es herrschte eine fürchterliche Hitze, aus den Wasserhähnen kam nicht ein Tropfen.

Cavallo rief nach den Wachen, niemand antwortete. Wir kamen uns in dieser Lehmhütte wie ausgesetzt vor. Erst um elf Uhr abends beim Kontrollgang ließen sie sich blicken. Ungefähr zwanzig waren es. Sie klopften die Gitterstäbe ab, einer von ihnen holte zwei Brote hervor und legte sie auf den Tisch. Als sie gegangen waren, nahm ich eines, doch es war hart wie Zement, man konnte nicht hineinbeißen. Wir legten uns schlafen.

Am nächsten Morgen dasselbe. Kein Mensch läßt sich blicken, kein Wasser, keine Milch, nichts. Gegen Mittag hören wir plötzlich Lärm und das Geräusch von Schritten: das Gitter wird geöffnet, und vor mir stehen Franca Rame*, die ich aus der Zeit der Studentenbewegung kenne, und Mimmo Pinto**. Hinter ihnen, ein wenig abseits, Cardullo mit zehn Wachebeamten. Franca sieht mich sprachlos an, sie scheint von meinem Anblick erschüttert zu sein: Schmutz, langer Bart, schlottrige Gefängniskleidung. »Alberto«, sagt sie, »was geht da vor sich? Was haben sie mit euch gemacht?« Ich schildere ihr in allen Einzelheiten, wie ich von Porto Azzurro hierher gekommen bin und wie man uns hier behandelt. Cardullo wird nervös, drängt sich zwischen Mimmo und Franca und schreit: »Franceschini, schweigen Sie, Sie haben keine Erlaubnis zu sprechen.« Ich beachte ihn nicht und erzähle weiter. Da nimmt er Franca am Arm und zwingt sie zu gehen: »Sie haben keine Genehmigung mit Franceschini zu sprechen«. Mimmo Pinto, der bisher geschwiegen hat, drückt mir die Hand und flüstert mir zu, während er schon von den Wachebeamten hinausgeschoben wird, er werde sofort einen schriftlichen Protest im Parlament einbringen. Ich muß lachen und werfe ihm das trockene Brot vom Vorabend zu: »Gut, Genosse, dann leg das deinem Protestschreiben bei.«

Einige Tage später muß ich meine Sachen packen, die paar Fetzen, die ich noch in der Zelle behalten durfte. Rasch verabschiede ich mich mit einem »Wer weiß, wann wir uns wieder treffen ...« Sie bringen mich in die Registratur, dann in das Wachhaus am Eingangstor. Niemand bewacht mich. Ein Kleinbus kommt, ein Unteroffizier öffnet die Wagentür, befiehlt mir einzusteigen. Ich

* *Franca Rame, Schauspielerin und Autorin mehrerer Theaterstücke. Arbeitete mit verschiedenen politischen Initiativen zusammen, die sich unter anderem für humanere Gefängnisbedingungen einsetzten.*

** *Mimmo Pinto, ehemaliger Sprecher und Organisator der Arbeitslosen von Neapel, dann Parlamentsabgeordneter für den ↑ Partito Radicale.*

gehorche und sitze da mit meinem Gepäck wie ein Tourist. Vielleicht bringen sie mich auf das Fährschiff, wo mir die Carabinieri Handschellen für die Weiterfahrt anlegen werden. Die Vorstellung, Asinara so schnell verlassen zu können, erleichtert mich. Aber der Bus fährt nicht zum Hafen. Er fährt um die ganze Insel, Wachpersonal steigt zu und aus, es ist der Zubringerdienst zu den verschiedenen Gefängnissektionen. An der nächsten Haltestelle könnte ich aussteigen, niemand bewacht mich. Mir kommt alles ganz merkwürdig vor. Ich schaue mich um, will verstehen, was vor sich geht, und entdecke einen Jeep, der in größerem Abstand dem Bus folgt. Nach einer Weile überholt er und stoppt ihn. Ein Unteroffizier mit Funkgerät steigt aus dem Jeep, dahinter Cardullo. Sie bereden etwas, dann setzt sich der Unteroffizier neben mich. Das war doch alles nicht normal: ich war mir sicher, sie hatten das alles inszeniert, um mich zu beobachten und mich beim ersten Anzeichen eines Fluchtversuchs zu erschießen.

Dann wurde ich in einen kleinen, niederen Bau gebracht, den die Wachebeamten »Hühnerstall« nannten, weil die Frau des Direktors dort ihre Hühner gehalten hatte. Es waren vier enge Zellen, halb unter der Erde, mit einem Fenster, durch das an Regentagen Wasser in Strömen hereinfloß. Eine Tür, durch die man nur gebückt hindurchkam. Alles in allem betrug die Grundfläche drei mal vier Meter, auf der vier Menschen in zwei Stockbetten leben mußten. Einziges Mobiliar war ein am Boden festgeschraubter Tisch und vier Hocker.

Auf einem Bett in der Ecke lag jemand. Ich brauchte einige Sekunden, die Umrisse zu erkennen, meine Augen mußten sich nach der stechenden Sonne erst an die fast völlige Dunkelheit gewöhnen: es war Roberto*. Er war seit einer Woche hier. Die Carabinieri hatten ihn aus dem Gefängnis auf der Insel Favignana geholt, zum Flughafen von Palermo gebracht, in eine Chinook verladen und nach einer Zwischenlandung in Cagliari auf Asinara abgesetzt.

In Gesprächen mit den anderen Genossen, die aus den verschiedensten Gefängnissen der Halbinsel hierher gebracht worden waren, rekonstruierten wir, was geschehen war. In nur zwei Tagen hatten die Carabinieri-Einheiten von General Dalla Chiesa mindestens 600 Häftlinge in die soeben geöffneten Sonderanstalten gebracht, und zwar immer nachts und im Hubschrauber. Das erinnerte mich an den Plan von General De Lorenzo in den frühen sechziger Jahren: parallel zu einem Staatsstreich sollten 600 Exponenten der Linken »zwangsweise« in Gefangenenlager auf verschiedenen Inseln »überführt«

* *Roberto Ognibene, siehe S. 24.*

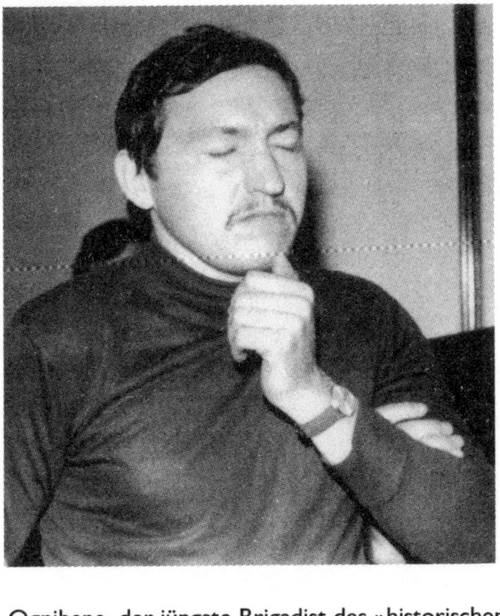

Roberto Ognibene, der jüngste Brigadist des »historischen Kerns«
Alfredo Bonavita, Mitbegründer der Roten Brigaden

werden. Wir nannten daher die Nacht des 16. Juli, in der unsere Verlegungen begonnen hatten, die »Nacht des Putsches«.

Ich bemerkte, daß Roberto jedes Mal, wenn er das Geräusch eines Schlüssels im Schloß hörte, sich noch mehr zusammenkauerte, als fürchte er etwas Bestimmtes. Dann erzählte er, was sie mit ihm gemacht hatten. Sie hatten ihn in einen Jeep gesetzt und vorgegeben, ihn von Fornelli in den »Hühnerstall« zu verlegen. Auf halbem Weg aber, wo die Küste steil zum Meer abfiel, hatten mit Maschinenpistolen bewaffnete Männer den Jeep angehalten und ihn gezwungen, an den äußersten Rand der Felsküste zu gehen – die Fußspitzen über dem Abgrund. Dann hatten sie ihm ins Gesicht gespuckt und ihn geohrfeigt. Er werde hinunterfallen, sagten sie, und sie würden berichten, er habe versucht zu fliehen. Roberto hatte es ausgehalten, fünf, sechs Minuten lang, er wußte selbst nicht wie. Dann hatten sie ihn in den »Hühnerstall« gebracht.

So ging es dauernd, den kleinsten Kontakt mit uns nützten die Wachebeamten aus, um uns nervlich fertig zu machen und in eine totale psychische Abhängigkeit zu bringen.

Das fing schon bei der Essenausgabe an. Sie kamen mit einem großen Kübel Suppe, die ungenießbar war und ranzig schmeckte, aber wir waren ausgehungert, und wenn der Wachebeamte nur eine halbe Kelle voll in den Eßnapf schüttete, protestierten wir: uns stehe soundsoviel Pasta, soundsoviel Gemüse, soundsoviel Fleisch zu, das sei Vorschrift. Dann zuckte einer von ihnen mit den Achseln und sagte: »Nein, mehr kriegt ihr nicht, den Rest gebe ich meinen Hühnern.« Am liebsten hätten wir ihm die Augen ausgekratzt. Aber es war besser, sich zu beherrschen, keine Spur lauter zu werden, wenn man nicht Haftverschärfung bekommen wollte: der Spaziergang wurde gestrichen, und man war den ganzen Tag in diesem Loch eingesperrt. Wir drei, ich, Roberto und Arialdo*, der später hierher gebracht wurde, hatten ständig Haftverschärfung.

Und ständig wurden wir verlegt: von Fornelli in den »Hühnerstall«, vom »Hühnerstall« nach Fornelli und so weiter. Es waren keine normalen Überstellungen: man wollte uns fertigmachen. Jede Entscheidung der Gefängnisleitung sollte uns als Gnade vorkommen. Cardullos System war ebenso einfach wie pervers. Benötigte zum Beispiel einer von uns neue Unterhosen, mußte er auf einem vorgedruckten Formular einen Antrag stellen. Nach zehn bis fünfzehn Tagen kamen die Unterhosen, und kurz darauf wurde man in eine andere Zelle verlegt. Das hieß, man mußte in der Registratur alles abgeben, was man

* *Arialdo Lintrami, Brigadist der ersten Generation. Zu 22 Jahren Haft verurteilt.*

nicht am Leib trug. Damit verschwanden auch die neuen Unterhosen wieder. Cardullo trieb dieses Spiel eine ganze Weile, bis wir es – zumindest teilweise – sabotieren konnten: vor jeder Verlegung zogen wir alles an, was wir hatten, drei, vier Unterhosen, zwei Unterhemden oder vier Paar Socken. Manchmal ließen es die Wachen durchgehen.

Im »Hühnerstall« haben wir uns die eigenartigsten Methoden ausgedacht, um miteinander in Verbindung zu treten. Eines Tages ruft mich Panizza*, ein Genosse der NAP, den ich im Gefängnis von Turin kennengelernt hatte, aus der Nebenzelle. Er fragt mich, ob ich Kaffee möchte. Ich beschimpfe ihn, ich denke, er will mich auf den Arm nehmen. Nach einer knappen Stunde höre ich ihn wieder: »Steck deine Hand ins Klo, gleich kommt der Kaffee.« Ich folge ihm, höre das Geräusch der Wasserspülung, und schon habe ich ein Zellophansäckchen in der Hand: darin, gut verschlossen, eine Plastikflasche mit heißem Kaffee. Der »Hühnerstall« hatte keine Senkgrube, nur einen kleinen Abflußkanal. Die Häftlinge in der untersten Zelle konnten also über das Klo Pakete empfangen. So verteilten wir auch die Sachen, die uns die Verwandten schickten.

Cardullo bestimmte das Klima auf Asinara: er wollte uns – den Rotbrigadisten wie auch den Mitgliedern der gefährlichsten Banden – das Gefühl geben, daß hier kein Gesetz herrsche, daß wir in allem von seinem Willen, von seinen Launen abhingen. Einmal stellte er sich vor unsere Zellen und hielt eine Art Predigt: »Ihr habt keine Frauen. Ich habe meine Frau hier, fick sie aber nicht, es interessiert mich nicht mehr, ich denke nur an euch, ich bin auch ein Gefangener. Nachts schlafe ich nicht, weil ich weiß, daß ihr auch nicht schlaft, daß ihr nur an Flucht denkt. Aber wenn ich dahinterkomme, daß es einer von euch versucht, dann komme ich, zersäge eigenhändig die Gitterstäbe und knalle ihn in seiner Zelle ab.« Er meinte das absolut ernst. Asinara war ein Ort ohne Wiederkehr.

---

* *Giorgio Panizzari, Strafgefangener, der sich im Gefängnis politisierte, ehemaliges Mitglied der NAP. Wegen eines Überfalls auf ein Turiner Juweliergeschäft, bei dem der Besitzer erschossen wurde, zu lebenslänglicher Haft verurteilt.*

Tod eines Klassenfeindes

14

Es ist halb zehn Uhr morgens. Man hat uns für den ersten großen Prozeß gegen die Roten Brigaden in das Gefängnis von Turin überstellt. Alfredo schreit mir aus dem Klofenster der Nachbarzelle zu, die Genossen hätten Aldo Moro, den Präsidenten der Christdemokraten, entführt. Ich glaube es nicht, vielleicht habe ich nicht richtig gehört, ich sage, er soll es wiederholen: »Moro, sie haben Moro entführt!«

Wir wußten, daß sie eine große Sache planten. Als wir noch auf Asinara waren, hatten wir ihnen Gleichgültigkeit unseren Haftbedingungen gegenüber vorgeworfen. Da hatten sie uns wissen lassen, daß sie eine aufsehenerregende Aktion vorbereiteten. Doch keiner von uns hätte je gedacht, daß die Roten Brigaden imstande wären, einen der mächtigsten und meistbewachten Männer Italiens zu entführen.

Als Alfredo mir bestätigt, daß sie Moro wirklich entführt haben, zittern mir die Knie, ich fahre mir mit der rechten Hand durchs Haar, wie immer, wenn ich angespannt und nervös bin. Meine Zellengenossen Fabrizio und Arialdo schlafen noch, ich wecke sie mit der Nachricht. Sie springen aus dem Bett. Im Radio gibt es dauernd Sondermeldungen: die Eskorte tot, Blut auf Moros Autositz, vielleicht ist er verletzt, Straßensperren riegeln Rom ab. Wir sagen nichts, wissen nicht, ob wir glücklich oder besorgt sein sollen.

Ich erinnere mich an die Fahrt im Autobianchi, Sossi schweigend hinter mir, den Sack über dem Kopf, Mara, die im Fiat 128 vorausfährt; ich denke an unsere Fahne in Sossis Gefängnis, an die Kommuniqués, an unseren Versuch, Verhandlungen aufzunehmen. Ich stelle mir Moro an Sossis Stelle vor, und mir wird unbehaglich. Das Radio meldet, daß die Entführer keine Spuren hinterlassen haben. Ich denke, wie es auch ausgehen mag, wir, der »historische Kern« der Roten Brigaden, hängen mit drin.

Am Nachmittag, beim Spaziergang im Hof, besprechen wir die Lage. Während wir in Längsreihen auf und ab gehen, wechseln wir rasch ein paar Worte.

Haben ihn wirklich die Genossen entführt? Es können nur sie gewesen sein, es gibt keine andere Gruppe des bewaffneten Kampfes, die die Kraft und den Mut zu einer Auseinandersetzung auf dieser Ebene hat. Daß es eine »Provokation« eines Geheimdienstes sein könnte, verwerfen wir sofort, nicht aus politischen Erwägungen, sondern aus einem im Lauf der Jahre anwachsenden Widerwillen gegenüber Fragen wie: Wem nützt eine solche Aktion? Wer steckt dahinter?

Wir wissen nicht, wie die Genossen jetzt vorgehen werden. Sicher, wir hatten schon Sossi entführt, aber hier spielt sich alles auf einer höheren, komplizierteren Ebene ab. Sie müssen es mit der Regierung selbst aufnehmen, nicht nur mit der Justiz, sie stehen dem gesamten Militärapparat des Staates gegenüber. Haben sie das einkalkuliert, oder haben sie einen Felsblock losgetreten, der sie zerquetschen wird?

Wir haben Angst um sie. Uns wird bewußt, daß wir diese Genossen, die wir in unserer Isolation auf Asinara hart kritisiert, beschimpft und verhöhnt haben, eigentlich lieben. Wir lieben sie, weil sie den Mut gehabt haben, einen Schritt weiterzugehen, wie wir ganz am Anfang, als wir die Autos in Brand steckten und dabei schon an die erste Entführung dachten. Was uns wirklich verbindet, ist der Wunsch, den Staat selbst herauszufordern.

Wir können uns nicht heraushalten und nur zuschauen. Wir müssen diese Reise mitmachen, wohin sie auch führen mag. Aber welchen Beitrag können wir leisten? Da wir die Pläne der Genossen nicht kennen, könnten wir auch falsche Schritte unternehmen. Wir müssen Zeit gewinnen. Morgen im Gerichtssaal werden wir keine Stellungnahmen abgeben. Wir müssen uns erst über die Pläne der Genossen informieren und abwarten, wie sich die Stimmung entwickelt.

Eine Woche vorher, am 9. März, hatte in Turin in einem eigens dafür gebauten Gerichtssaal-Bunker der Prozeß gegen den »historischen Kern der Roten Brigaden« – so hatten uns die Zeitungen von Anfang an genannt – begonnen. Dieser Prozeß war schon 1976 und 1977 geplant, mit denselben Angeklagten und denselben Beschuldigungen, konnte aber damals nicht abgehalten werden. Seit dem Mord an Staatsanwalt Coco hatten die Roten Brigaden eine Reihe anderer Aktionen durchgeführt, und die Massenmedien hatten ein Klima der Angst erzeugt. Sie bezeichneten uns als die wirklichen Führer, die vom Gefängnis aus die Fäden des Terrorismus zogen und Befehle gaben, die draußen sofort ausgeführt wurden. In Turin waren wir unserer Gefährlichkeit entsprechend empfangen worden. In der ausschließlich für uns vorgesehenen Sonderabteilung hatten die Zellen Panzertüren mit einem elektronischen Alarmsystem und

Gitterstäben, die innen hohl und mit Gas gefüllt waren – hätte jemand versucht, sie durchzusägen, wäre Alarm ausgelöst worden. Videokameras verfolgten jede unserer Bewegungen.

Die vielen Journalisten und Fotografen bei der ersten Verhandlung machten uns erst wirklich zu »Persönlichkeiten«. Wir waren lächelnd in den Gerichtssaal gekommen. Nach der dumpfen Isolation auf Asinara hatte uns dieser Trubel gefallen. Auf die Fragen, die die Journalisten uns durch die Gitterstäbe hindurch stellten, antworteten wir mit Slogans und Witzen: wir waren die Anführer, wir mußten uns auch so benehmen. Einige Zeitschriften schrieben sogar, diese Brigadisten seien im Grunde anständige Burschen, sie machten einen umgänglichen, sogar höflichen Eindruck.

Nach der Moro-Entführung aber waren wir nicht mehr Menschen, die man verstehen, deren Vergangenheit und deren Gefühle man in Betracht ziehen konnte, sondern nur mehr die, von denen man etwas über den entführten DC-Politiker wissen wollte. Vorher war der Prozeß das Ritual eines Staates, der den Sieg über den Terrorismus zelebrierte, jetzt war er die Gelegenheit, jenen ins Gesicht zu schauen, die die »große Entführung« angeordnet hatten: man wollte ihre Reaktionen beobachten und ihre Entscheidungen voraussehen.

Als das erste Kommuniqué der Genossen mit dem Foto Moros im »Volksgefängnis« erscheint, bekennen wir uns zur Entführung.

Bevor wir uns dazu entschließen, lesen wir das Dokument wieder und wieder, wägen jedes Wort ab, interpretieren jeden Beistrich, versuchen, die Absichten unserer Genossen möglichst genau zu erfassen.

Im ersten Moment sind wir enttäuscht. Die Argumentation ist viel zu schematisch. Sie kreist nur um die Person Aldo Moros und um seine Verantwortung als Führer der Christdemokraten. Es scheint, als entginge den Genossen die Komplexität der Situation, in der sie sich befinden: nicht Moro ist »das Herz des Staates«, sondern der »Historische Kompromiß«, für den Moro nicht allein verantwortlich ist.

Ich sage zu Renato, der nach seiner Flucht von Casale in Mailand wieder geschnappt worden ist: »Die Genossen haben eine Atombombe in der Hand und gehen mit ihr um wie mit einem Knallfrosch.«

In unserem Kommuniqué, das wir im Gerichtssaal verlesen, übernehmen wir die Verantwortung für die Entführung, rücken aber den »Historischen Kompromiß« als Hauptangriffsziel in den Mittelpunkt. Von diesem Moment an übernehmen wir bewußt die Rolle der »politischen Vermittler«, um das analytische Defizit der Genossen draußen auszugleichen.

Aldo Moro, der Vorsitzende der Christdemokraten,
im »Volksgefängnis«, April 1978

Mit diesem Kommuniqué beschließen wir auch, ein für allemal die »historischen Führer« der Roten Brigaden zu werden. Diesen Entschluß hatten wir nach stundenlangen Diskussionen über die Bedeutung von Symbolfiguren in der Arbeiterbewegung und ihrer Funktion im revolutionären Prozeß gefaßt. Wir waren zum Schluß gekommen, daß sie für die Verkörperung der menschlichen Ideale und Sehnsüchte notwendig waren: wir würden also »die Rolle übernehmen, die uns die Geschichte zugewiesen hat«.

Aber mehr als die Geschichte schreiben uns die Politiker, die Kommentatoren, die Journalisten die Rolle der Anführer zu. Wir sind Gefangene, wir sind handhabbar, an uns kann sich die Wut des machtlosen Staates entladen. Manche schreiben schon, wir würden es mit dem Leben bezahlen, sollte Moro getötet werden. Diese Drohungen versetzen uns in Schrecken. Die Wachebeamten können in unsere Zellen, wann sie wollen, auch wenn wir schlafen. Am Morgen wachen wir auf und stellen fest, wieder eine Nacht überlebt zu haben, teilen uns wortlos die Freude mit, noch am Leben zu sein. Wir versuchen, die Angst zu verdrängen, und machen Witze darüber.

Als ich und Renato eines Nachmittags vom Spaziergang im Hof zurückkommen, stehen vor seiner Zellentür seine zwei Rucksäcke mit den ganzen Sachen. Im Gefängnis heißt das: die Zellengenossen werfen dich hinaus.

Wir schauen durch das Guckloch. Der Schwarze und der Blonde liegen auf ihren Betten und schauen uns gleichgültig an. Mehr zum Spaß frage ich, ob sie etwa Angst hätten, weil sie Renato vor die Tür setzten. Der Schwarze antwortet im gleichen Tonfall: »Wieso nimmst du ihn nicht in deine Zelle? Wenn sie jemanden umlegen, seid ihr beide die ersten. Warum sollen sechs daran glauben, wenn sie in der Nacht durchs Guckloch schießen? Wenn ihr getrennt seid, müssen sie in zwei Zellen schießen, wenn ihr zusammen seid, nur in eine.«

Die Überlegung des Schwarzen ist richtig: jedes Heer muß auf seine Kräfte achten und die Verluste so gering wie möglich halten.

Deshalb übersiedelt Arialdo in die Zelle von Renato, Renato kommt zu Fabrizio und mir. Von da an wird in jeder Zelle eine Art russisches Roulette gespielt: es geht darum, wer in dem Bett schlafen muß, das dem Guckloch am nächsten liegt. Es ist ein Spiel, das die Spannung lösen und unsere Angst verbergen soll.

Fabrizio und ich quartieren Renato im Bett neben dem Guckloch ein, und um sicherzugehen, daß die Mörder sich nicht irren, befestigen wir daran ein Schild mit einem Pfeil und der Aufschrift: »CURCIO«.

Eines Morgens wacht Fabrizio vor mir auf und findet meine Brille auf seinem Nachtisch. Er wird wütend, wirft mir vor, sie absichtlich dorthin gelegt

Renato Curcio (links) und Angelo Basone (Mitte)
vor Gericht in Mailand

zu haben, damit er mit mir verwechselt und erschossen werde. Ich erkläre ihm, daß es ein Versehen war, aber es klingt offenbar nicht sehr überzeugend, denn er malt auch für mich ein Schild: »FRANCESCHINI«.

Am 24. April, im Kommuniqué Nr. 8, stellen die Roten Brigaden die Bedingungen für die Freilassung Moros: dreizehn Gefangene sollen enthaftet werden, darunter Mario Rossi, den wir schon bei der Sossi-Entführung freibekommen wollten, dann Sante Notarnicola, Panizzari, Renato, Roberto, Maurizio, Paola Besuschio, ich ...

Als wir damals im »Volksgefängnis« Sossi bewachten und die Bedingungen diktierten, dachten wir zuerst, der Staat würde verhandeln und die Genossen freilassen. Aber als die Zeit verstrich, begriffen wir, daß die Mauer, die es niederzureißen galt, für unsere Kräfte zu solide war. Wir gaben uns damit zufrieden, daß das Gericht die Untersuchungen einstellen ließ und dadurch die Widersprüche der Staatsmacht offenbar wurden.

Jetzt aber, da wir gewissermaßen nur Zuschauer sind, wird uns sofort klar, daß wir niemals freikommen werden, niemand wird uns in die Registratur bringen und den Enthaftungsbefehl unterzeichnen. Wir spüren auch, daß nach diesem Kommuniqué unser Schicksal noch enger mit dem Moros verknüpft ist.

Als ein gefälschtes Kommuniqué Polizei und Carabinieri im zugefrorenen Duchessa-See nach Moro suchen läßt, teilen uns die Genossen mit, daß sie sich nicht mehr sicher fühlen, daß sie schnell handeln müssen. Das gefälschte Kommuniqué über den Tod Moros hat ihnen klar gemacht, daß sich mit dem Schicksal des christdemokratischen Parteivorsitzenden Interessen und Machtspiele verknüpfen, die weit über das Ziel der Entführung hinausgehen. Sie glauben, nicht mehr lange durchhalten zu können, die Geisel beseitigen zu müssen, ohne die »politische Anerkennung« der Roten Brigaden erreicht zu haben. Diese Position halten wir für falsch, geben ihr keine Erfolgschancen: der Staat wird nie mit den Roten Brigaden verhandeln und damit seine Glaubwürdigkeit in Frage stellen. Und was würden wir überhaupt mit dieser Anerkennung anfangen? Wir haben keine Sitze im Parlament. Eine revolutionäre Bewegung muß vor allem von jenen sozialen Schichten anerkannt werden, auf die sie sich beruft, für deren Rechte sie sich einsetzt, nicht von den »Institutionen des Feindes«. Die Forderung nach »politischer Anerkennung« scheint uns die formalistische und bürokratische Haltung zu bestätigen, die nach meiner und Renatos Verhaftung und nach Maras Tod in der Organisation langsam überhandgenommen hat. Wir halten es auch für eine sinnlose Einschränkung, die Entführung nur als Abrechnung mit den Christdemokraten und ihren Machtstrukturen hinzustellen. Wir sehen darin vielmehr eine Fortsetzung dessen, was wir von dem Moment an gesagt und getan haben, als der Begriff »Historischer Kompromiß« in die italienische Politik eingeführt wurde: die Moro-Entführung ist objektiv ein Angriff auf dieses Vorhaben, auf den Plan der »Nationalen Einheit«, ob die Genossen draußen das nun wollen oder nicht.

Es gibt jetzt nur eine Möglichkeit: um jeden Preis verhandeln, koste es, was es wolle; man muß diese »geschlossene Front der Unnachgiebigen«, die sich sofort nach der Entführung in der Via Fani herauskristallisiert hatte, durchbrechen, das Einverständnis zwischen Christdemokraten und Kommunisten durch Verhandlungen unterminieren, das »Herz des Staates« treffen, das die Zukunft des Landes bestimmen könnte.

Deshalb müssen wir unseren Weg fortsetzen. Wir sind die Gesprächspartner des zur Verhandlung bereiten Flügels geworden. Unsere Überlegungen teilen wir dem Abgesandten Bettino Craxis, des Sekretärs der Sozialistischen Partei, mit: Rechtsanwalt Giannino Guiso, einem unserer Verteidiger. Als er mich und Renato um ein Gespräch bittet, willigen wir ein und empfangen ihn, auch im Namen der anderen Häftlinge des »historischen Kerns«. Er überbringt uns eine Botschaft Craxis, der, so sagt er, gemeinsam mit den Roten Brigaden eine Lösung finden wolle. Wir sollten nicht die Augen vor dem verschließen, was uns im Fall von Moros Tod erwarten würde, meint Guiso und weist auf die getöteten RAF-Genossen von Stammheim hin. Auch wenn wir freigepreßt würden, warte schon ein Kommando von 300 Carabinieri darauf, das Flugzeug abzufangen und uns zu töten. Eine dramatische Perspektive, die uns von Anfang an bewußt war: die Worte des Rechtsanwalts erschrecken uns daher nicht besonders. Wir sagen ihm, man könne ja auch auf einen unblutigen Ausgang der Entführung hoffen. Aber man müsse verhandeln. Wir seien bereit, über jeden Vorschlag zu diskutieren.

Guiso bietet uns im Namen Craxis die Schließung der Strafanstalt auf Asinara und die Auflassung aller anderen, von Dalla Chiesa eingerichteten Sonderstrafanstalten an, wenn Moro unversehrt freigelassen werde.

Tag für Tag treffen neue Vorschläge ein. Auch Rechtsanwalt Arnaldi* aus Genua teilt uns im Namen des sozialdemokratischen Parlamentariers Pierluigi Romita mit, man könnte im Tausch gegen das Leben Moros die Freilassung von Raul Sendic und anderer Tupamaro-Anführer aus den uruguayischen Gefäng-

** Edoardo Arnaldi, Strafverteidiger verschiedener Brigadisten, beging am 19. April 1980 Selbstmord.*

nissen erreichen. Dieser Vorschlag genieße auch das stillschweigende Einverständnis Andreottis.

Uns ist alles recht, aber wir haben das deutliche Gefühl – und die Tatsachen haben es bis jetzt nicht widerlegt –, daß der verhandlungsbereite Flügel sich in Wirklichkeit einen politischen Spielraum zwischen Christdemokraten und Kommunisten verschaffen will. Craxi läßt uns durch Guiso bestellen: »Gebt meinen öffentlichen Stellungnahmen über euch nicht allzugroßes Gewicht, ich muß mich so verhalten. Aber ihr sollt wissen, daß ich euch für politisch intelligente Menschen halte.« Doch unsere Bemühungen um eine positive Lösung und unsere Vermittlungsversuche bleiben folgenlos. Wir wissen, daß wir nicht für Mario und die anderen entscheiden können, aber unser Eintreten für eine unblutige Lösung könnte die Entscheidung der Genossen beeinflussen, und sei es auch nur der symbolischen Rolle wegen, die wir, die »historischen Führer«, in der »kollektiven Wahrnehmung« bereits einnehmen. Wenn wir im Gerichtssaal verkünden, daß Moro freigelassen wird, dann können ihn die Genossen nicht einfach töten. Das wäre ein öffentlicher Bruch mit uns und würde die Roten Brigaden in Frage stellen.

Aber gerade die, die uns um Vermittlung bitten, können oder wollen nicht verstehen, daß sie, was sie wollen oder zu wollen vorgeben, durch uns erreichen könnten. Wir rennen ständig gegen Gummiwände an. Auch als wir Guiso, und damit Craxi, vorschlagen, wir würden im Gerichtssaal öffentlich für das Leben Moros eintreten, sobald verbindliche Zusagen zur Schließung von Asinara oder zur Freilassung der Tupamaros vorlägen, bekommen wir keine konkrete Antwort.

Am 3. Mai, sechs Tage bevor die Leiche Moros gefunden wird, verlesen wir vor Gericht das Kommuniqué Nr. 14. Wir fordern die Abschaffung der Sonderstrafanstalten, aber »unter allen Umständen« die Schließung der Strafanstalt auf Asinara*. Eine deutliche Botschaft. Unsere Forderung fällt sogar hinter das Angebot Craxis zurück.

Aber es geschieht nichts. Wir sind in einer Sackgasse. Die »Partei der Unnachgiebigen« bleibt hart, unbeweglich wie ein Felsblock; sie hält der Probe stand, zeigt sich geschlossen, ist unfähig, auch nur die kleinste Initiative zu setzen. Christdemokraten und Kommunisten sind wie gelähmt.

** Dieser Forderung kommt der Staat drei Jahre später im Tausch gegen die Freilassung des Richters Giovanni D'Urso nach. Der Richter im Dienst der »Generalverwaltung für Strafanstalten und vorbeugende Maßnahmen« wurde von den Roten Brigaden am 12. Dezember 1980 entführt und am 15. Januar 1981 wieder freigelassen.*

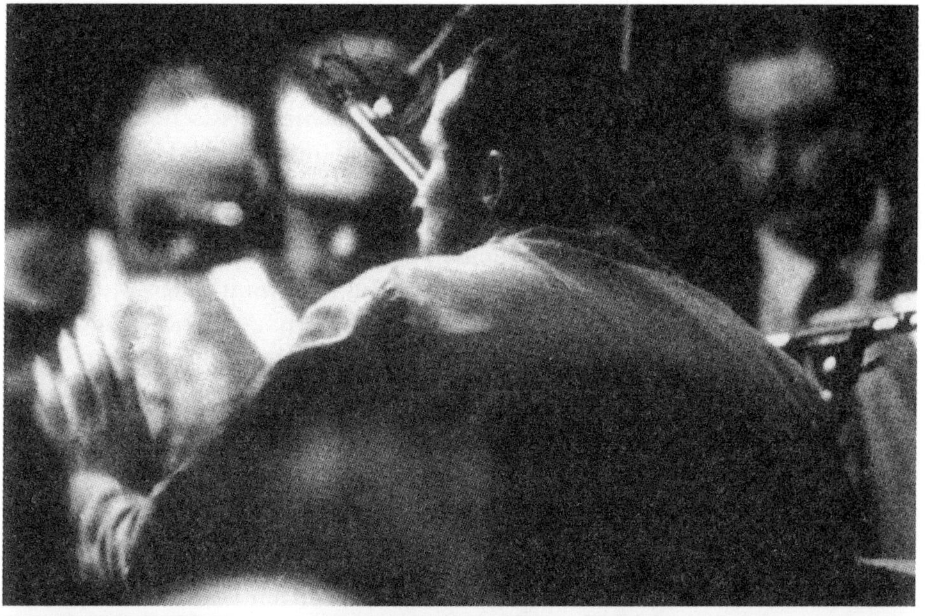

Silvano Girotto, »Frate Mitra«, bei der Zeugenaussage im Turiner Prozeß, 1978
Brigadisten vor Gericht (Curcio und Franceschini 2. u. 3. v. l.)

Dieses Verhalten der Kommunistischen Partei habe ich nie verstanden. Mir erschien es, und erscheint es auch heute noch, unmöglich, daß sie zu jeder Initiative nur nein sagen konnte. Vielleicht, dachte ich mir, steckt hinter diesem beharrlichen Neinsagen ein ganz bestimmter, machiavellistischer Plan. Vielleicht glaubt die KPI, die Roten Brigaden hätten nicht den Mut, Moro zu töten. Dann würde sie letztlich doppelt gewinnen: sich als staatstragende Partei profilieren und gleichzeitig die Freilassung der Geisel erreichen. Ein politisch naives Kalkül: welche Garantie kann die KPI haben, daß Moro nicht umgebracht wird? Nein, das kann nicht der Grund sein. Oder kommt ihnen Moros Tod gelegen? Es stimmt zwar, daß Moro ihnen den Regierungseintritt ermöglichte, aber es stimmt auch, daß gerade er in der Zeit der Mitte-Links-Regierung den PSI vollständig zermürbt hat. Ein Mann, den man fürchten muß. Ohne ihn könnte die KPI direkt an die Macht kommen. Aber auch diese Überlegung entbehrt jeder Grundlage, denn der »Historische Kompromiß« macht seine ersten Gehversuche und würde ohne Moro, der ihn innerhalb seiner Partei vertritt, sofort scheitern. Noch heute versuche ich, die Linie der KPI von damals zu verstehen. Vielleicht gab es überhaupt keinen Plan. Vielleicht war die Partei – langsam und unbeweglich wie ein Dickhäuter – einfach von den Ereignissen überrollt worden, von denen sie höchstens die Umrisse wahrnahm. Wer waren denn für sie die Brigadisten? Leute, die ihren Reihen, ihrer eigenen Kultur entstammen? Nein, sie waren nur Agenten eines finsteren internationalen Komplotts. Hatten sie Anhänger in diesem Land? Nein, nein, sie hatten nur ein paar Leute in die Fabriken eingeschleust. Solche »Analysen« konnten der Partei sicher nicht die logischen und politischen Instrumente in die Hand geben, um das zu verstehen, was sich vor ihren Augen abspielte.

Auch der verhandlungsbereite Flügel scheint letztendlich dasselbe Spiel zu spielen und verbaut jeden Verhandlungsweg. Wir fühlen, daß unser Leben nur mehr an einem Faden hängt. Man isoliert uns, man verbietet uns, mit unseren Angehörigen zu sprechen, weil man sie verdächtigt, mit den Genossen draußen in Kontakt zu stehen. Obwohl man unsere Positionen kennt, obwohl man weiß, daß wir verhandeln wollen. Wieso lassen sie uns nicht mit den Genossen draußen in Verbindung treten? Ich und Renato stellen uns ständig diese Frage. Uns ist, als müßten wir an zwei Fronten kämpfen: mit dem Staat und mit den Roten Brigaden. Beide sind in ihren Positionen festgefahren, unfähig zu einer Vermittlung oder einem Kompromiß.

Franca Rame unternimmt den letzten Vermittlungsversuch. Im Namen des Unterstaatssekretärs für Justiz, des Christdemokraten Renato Dell'Andro, bittet sie uns um die bedingungslose Freilassung Aldo Moros. Es ist der verzweifelte Versuch eines Menschen, der vielleicht verstanden hat, daß nur eine »bedingungslose« Freilassung die starre »Front der Unnachgiebigen« durchbrechen kann. Das Gespräch mit Franca ist kurz, aber dramatisch. Bei ihrem Besuch auf Asinara hatte mich ihre Menschlichkeit beeindruckt, sie war von den Bedingungen, unter denen wir leben mußten, wirklich betroffen. Jetzt kommt sie mir gealtert vor, als wäre mehr als ein Jahr vergangen. Als Folge eines Autounfalls hat sie einen Arm im Gips. Sie findet nicht gleich die richtigen Worte, wahrscheinlich behagt ihr ihre Rolle nicht. Vorsichtig wägt sie ab, was sie sagt, zuerst erzählt sie uns von ihrem Unfall. Zu diesem Gespräch sind nur Renato, Roberto und ich zugelassen. Wir bleiben hart, gestehen ihr nichts zu, kein Lächeln, keinen Gruß. Wir sagen ihr sofort, wir seien schon allein über die Tatsache wütend, daß sie uns einen solchen Vorschlag übermittelt: Moro am Leben zu lassen, während wir hier unter unmenschlichen Bedingungen leben! Das Ministerium untersage uns, mit unseren Angehörigen zu sprechen, mit ihr aber dürften wir uns unbeaufsichtigt und ohne Trennscheibe unterhalten. Sie müsse verstehen, was das bedeutet, sie habe sich doch immer um die Angehörigen von Strafgefangenen gekümmert. Anstatt solche Vorschläge zu machen, solle sie versuchen, unsere Haftbedingungen zu ändern, dann könne man weiterreden, sagen wir. Franca Rame meint aber, da sei nichts zu machen, uns bleibe nur mehr die Möglichkeit, im Gerichtssaal Moros Freilassung zu verlangen. Werde er umgebracht, dann stünde es schlecht um uns, sehr schlecht. Ich kann Franca die Furcht ansehen, als sie uns mitteilt, was ihr gesagt worden ist. Wir wissen nicht, was wir antworten sollen. Wir schweigen und verständigen uns mit Blicken. Die Erklärung, die sie verlangt, können wir nicht abgeben, obwohl wir seinerzeit Sossi praktisch ohne Gegenleistung freigegeben haben. Die Entführung Moros ist etwas anderes.

Renato spricht es für alle aus, in einem Atemzug. Dann kehren wir in unsere Zellen zurück, ohne die Reaktion Francas abzuwarten.

Am 9. Mai – ich liege auf dem Bett und lese – meldet das Radio, in einem roten Renault sei die Leiche Aldo Moros gefunden worden. Mich befällt wieder dasselbe leichte Zittern wie damals, als mir Alfredo die Nachricht von der Entführung zugerufen hat. Aber dieses Mal aus Angst, Wut, Rachsucht und Verzweiflung. »Jetzt ist alles aus, jetzt legen sie uns um.« Dieser Gedanke schießt mir immer wieder durch den Kopf, und immer wieder verdränge ich ihn.

Einem Problem müssen wir uns sofort stellen: wie verhalten wir uns der Öffentlichkeit gegenüber? Schweigen würde als Mißbillung, als Verurteilung interpretiert werden. Wenn wir uns aber dazu bekennen, riskieren wir, im Gerichtssaal gelyncht oder in der Zelle umgebracht zu werden.

Wieder verwandelt sich der Spaziergang im Hof zu einer Sitzung. Kein Stimmengewirr, wie noch vor Tagen, wir gehen schweigend im Kreis, bis ich die dumpfe Stille durchbreche. Ich schlage vor, kein Kommuniqué zu verlesen: einen Tag nach dem Auffinden der Leiche sei die Stimmung im Gerichtssaal sicher nicht dafür geeignet. Ich und Renato wollten einfach nur einen Satz Lenins zitieren, den ich dieser Tage fast zufällig gelesen hatte und der besagte, daß der Tod eines Klassenfeindes in einer Klassengesellschaft der höchste Akt der Humanität sei. Das sei eine einfache und deutliche Botschaft. Renato ist einverstanden, aber die anderen zögern.

Am nächsten Morgen, im Gerichtssaal, sind alle Augen auf unsere Käfige gerichtet. Renato bittet um die Erlaubnis, eine Erklärung abgeben zu dürfen, der vorsitzende Richter erteilt sie ihm. Renato trägt den vereinbarten Satz ruhig und deutlich vor. Sofort wird er mit Gewalt aus dem Gerichtssaal entfernt. Jetzt bin ich an der Reihe. Zum Vorsitzenden gewandt, wiederhole ich den Satz. Auch ich werde aus dem Saal gezerrt. Nach und nach kommen uns auch die anderen Genossen in die Wartezellen des Gerichtssaal-Bunkers nach. Wir lachen uns an. Keiner hatte sich herausgehalten, alle haben den Satz wiederholt. Sie haben den historischen Führern Respekt gezollt.

Für diesen Satz wurden wir dreimal abgeurteilt und bekamen insgesamt vierzehn Jahre Haft. Das war der Preis. Wir hatten damit gerechnet.

Was tun?

15

Im Januar 1979 kehrte ich nach Asinara zurück. Nach dem Turiner Prozeß hatten sie uns getrennt: Alfredo und ich kamen auf die Insel Pianosa, Roberto nach Favignana, die anderen nach Asinara.

Auf Pianosa blieb ich nur sechs Monate. Als sie mich auf dem Dach der Sektion Agrippa entdeckten, wo ich einen Ausbruch vorbereitete, wurde ich auf ein Schiff verfrachtet und auf die sardische Insel in den »Hühnerstall«-Bunker gebracht.

Das Klima hatte sich merklich geändert. Im Kleiderlager traf ich Beppe Battaglia*, der mir das Bettzeug aushändigte: er war dort Verwalter geworden und konnte sich frei auf der Insel bewegen wie die meisten anderen Genossen, die ich ein Jahr zuvor in der Sektion Fornelli zurückgelassen hatte.

Das war der Erfolg der Protestaktionen in den vergangenen Monaten. Die Häftlinge hatten die Glasscheiben und die Trennwände der Besuchsräume zertrümmert und damit die Abteilung Fornelli unbrauchbar gemacht. Man hatte sie alle auf die anderen Sektionen verteilt, wo sie arbeiten und sich tagsüber frei auf der Insel bewegen konnten. Die einzigen, denen diese Behandlung nicht zugute kam, waren Renato – er war nach Termini Imerese überstellt worden –, Fabrizio und Maurizio, mit denen ich im Bunker die Zelle teilte. Obwohl für uns Artikel 90** galt, waren die Wachebeamten freundlich und versorgten uns mit allen erdenklichen Speisen: frische Feigen von der Insel und sogar ganze Lammkeulen. Verglichen mit den früheren Bunkererfahrungen, fühlte ich mich nun wie in einer großen Familie: sonntags aß Beppe mit uns in der Zelle, und wir konnten den ganzen Tag zusammenbleiben und plaudern.

* *Giuseppe Battaglia, Mitglied der Gruppe »XXII. Oktober«. Wegen Mord, Raub und Entführung zu 30 Jahren Haft verurteilt. Bei der Sossi-Entführung war seine Freilassung verlangt worden.*

** *Mit Artikel 90 wurde die Inbetriebnahme der Sonderstrafanstalten erlaubt. »Häftlinge gemäß Artikel 90« wurden bestimmten Einschränkungen unterworfen: Zensur der Briefe, Gespräche mit Besuchern nur durch Glasscheiben, keine oder wenige Stunden »sozialen Kontaktes«, Leibesvisitation beim Betreten und beim Verlassen der Zelle, Beschränkung der Lektüre, etc.*

Fabrizios Hals und Wange waren angeschwollen, wir hielten es für einen Insektenstich oder eine Erkältung. Als er nach Trani zu einem Gerichtsverfahren mußte, machten wir uns überhaupt keine Sorgen um seinen Gesundheitszustand. Aber der Arzt, der ihn bei der Ankunft in Trani untersuchte, erkannte, daß es sich um etwas Ernstes handelte, und wies ihn sofort in die Klinik von San Vittore in Mailand ein. Der Befund ließ keinen Zweifel zu: Leukämie ohne Aussicht auf Genesung.

Fabrizios Anwalt stellte sofort einen Antrag auf Hausarrest, damit er im Kreis seiner Familie sterben könne. Fabrizio hingegen, der bis zum Schluß bei klarem Bewußtsein war, machte eine Eingabe, nach Asinara überstellt zu werden. Seine Familie waren wir. Das zuständige Mailänder Berufungsgericht wies beide Anträge ab. Den ersten, weil Fabrizio für den Hausarrest zu gefährlich sei, den zweiten, weil man ihn auf Asinara nicht entsprechend medizinisch behandeln könne. Vier Stunden nach dem Gerichtsbeschluß starb Fabrizio im Gefängnis San Vittore, blind und halbseitig gelähmt.

Auf Asinara verlief das Leben nach den neuen Spielregeln. Es ging zu wie an einer besetzten Universität, ständig und überall wurde diskutiert. Genauestens analysierten wir die Kämpfe, die zu dieser Gefängnisordnung geführt hatten. Eines schien unbestreitbar: erstmals war es gelungen, alle Häftlinge miteinzubeziehen – das war die Ursache des Erfolgs.

Als Brigadisten, die etwas auf ihren Ruf hielten, gingen wir zur Theorie über. Wir eröffneten eine Diskussion über die sogenannten »Massenorganismen«: der bewaffneten Avantgarde müßte es doch möglich sein, die Massen zu gewinnen. Die jüngste Erfahrung im Gefängnis schien das zu bestätigen. Unsere »Massen« zählten wir nicht lange, es waren insgesamt vielleicht vierzig Häftlinge, denn was zählte, war das Prinzip. In diesem Fall hatte seine rigorose Anwendung funktioniert. Schließlich war das Gefängnis unsere Welt, nur dort konnten wir die These überprüfen, daß der bewaffnete Kampf auf einer »breiteren Basis« geführt werden müsse.

Die Moro-Entführung hatte uns einen deutlichen Hinweis gegeben. Wir wußten aus den Zeitungen, was am 16. März geschehen war: eine kleine Avantgarde hatte Rom lahmgelegt, die Bevölkerung hatte tatenlos zugesehen. Ein ganzes Heer war aufmarschiert, die »Terroristen« zu vernichten, aber die Arbeiter interessierte Moro nicht. Wir sagten uns: wenn »ein Kaiser gestürzt wird«, ist die Zeit reif für die Revolution. Entweder waren wir imstande, die Früchte dieser Aktion zu ernten, indem wir die Basis erweiterten und zum bewaffneten Kampf auf breiter Ebene übergingen, oder der bewaffnete Kampf würde mit der Leiche Moros begraben werden.

Wir wollten handeln, unsere Theorie in die Praxis umsetzen: die »Kampo-Brigade«*, dieser Keim einer Organisation, die im Vorjahr die Gefängniskämpfe geleitet hatte, durfte nicht mehr nur aus politischen Häftlingen bestehen, sondern sollte sich in »Kampfkomitees« allen Häftlingen öffnen, die unseren Vorschlägen zustimmten.

Dieses Projekt, die Analysen und die daraus gezogenen Schlüsse, teilten wir auch den Genossen draußen mit.

Aber wir erhielten keine Antwort. Das war für uns ein neuerlicher Beweis, daß die Roten Brigaden sich über ihre Situation nach der Entführung Moros nicht im klaren waren.

Unsere Kritik an der Organisation – über den Vorwurf des Desinteresses an der Lage in den Gefängnissen hinaus – war seit 1977 deutlich: die Führer der Roten Brigaden draußen hatten keinen Kontakt mit der entstehenden Protestbewegung gesucht. Es war, als hätten sie den Wunsch Hunderter Jugendlicher nach bewaffnetem Kampf zurückgewiesen und sie ihres Weges ziehen lassen: es entstanden kurzlebige Grüppchen mit entweder rein politischen Zielen oder dem Wunsch nach bewaffnetem Kampf ohne politisches Programm. Man hat mir erzählt, daß beim Antirepressionskongreß von Bologna alle dabei waren, Brigadisten und die Leute aus der Bewegung von 1977. Aber als vor einem großen Publikum über den bewaffneten Kampf diskutiert wurde, hielten sich die Roten Brigaden im Hintergrund. Der organisatorische Aspekt hatte auch dort die Oberhand behalten. Sie dachten an ihr Überleben und nicht an ihre Entwicklung, nicht daran, auf »die revolutionären Bedürfnisse der Massen« einzugehen, wie wir es nannten.

Ohne Ankündigung erreichte uns, in einem Schuhabsatz versteckt, die Botschaft von Valerio** und Adriana***.

Valerio hatte ich seinerzeit die Pistolen des alten Partisanen überlassen.

* *»Kampo«, eigtl. »campo« (= Lager). Der im Italienischen seltene Konsonant K soll an Konzentrationslager der Nazis erinnern.*

** *Valerio Morucci, Brigadist, war an der Aktion in der Via Fani, bei der Aldo Moro entführt und seine Eskorte getötet wurde, beteiligt. Er sagte sich von den Roten Brigaden los und wurde zugleich mit Adriana Faranda verhaftet. Vor Gericht rekonstruierte er viele Einzelheiten der »Affäre« Moro. Das wurde ihm strafmildernd angerechnet. Er wurde zu 22 Jahren und sechs Monaten Haft verurteilt.*

*** *Adriana Faranda, Brigadistin, hat eine ähnliche politische Geschichte wie Morucci. Vor Gericht verhielt sie sich wie er und wurde ebenfalls zu 22 Jahren und sechs Monaten Haft verurteilt.*

Ich hatte ihn 1972 kennengelernt. Wir waren nach der ersten Verhaftungswelle gerade dabei, die Roten Brigaden neu zu organisieren. Valerio hatte uns schon mehrmals sprechen wollen. Er war der militärische Leiter von »Potere operaio«, wir hatten von ihm gehört, weil er als Waffenexperte galt. Mario und ich trafen ihn im Winter in Mailand, vor der Breda-Fabrik im Viale Sarca. Dieser Ort war von der Autobahnabfahrt leicht zu erreichen, aber wir wählten ihn nicht nur deshalb: wir wollten dem Studenten aus Rom unsere Verbundenheit mit den Arbeitern demonstrieren. Wir wollten klarstellen, daß es im Norden nicht wie in Rom zuging, daß wir den Krieg nicht spielten, sondern ihn wirklich führten. Er kam in einem Austin-Mini, trug eine blaue Jacke mit Goldknöpfen, ein Seidenhemd, eine Krawatte und Ray-Ban-Brille. Er sah aus wie ein kleiner Faschist von der Piazza San Babila. Die meiste Zeit sprach nur er, und vor allem über Waffen. Er wollte zeigen, daß er sich auskannte, daß er für unsere Organisation unentbehrlich war, weil niemand von uns so große Erfahrung hatte wie er. Er wollte in die Roten Brigaden aufgenommen werden. Das besprachen wir mit den Mailänder Genossen, aber niemand stimmte für seine Aufnahme. Unser Mißtrauen den Leuten von »Potere operaio« gegenüber war fast angeboren. Wir hielten sie für Halbaristokraten, die Revolution spielten. Schon die Schilderung von Valerios Aufzug genügte den Genossen, um seinen Aufnahmeantrag abzulehnen. Man beschloß lediglich, den Kontakt mit ihm aufrecht zu erhalten. Damit wurde Mario beauftragt, der einzige, der zaghaft versucht hatte, ihn zu verteidigen.

Mario übermittelte mir Valerios Vorschlag, ihm die Pistolen zu überlassen. Sie seien nur mehr altes Eisen, für das man kaum mehr die passende Munition finde. Valerio würde sie bei einem Sammler gegen vier neue Beretta 7,65 samt Munition eintauschen. Der Tausch überzeugte mich nicht ganz, und ich zögerte, ihm die beiden Pistolen zu überlassen. Ich hatte eine emotionale Beziehung zu diesen Waffen, gab aber schließlich den Bedürfnissen der Organisation den Vorrang: vier neue Pistolen gegen altes Eisen, wie Valerio gesagt hatte, das würde unser Waffenarsenal aufmöbeln. Ich gab sie ihm. Erst Jahre später, im Gefängnis von Trani, gestand mir Valerio, daß die Geschichte mit dem Sammler erfunden war: er hatte die beiden Pistolen lange Zeit selbst benutzt. Er hatte sie mir abgeknöpft, weil er ihre Qualität kannte und weil er wußte, wie unerfahren wir mit Waffen waren.

Mit der Nachricht im Schuhabsatz informierten uns Valerio und Adriana über die Kluft, die zu den anderen Genossen um Mario bestand. Wir hatten davon überhaupt nichts gewußt, und daß uns Valerio und Adriana darüber informierten, weckte in uns zwiespältige Gefühle. Einerseits waren wir für die Organi-

Valerio Morucci und Adriana Faranda, Mitglieder der römischen Kolonne der Roten Brigaden, bei ihrer Verhaftung

sation noch keine Fremdkörper. Wenn sie auf eine so gefährliche und umständliche Art mit uns in Verbindung traten, dann waren wir noch »wichtig«. Eine so deutliche Bestätigung konnte uns nur freuen. Sie baten auch um die Anerkennung ihres Standpunkts.

Anderseits waren wir besorgt. Zum ersten Mal in der Geschichte der Organisation wurde eine Meinungsverschiedenheit so offen zum Ausdruck gebracht. Die anderen Genossen hatten uns nicht über die Probleme informiert, das zeigte deutlich, wie groß die Kluft zwischen ihnen und uns geworden war. Valerio und Adriana waren keine zweitrangigen Genossen, ihre Geschichte war längst eng mit der Organisation verbunden. Wenn sie sich entschlossen hatten, mit ihr zu brechen, dann hatten sie lange und gründlich darüber nachgedacht.

»Was tun?« war die vorherrschende Frage. Wir teilten die Position der beiden »Dissidenten«, die behaupteten, die Organisation habe die Massenbewegung von 1977 unterschätzt. Valerio und Adriana zu unterstützen, bedeutete aber auch, sich gegen die Roten Brigaden zu stellen, einen neuen Weg einzuschlagen. Wir wollten jedoch auf diesem Weg weitergehen und gegebenenfalls eine Kurskorrektur vornehmen.

Wir blieben in der Organisation, auch wenn die Genossen nicht mehr fähig waren, sie zu leiten, davon waren wir nach der Nachricht im Schuhabsatz fest überzeugt.

Beim Spaziergang schlug ich vor einzugreifen. Renato war einverstanden und sagte, daß wir nun auch innerhalb der Organisation einen politischen Kampf führen müßten: den Jungen, den »neuen Kräften« in den Roten Brigaden, müßte man mehr Raum verschaffen, selbst wenn wir dabei eine Spaltung riskierten.

Wir fühlten uns immer mehr als die »Führer« und glaubten, daß unser Eingreifen unerläßlich sei. Wir mußten die Roten Brigaden lenken, konnten sie nicht Genossen wie Mario überlassen, der zwar zäh war, aber nicht das nötige politische Talent hatte, eine Organisation wie die unsere zu führen.

Außerdem konnte das »Neue« nicht schlechter sein als das »Alte«, denn »der Sinn der Geschichte ist auf der Seite der Revolution«. So bereiteten wir eine umfangreiche Studie vor, die wir den Genossen draußen schicken wollten. Etwa zwanzig Leute arbeiteten den ganzen Sommer 1979 daran.

Wir hatten Arbeitsgruppen eingeteilt. Ich war zuständig für die »Analyse der ökonomischen Situation«, für die Konjunkturanalyse, wie wir es nannten. In all den Jahren der Haft war ich der »Experte für Ökonomie« in den Roten

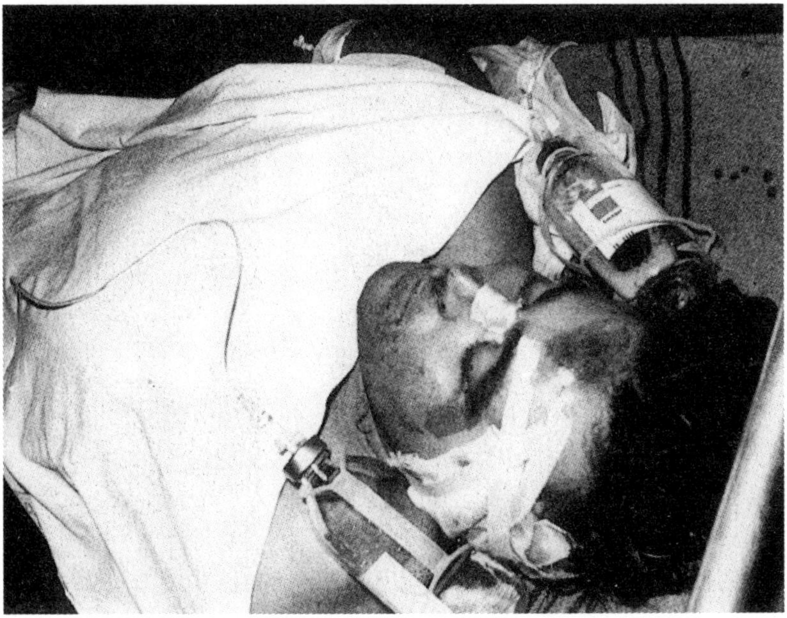

Mario Moretti, militärischer Leiter der Moro-Entführung
Prospero Gallinari, der Moro erschossen haben soll

Brigaden geworden: ich hatte »Das Kapital« gelesen und einschlägige Publikationen verfolgt. Renato hingegen leitete den Arbeitskreis »Analyse des Staates«.

Unser Bezugspunkt neben den Klassikern war die französische Linke um Louis Althusser. Wir bezogen eine Gegenposition zu den Analysen ↑ Toni Negris und der ↑ »Autonomia operaia«, die wir für abwegig und grundfalsch hielten.

Eine Diskussion entzündete sich vor allem gegen Ende unseres Papiers über die unmittelbaren Vorschläge, die den Genossen draußen zu unterbreiten waren. In diesem Punkt kam es zu einem heftigen Streit zwischen mir und Renato. Wie sollten wir die »Massenstrukturen« definieren, die Avantgarde der Revolution? Wir konnten sie nicht »Kampfkomitees« nennen, das hätte sich zu sehr auf die Gefängnisrealität bezogen. Renato wollte sie in Anlehnung an die russische Revolution von 1905 unter dem Begriff »Armee« zusammenfassen, aber ich, der Schwarze, Roberto, Maurizio und andere Genossen waren dagegen. Der Begriff »Armee« war nicht neutral, er verschob den Akzent der Revolution zu sehr aufs Militärische. Wir meinten hingegen, daß der revolutionäre Prozeß in den Städten neue Merkmale aufweise und man ihn daher neu definieren müsse: er sei nicht bloß militärischer, sondern »politisch-militärischer« Natur. Die »Massenorganismen« mußten komplex sein: Kampf und Politik untrennbar verflochten.

Heute klingt das wie eine Diskussion zwischen weltfremden Verrückten, aber für uns war sie damals wichtig, von ihr hing der Erfolg des nächsten Projekts ab. In meiner These trat ich im wesentlichen dafür ein, die neuen Bewegungen miteinzubeziehen: von den Kämpfen des Krankenpflegepersonals bis zu denen der Fiat-Arbeiter. Renato hingegen vertrat eine vorsichtigere und selektivere Öffnung: eine Verbindung mit den Avantgardegruppen der Bewegung, die schon für den bewaffneten Kampf sensibilisiert waren.

Wir riskierten einen Bruch mit Renato, bis wir uns schließlich einigten: wir würden das Wort »Armee« nicht verwenden, weil es zu explizit war, sondern würden die »Massenstrukturen« als »revolutionäre Massenorganismen« bezeichnen. Das entspräche der natürlichen Entwicklung und würde die jeweiligen Gruppen genauer definieren.

Nach einigen Jahren fällte die »natürliche Entwicklung« ein Urteil über unsere Diskussionen: es gab keine Massen, die man hätte »auf dem Boden des bewaffneten Kampfs organisieren« können. Die Massen hatten sich anderen Dingen zugewandt. Der Traum von der Revolution war ausgeträumt, und mit ihm auch unsere Träume vom »Bürgerkrieg«.

Im September jedenfalls war ein Text von zweihundert Seiten fertig: wir nannten ihn »das große Dokument«: wegen seines Umfangs, aber auch weil wir ihn für die Summe unseres Denkens hielten.

Mit einer Methode, die wir noch Jahre später anwendeten und mit der wir alles mögliche, sogar Metallgegenstände, hinausbrachten, schmuggelten wir es von der Insel. Wir benutzten Schreibmaschinen vom Typ Olivetti 22, die hohle Walzen hatten. Mit einem kleinen Schlüssel konnte man sie abmontieren und hineingeben, was man wollte.

Unser »Dokument« wurde ein Fall für die Justiz. »Corrispondenza internazionale« druckte es unter dem Titel »Die Biene und der Kommunist«. Herausgeber dieser Zeitschrift war Carmine Fiorillo, ein sanfter Mensch, der als Psychologe in einem Behindertenspital arbeitete. Er hatte mit Renato einen Briefwechsel begonnen, weil er unsere Geschichte von der menschlichen Seite her verstehen wollte. Er wollte, wie er in den Briefen immer wieder versicherte, unsere Ideen unzensiert der Öffentlichkeit zugänglich machen. Für die Veröffentlichung unseres Textes verbrachte er etliche Jahre im Gefängnis.

Wir verlangten von den Genossen, daß für die Diskussion unseres »großen Dokuments« die gesamte strategische Führung der Roten Brigaden einberufen werde. Wir kannten ihre momentane Zusammensetzung nicht genau, aber wir hofften noch immer, daß die »Jungen« mit uns übereinstimmen würden.

Die Antwort der Genossen kam prompt und war deutlich: natürlich würde man die strategische Führung zusammenrufen, aber auf der Tagesordnung würde nicht nur unser »Dokument« stehen.

Da begriffen wir, daß die Meinungsverschiedenheiten zwischen uns im Gefängnis und der Organisation draußen enorm waren. Wenn unser »Dokument« nicht allein auf der Tagesordnung stand, dann bedeutete das, daß sie es schon gelesen und abgelehnt hatten.

Die strategische Führung kam im Dezember 1979 zusammen. Unsere Thesen wurden verworfen. Wir wurden ausdrücklich aufgefordert, »uns hinter ihren Standpunkt zu stellen«. Es sei unmöglich, die Massen zu organisieren, folglich müsse alles beim alten bleiben. Besonders Renato und ich sollten einlenken.

Tagelang dachte ich nach, was ich tun sollte. Am liebsten hätte ich ihnen gesagt: eure Thesen sind falsch, ich distanziere mich von euch. Aber ich brachte es nicht über mich, die Roten Brigaden zu verlassen. Sie waren meine Welt, waren alles, was ich hatte. Ohne die Organisation hätte ich mich einsam gefühlt. Vielleicht deshalb akzeptierte ich schließlich, mich der »Mehrheit« unterzuordnen. Aber die Roten Brigaden waren nicht mehr meine große Familie, etwas hatte sich verändert, die Beziehungen waren nur mehr politisch, kalt wie die Klinge eines Messers.

Revolte

16

Im Gefängnis ging ich meinen Weg weiter und versuchte, soviele Häftlinge wie möglich in die geplanten Aktionen miteinzubeziehen. Hatten wir Erfolg, dann bewiesen wir den Genossen draußen, daß das Überleben der Organisation von der Fähigkeit abhing, »sich der Realität zu stellen«.

Die Gelegenheit bot sich Ende September 1979. In der Brieftasche von Prospero, der bei einem Schußwechsel mit der Polizei in Rom schwer verletzt und verhaftet worden war, fand man einen Zettel mit dem Hinweis auf einen Fluchtplan aus Fornelli.

Den Plan hatten wir den Genossen draußen im Juni dieses Jahres zugespielt, er war denkbar einfach: jeden Nachmittag durften sich etwa zwanzig von uns im Gemeinschaftsraum treffen. Eine geringe Menge Sprengstoff würde genügen, ein Loch in die Mauer zwischen Toilette und Hof zu reißen. Sie war nicht dicker als fünfzehn Zentimeter. Von dort aufs Dach steigen und auf der anderen Seite hinunterspringen war kein Problem, dann konnte man sich frei auf der Insel bewegen, eine weitere Ringmauer gab es nicht. Wir hätten zwar einem Patrouillenfahrzeug über den Weg laufen können, aber es konnte die Straße zwischen den Felsen nicht verlassen: zwei Genossen mit Sturmgewehren hätten es leicht in Schach halten und unseren Fluchtweg decken können. Die Genossen sollten am Tag vor der Flucht mit einem unverdächtigen Touristenboot draußen im Meer kreuzen. In der Dunkelheit würden dann zwei Genossen mit zwei Schlauchbooten an einer Steilküste mit vielen Grotten in der Nähe von Fornelli landen. Tagsüber sollten sie sich in den Grotten versteckt halten und zur festgesetzten Zeit am Nachmittag Posten beziehen, um den Jeep, wenn nötig, in Schach zu halten. Sollte alles glatt gehen, könnten wir gemeinsam die Boote erreichen.

Doch die strategische Führung verwarf unseren Plan, man habe kein geeignetes Boot.*

Wir arbeiteten deshalb einen neuen Plan aus, der kein größeres Boot vorsah. Unsere Flucht sollte über Sardinien gehen. Wir wollten uns eine Zeitlang in den

* *Im gleichen Jahr, 1979, waren Mario Moretti und andere Brigadisten mit der Jacht »Papago« in den Libanon gefahren, um Waffen zu holen.*

Grotten der Gegend von Nuoro verstecken, die uns sardische Genossen zeigen würden. Wir hatten mit ihnen bereits Kontakt aufgenommen.

Die Genossen draußen müßten nur die kurze Strecke von Stintino nach Asinara mit dem Motorboot zurücklegen. Um zu den Schlauchbooten und damit nach Sardinien zu gelangen, wollten wir wie beim ersten Plan vorgehen: Sprengstoff, Hof, Dach, Freiheit.

Der Plan wurde akzeptiert. Wir begannen mit unseren Fluchtvorbereitungen im Gefängnis, und auf einem Campingplatz in Sardinien quartierten sich Genossen ein, um unseren weiteren Fluchtweg zu organisieren. Alles war gut angelaufen. Termin war der 15. August, Ferragosto, der Tag, an dem das größte Touristenchaos herrscht. Zehn Tage vorher hatte man sogar noch unsere Schuhgrößen wissen wollen. Das war für uns der Beweis, daß die Aktion bis ins letzte Detail geplant war und Aussicht auf Erfolg hatte.

Aber eine Woche vor Ferragosto erreichte uns die harte Nachricht: »Plan aufgeschoben, auf Wiedersehen im nächsten Jahr.« Wieder hatten sie gezeigt, daß sie keine Ahnung von unserer Situation hatten, in einem Jahr konnten wir werweißwo sein.

Für die Carabinieri war dieser Zettel in der Brieftasche Prosperos ein Alarmsignal. Eines Morgens, bei Sonnenaufgang, standen sie da, in Zivil, die Pistolentasche am Gürtel. Sie holten uns aus den Zellen und verteilten uns in Vierergruppen auf die verschiedenen Gefängnishöfe. Sie durchsuchten jede Ecke der Abteilung, erst zu Mittag durften wir wieder in die Zellen zurück. Unsere Verstecke hatten sie nicht gefunden. Wir hatten Sprengstoff, Lunten und Zündkapseln in Fußböden und Mauern gehortet und die Hohlräume mit Steinen und Ziegeln zugemauert.

Zwei Tage später folgte die nächste Durchsuchung. Wieder fanden sie nichts, aber unsere Arsenale waren in Gefahr: früher oder später würde man sie entdecken, jede Fluchtmöglichkeit wäre dahin.

Inzwischen hatte man uns die kleinen, im Vorjahr durchgesetzten »Privilegien« wieder gestrichen. Wir mußten rasch etwas unternehmen. Die ständigen Durchsuchungen und Restriktionen machten das Gefängnisleben unerträglich: eine aufsehenerregende Revolte war der einzige Weg, in eine andere Strafanstalt verlegt zu werden.

In wenigen Tagen hatten wir einen neuen Plan. Roberto, der bereits um Telefonerlaubnis angesucht hatte, sollte um sieben Uhr abends telefonieren gehen. Auf dem Rückweg sollte er den Wachebeamten mit den Zellenschlüsseln in seine Gewalt bringen und damit das Zeichen zum Aufstand geben. Die gesamte Abteilung würde mitmachen.

Am festgesetzten Abend geht Roberto telefonieren. Wir verhalten uns ruhig und warten auf seine Rückkehr. Eine Gittertür wird geöffnet, wir hören die Schritte Robertos, dann den Lärm eines Handgemenges, eine Tür wird zugeschlagen, Schreie: die Geiselnahme ist gescheitert. Der Wachebeamte hat sich befreien können und die kaum geöffnete Gittertür sofort wieder geschlossen. Roberto ist in der Hand der Wachebeamten, sie haben jetzt eine Geisel, nicht wir. Wir können nichts tun, nur schreien, so laut wie möglich. Die Wachebeamten hören auf, Roberto zu prügeln, schleppen ihn aber mit sich.

Jetzt ist die Abteilung uns überlassen, wir beginnen mit unserem Notprogramm. Wir brechen die Decken unserer Zellen durch und treffen uns auf dem niederen Dachboden, dann kriechen wir in den Teil, der am weitesten vom Eingang der Abteilung entfernt ist; die Zellen darunter sind am leichtesten zu verteidigen. Draußen haben die Wachebeamten bereits das Gefängnis umstellt. Sie feuern Maschinenpistolensalven gegen die Mauer und durch die Fenster. An den Boden gepreßt, sehen wir die Geschosse wie Billardkugeln von den Zellenwänden abprallen.

Einige von uns robben wieder in den Bereich über den Zellen beim Eingang vor. Durch schmale Lüftungsöffnungen im Dach werfen wir unsere gebastelten Bomben aus Espressomaschinen und Sprengstoff auf die Wachebeamten.

Eine halbe Stunde lang hält die Schießerei an. Dann absolute, fast unwirkliche Stille. Wahrscheinlich wollen sie herausbekommen, ob jemand verletzt ist, ob Schmerzenslaute zu hören sind. Aber wir sind unverletzt. Vom Dachboden aus sehen wir bald darauf Cardullo am Eingang der Abteilung erscheinen, die Maschinenpistole am Riemen, ein Megaphon in der Hand. Hinter ihm eine Hundertschaft in Kampfanzügen mit Helm, Schild, Knüppel und Hacken ausgerüstet. Er gibt uns zwanzig Sekunden Zeit, uns zu ergeben. Nur wenn uns kein Haar gekrümmt werde, sagen wir. Er meint, wir seien nicht in der Lage, Bedingungen zu stellen. Er glaubt, der Stärkere zu sein, und nach zwanzig Sekunden rückt er, kurze Maschinenpistolensalven abfeuernd, gegen die Abteilung vor. Die Wachebeamten folgen ihm. Wir warnen ihn, wir seien bewaffnet. Aber er kommt näher. Wir werfen die erste Bombe, einen kleinen Plastikbehälter mit Lunte und Sprengkapsel. Wir wollen niemanden verletzen, das wäre unser Ende, wir wollen sie nur erschrecken. Die Bombe landet vor dem heranrückenden Trupp. Sie sieht wie ein Törtchen mit Kerze aus, sie betrachten sie neugierig, vielleicht auch erschrocken. Dann die Explosion: ein kurzer greller Blitz und ein Donnern. Der Luftdruck läßt die Decke erzittern und schleudert Cardullo und die Mannschaft zu Boden. Sie stehen auf und flüchten, lassen Schilde, Hacken und Knüppel liegen. Eine halbe Stunde später machen sie einen erneuten Vorstoß, aber wieder drängt sie eine Bombe zurück.

Sie ändern die Taktik. Im Hof tauchen Cardullo und der Staatsanwalt von Sassari mit einer Handvoll Wachebeamten auf. Sie wollen verhandeln. Wir beraten kurz. Vom Zellenfenster aus teile ich ihm mit, daß wir einverstanden sind, wenn er ans Klofenster komme: es ist klein, liegt drei Meter über dem Boden und ist leicht zu verteidigen.

Cardullo, der Staatsanwalt und ein Unteroffizier nähern sich. Ich steige auf einen Tisch und erreiche das Fenster. Es ist dunkel, ich sehe fast nichts. Ich verhandle direkt mit dem Staatsanwalt. Nur wenn er garantiere, daß uns nichts geschehe, würden wir uns ergeben. »Das kann ich nicht allein entscheiden, ich muß zuerst die Weisungen des Justizministeriums abwarten«, schreit er mir zu: wir vereinbaren Waffenstillstand, bis die Antwort aus Rom eintrifft.

Kaum sind die drei weg, bemerkt ein Genosse einen seltsamen metallischen Gegenstand auf dem Fensterbrett. Deshalb also hat Cardullo während des Gesprächs abseits gestanden, als gehe ihn alles nichts an: er hatte die Dunkelheit ausgenutzt, um eine Bombe aufs Fensterbrett zu legen. Wir reißen sie herunter und werfen sie in einen Eimer voll Wasser. Sie wäre nicht explodiert, weil die Zündung defekt war. Doch jetzt wissen wir, daß die Verhandlung nur ein Vorwand war, uns aus der Deckung zu locken.

Wenige Minuten darauf greifen die Wachebeamten erneut an, und wir werfen sie wieder zurück. So geht es bis fünf Uhr früh. Dann gelingt es Cardullo und einigen Beamten, ein Zellenfenster zu erreichen, durch das sie Patronen werfen, denen ein mörderisches Gas entströmt. Es zerreißt uns fast die Lungen. Wir müssen aufgeben.

Cardullo ist zufrieden. Als er in die Abteilung kommt, lächelt er und sagt, niemandem werde ein Haar gekrümmt, dafür garantiere er. Einer nach dem anderen treten wir aus den Zellen, folgen Cardullo und dem Staatsanwalt. Auf dem Gang stehen die Wachen mit Sturmmützen im Gesicht. Sie beschimpfen uns und versuchen, uns zu schlagen. Cardullo fährt sie an: »Hier befehle ich, und nur ich entscheide, was zu tun und was zu lassen ist.« Die Beamten rühren sich nicht, wir atmen erleichtert auf.

»Gesprengte Ketten«

17

Die Sonderstrafanstalt auf Asinara wurde im Dezember 1980 geschlossen.*

Wir Genossen »von drinnen« hatten darauf beharrt, daß der bewaffnete Kampf auch »Ergebnisse bringen« müsse: konkrete Ziele sollten in Angriff genommen und durchgesetzt werden, man müsse von der ideologischen Dimension, von der reinen Propaganda wegkommen. Erst dann würden sich uns neue Kräfte anschließen, und wir würden in die Phase eintreten, die wir die »Organisierung der Massen auf dem Boden des bewaffneten Kampfes« nannten.

Dezember 1980 waren die Sonderstrafanstalten Ziel unseres Kampfes, vor allem die von Asinara. Sie war nach der Revolte zum Symbol geworden.

Die Genossen entführten Giovanni D'Urso, einen Richter, der in der »Generalverwaltung für Strafanstalten und vorbeugende Maßnahmen« arbeitete, sie töteten den Stellvertreter Dalla Chiesas, General Enrico Galvaligi, der für die Überwachung der Sonderstrafanstalten verantwortlich war. Und sie erzwangen die Veröffentlichung der Protokolle des D'Urso-Verhörs im Wochenmagazin »L'Espresso«. Das war ein Riesenerfolg, und die Genossen draußen waren überzeugt, die Roten Brigaden seien ein politisches Phänomen, das man nicht mehr ignorieren könne.

Wir im Gefängnis hatten den Eindruck, daß die Genossen dort anknüpften, wo wir in den ersten Jahren begonnen hatten. Während der Moro-Entführung und vor allem in den beiden folgenden Jahren war die Arbeit auf rein militärische Aktionen beschränkt worden. Wenn ich morgens im Radio von Schüssen in die Beine politischer Gegner oder von Toten gehört hatte, ließ mich das kalt. Ich fragte mich nur, wozu dieses Blutvergießen gut war, welcher politischen Absicht es diente, welches Ziel dahinter steckte. Jeden Morgen gab ich mir dieselbe Antwort: »Nichts, dahinter steht gar nichts.«

In der D'Urso-Entführung hingegen sahen wir die Früchte unserer Arbeit: der Gefängnisrevolten, der theoretischen Papiere, unserer Kommuniqués in den Prozessen. Wir hatten alle uns zur Verfügung stehenden Kanäle und

* *Als »normales« Gefängnis sind jedoch verschiedene Sektionen noch »in Betrieb«.*

Möglichkeiten ausgenutzt, um den politischen Kampf weiterzuführen, wir waren unserer Entscheidung treu geblieben: die Organisation von innen heraus zu verändern.

Unserer Meinung nach hatten vor allem die Gefängnisrevolten die Entscheidungen der Roten Brigaden beeinflußt. Als die Genossen draußen unsere Kampfkomitees aus politischen und »gewöhnlichen« Häftlingen kritisierten, unseren Wahn, »das Gefängnis als den Mittelpunkt der Welt« zu sehen, wie sie sagten, gelangte ich zur Überzeugung, daß nicht »Dokumente«, sondern nur konkrete Aktionen die Genossen umstimmen könnten. Deshalb die Revolte von Nuoro und die verschiedenen Geiselnahmen von Wachebeamten Ende 1980.

Die Aktionen schienen wieder eine emotionale Verbindung, zumindest eine Komplizenschaft mit den Genossen draußen zu ermöglichen.

Das entnahmen wir verschiedenen Zeichen: sie hatten die »Gefängnisfront« gebildet, das heißt, einige Genossen »ausschließlich für die Gefängnisse« abgestellt, und sie reagierten, im Gegensatz zu früher, prompt auf unsere Vorschläge.

Doch die Situation war anders als in den ersten Jahren, als wir meine und Renatos Flucht geplant, als sich noch alle gekannt hatten. Jetzt war es eine abstrakte, idealisierte Beziehung zwischen Menschen, die sich nie gesehen, nie gesprochen hatten. Mir kam sie zu schwach vor, wie von einer schleichenden Krankheit befallen. Wir hatten immer versucht, den Kontakt mit draußen aufrechtzuerhalten, die Organisation zu beeinflußen, zu lenken, sie auf den »richtigen Weg« zu bringen. Für sie draußen waren wir aber nur mehr Namen: Curcio, Franceschini, Ognibene, Ferrari ..., Genossen, die sie nie kennengelernt hatten, von denen sie aber Zustimmung und Unterstützung wollten. Es war eine Beziehung, die aus mündlichen Botschaften, aus geschmuggelten Zetteln bestand. Es war der Versuch zweier Welten, den kleinsten gemeinsamen Nenner zu finden.

Dann kam die D'Urso-Entführung, und wir alle waren begeistert. Trotz der Niederlagen, die die Organisation durch die »pentiti« erlitten hatte, fühlten wir uns wieder stärker. Unser politisches Ziel bekam wieder Aufwind.

In den Gefängnissen hatten wir bereits die nötigen Freiräume erobert und nach den Kämpfen der letzten Jahre auch das Vertrauen der mißtrauischsten Strafgefangenen gewonnen. Die Genossen draußen waren bereit, unsere Initiativen zu unterstützen. Alles schien für den großen Traum, den »Massenausbruch«, vorbereitet. Diesen Traum träumte ich schon seit langem. Jede Woche entwickelte ich einen neuen Ausbruchsplan, wahrscheinlich mit derselben Pedanterie, mit der ein Mailänder Beamter seine Ferien plant. Diese Pläne betrafen, außer am Anfang, nie nur mich allein. Vielleicht war ich unsicher und suchte in der Gemeinschaft die nötige Kraft, die Gefängnismauern zu überwinden. Oder vielleicht deshalb, weil ich den Kampf gegen die Gefängnisse auch als Herausforderung des Staates betrachtet habe, als Fortsetzung der Brandanschläge, der Flugblattaktionen und der Verhandlungen bei der Sossi-Entführung. Auch im Gefängnis wollte ich diese Erfahrungen wiederholen. Ich war ein erklärter Staatsfeind, ich wollte den Staat um jeden Preis in die Knie zwingen: mit einer Massenflucht.

Während der D'Urso-Entführung wurde ich nach Pianosa überstellt. Auf der Fahrt mit dem Tragflügelboot kam mir die Nacht vor zwei Jahren wieder in den Sinn, als mich die Wachebeamten auf dem Gefängnisdach entdeckt hatten. Ich wußte, daß ein Ausbruch möglich war. Ein Bekannter, Virgilio Floris, ein Sarde, der wegen Raubmord saß, war von dort geflüchtet: schwimmend, in Unterhosen. Er war Patrouillenbooten ausgewichen, hatte Strömung, Kälte und Müdigkeit getrotzt. Im Geist sah ich auf der Überfahrt Szenen aus dem Film »Gesprengte Ketten«: Steve McQueen, der mit einer Motocross-Maschine aus einem deutschen Kriegsgefangenenlager entkommen will. Den Film hatte ich als Kind gesehen, und bei jedem neuen Fluchtplan sah ich die Szene wieder, in der das Motorrad über die Wiese auf den Stacheldrahtzaun zurast.

Pianosa war mir vertraut. In der Sektion Agrippa, die den politischen Häftlingen vorbehalten war, hatte sich nichts geändert. Ich kannte ihre Schwachstellen genau. Sie war noch heruntergekommener, noch vernachlässigter als früher, wenn das überhaupt möglich war. Ich dachte, das sei eine Folge der D'Urso-Entführung: immer nach einer gelungenen Aktion der Roten Brigaden schien die Kontrollmaschinerie nachzugeben, zusammenzubrechen. Aber vielleicht war es auch nur eine Folge davon, daß verschiedenste Gruppen von Häftlingen, die als besonders gefährlich galten, Terroristen, Camorristen und Mafiosi, in derselben Strafanstalt zusammengewürfelt waren.

Die Wachebeamten machten den Eindruck, als hätten sie Angst vor uns. Nach den ersten Gesprächen während des Spaziergangs im Hof hatte ich das Gefühl, daß das Gefängnis eigentlich in unserer Hand war. Offiziell herrschte die Ordnung der Sonderstrafanstalten: die Zellen sollten rund um die Uhr geschlossen sein, aber man mußte nur, und das zu jeder Uhrzeit, einen Wachebeamten rufen und ihn bitten, die Zelle zu öffnen. Dann konnte man frei in der Abteilung umhergehen.

Es gab gut ausgerüstete »Depots«. Die Genossen hatten schon genug Sprengstoff, Zündkapseln und Lunten für einen Ausbruch gehortet. Man mußte nur noch einen Plan entwickeln und ein Abkommen mit den Angehörigen der anderen bewaffneten Organisationen oder des organisierten Verbrechens treffen.

Ich hatte den Plan schon klar im Kopf: innerhalb weniger Minuten mußte das Gefängnis besetzt, das Dach bestiegen und die Umfassungsmauer, wo sie am schwächsten war, in die Luft gesprengt werden. Am Ufer müßte ein Boot auf uns warten. Ich verständigte sofort die Genossen draußen, sie sollten ein Boot schicken, das an die fünfzig Leute fassen konnte und das an einer nicht überwachten Stelle, die wir ihnen auf der Karte angezeichnet hatten, anlegen sollte. Sie teilten uns mit, sie seien bereit, sie müßten nur rechtzeitig den genauen Zeitpunkt erfahren.

Jetzt war der Plan noch im Detail mit den Bossen des »organisierten Verbrechens« zu diskutieren.

Einige von ihnen kannte ich, mit Paolo* und Vincenzo** war ich schon einmal in derselben Zelle gewesen. Wenn man diese paar Quadratmeter mit jemandem teilen muß, kommt es entweder sofort zum Bruch oder es entsteht eine Freundschaft, die über Jahre hält. Mit ihnen konnte ich offen reden, ohne Andeutungen oder Umschreibungen. Das größte Problem im Umgang mit Camorristen und Mafiosi ist die Ausdrucksweise. Man versteht nie ganz, was sie sagen wollen. Die Worte sind klar, auch deutlich formuliert, aber man hat das Gefühl, daß sich ihr Sinn verflüchtigt, daß etwas »Unausgesprochenes«, ein Rest Zweideutigkeit übrigbleibt. Ihnen selbst kommt es nicht so vor, ihre Sprache ist für sie logisch, aber bei einem Außenstehenden erweckt sie Mißtrauen.

Bei mir verzichteten Paolo und Vincenzo schon lange auf diese komplizierte Ausdrucksweise, wir redeten ohne Hintergedanken, weil wir uns vertrauten. Sie sollten die Mittelsmänner zwischen mir und den anderen sein, meine Dolmetscher und Botschafter.

Eines Abends lud ich sie zum Essen in meine Zelle. Sie schenkten den schon fertigen Gerichten wenig Aufmerksamkeit, sie ahnten sofort, daß es um etwas

* *Paolo Dongo, Strafgefangener, wegen Mord zu lebenslanger Haft verurteilt, Mitglied der »Genueser Bande« von Cesare Chiti und Mario Ubaldo Rossi. Im Gefängnis brachte er den Gangsterboß von Marseille, Alberto Bergamelli, um und saß deshalb jahrelang im Hochsicherheitstrakt.*

** *Vincenzo Andraus, Strafgefangener, wegen Mord zu lebenslanger Haft verurteilt, Mitglied der Turatello-Bande. 1981, im Gefängnis von Nuoro, am Mord Turatellos beteiligt. Wie Dongo saß auch er lange im Hochsicherheitstrakt.*

Wichtiges ging, denn es waren weder meine Genossen noch Freunde von ihnen anwesend. Wichtig war vor allem, daß meine Genossen fehlten. Sie unterschieden nicht zwischen politischen und »gewöhnlichen« Häftlingen. Für sie gab es nur Häftlinge, denen man trauen konnte, und solche, denen man aus dem Weg gehen mußte. Ob Camorra-Mitglieder, Mafiosi oder Brigadisten war zweitrangig; unsere Logik, wonach ein »Genosse«, solange er nicht Verrat begeht, immer »Genosse« bleibt, verstanden sie nicht.

Ich hatte mir ihr Vertrauen vor allem als Vermittler in den Konflikten erworben, die von Zeit zu Zeit zwischen den politischen und den »gewöhnlichen« Häftlingen ausbrachen. Das gewaltsam erzwungene Zusammenleben erzeugt große Spannungen, die sich verstärken, wenn unterschiedliche, ja gegensätzliche Mentalitäten aufeinandertreffen.

Die »Malavita«, das »große organisierte Verbrechen« – wie wir die Clans der Mafia oder der Camorra nannten –, hatte sich das Gefängnisleben auf ihre eigene Weise eingerichtet: die Konflikte mit der Direktion und dem Wachpersonal auf ein Mindestmaß zu reduzieren und sich vor allem durch Bestechung Privilegien zu verschaffen. Wir hingegen wollten keine Privilegien, sondern wollten uns unsere Lebens- und Bewegungsräume erkämpfen, nicht nur für uns, sondern für alle Gefangenen. Das waren zwei entgegengesetzte Denkweisen, zwischen denen vermittelt werden mußte, wenn wir nicht zwei feindlichen Fronten gegenüberstehen wollten: Wachmannschaft und organisiertes Verbrechen hätten sich sofort gegen uns verbündet, wenn wir alte Gewohnheiten in Frage stellten.

Am Anfang, vor allem im Gefängnis von Cuneo, gab es häufig Zusammenstöße und Schlägereien zwischen einigen Genossen und den Leuten von Turatello*. Die Carabinieri-Einheiten von Dalla Chiesa versuchten diese Situation zu ihrem Vorteil auszunutzen. 1979 machten sie Turatello über seinen römischen Rechtsanwalt den Vorschlag, seine Männer im Gefängnis gegen uns einzusetzen, uns notfalls zu »eliminieren«. Als Gegenleistung wäre Turatello freigekommen. Er besprach diesen Vorschlag mit seinen »Getreuen«, zu denen auch Vincenzo gehörte. Sie lehnten das Angebot ab, weil es mit ihrem Ethos nicht vereinbar war. In ihren Augen waren wir trotz allem in Ordnung, und sich gegen uns auf die Seite der Carabinieri zu stellen, wäre eine »gemeine Niedertracht« gewesen. Außerdem, denke ich mir, hatten sie auch ein wenig Angst davor, sich mit den Roten Brigaden anzulegen, die damals gerade mit

** Francesco Turatello, Mailänder Mafiaboß, »König der Spielhöllen« genannt, wurde 1981 im Hof des Gefängnisses von Nuoro erstochen.*

der Entführung Moros ihre Stärke bewiesen hatten. Sie beschlossen daher, mit uns zu verhandeln und einen Konsens zu erzielen.

Die Gelegenheit dazu bot sich in Bad 'e Carros, dem Gefängnis von Nuoro, wo Paolo, Vincenzo und ich Anfang 1980 zusammentrafen. Sie erzählten mir von der Geschichte mit den Carabinieri, die ich nur aus der Zeitung kannte, und wollten meine Meinung wissen. Ein Übereinkommen zwischen uns müsse möglich sein: es hatte sich seit einem Jahr angebahnt. Wir beschlossen also, daß wir politischen Häftlinge die Gefängniskämpfe organisieren und leiten würden, und daß sie die Vermittlung, die Funktion von »Gewerkschaftern« übernehmen sollten. Sie sollten zum Gefängnisdirektor oder zum Offizier der Wachmannschaft gehen und im Tausch gegen einige Zugeständnisse unsere Verhandlungsbereitschaft signalisieren. Das kam allen zugute: uns, weil wir nicht als Verhandlungspartner des Staates auftreten konnten (wir waren für seine Zerstörung und nicht für Kompromisse mit ihm), ihnen, weil sie eine führende Rolle und die Funktion der Befriedung übernehmen konnten; der Gefängnisdirektion, weil es ein Minimum an »sozialem Frieden« gewährleistete. Jeder von uns, Vincenzo, Paolo und ich, teilte diese Abmachung den Mitgliedern seiner Gruppe mit.

Ich mußte an diesem Abend im Gefängnis von Pianosa also allein sein, wenn ich ihnen den Fluchtplan auseinandersetzte. Die Anwesenheit anderer Genossen hätten sie als Leichtsinn aufgefaßt und sicher jede Zusammenarbeit abgelehnt.

Außerdem hatte ich im Gefängnis meinem Spitznamen gerecht zu werden: »Mega«, der Größte. Das stärkte meine Verhandlungsposition.

Ich schilderte ihnen ausführlich unseren Plan, sprach vom Boot, von der Stelle, wo es an der Küste anlegen sollte, vom Fluchtweg über die Dächer. Sie stellten keine Fragen, machten keine Einwände. Zuletzt fragten sie nur, ob ich für meine Genossen, denen ich den Plan erzählen würde, garantieren könne. Es war die Zeit der ersten »pentiti«; ↑ Patrizio Peci hatte auszupacken begonnen. Ihre Sorge war berechtigt. Ich garantierte für meine Genossen und übernahm die Verantwortung, sollte meine Einschätzung nicht zutreffen. Sie waren einverstanden. Wir waren zufrieden. Ich deshalb, weil es mir wahrscheinlich als erstem gelungen war, mit der »Malavita« einen so heiklen und komplizierten Plan auszuarbeiten. Paolo und Vincenzo deshalb, weil sie merkten, daß die »Genossen« nicht nur Dokumente aufsetzten und Kämpfe zum bloßen Selbstzweck anzettelten, sondern daß sie wirklich ausbrechen wollten.

Abends im Bett dachte ich an den großen Traum, der in Erfüllung gehen sollte. Vielleicht schafften wir es. Wir waren viele, entschlossen, mit Sprengstoff ausgerüstet und konnten auf die nötige Hilfe von draußen zählen. Die Zeitungen würden mit wütenden Schlagzeilen reagieren: »Sechzig Terroristen, Mafiosi und Camorristen brechen aus der Sonderstrafanstalt Pianosa aus.« Für diese eine Schlagzeile hätte ich alles gegeben.

Die Vorbereitungen zur »großen Flucht« waren voll im Gange. Wir hatten schon den Riegel des Tores, das zum Hof ging, durchgesägt. Jeden Abend nach acht Uhr lenkten ein paar von uns die Wachen mit Plaudern und Scherzen ab, während zwei heimlich auf den Hof schlichen, von dort über ein Seil aufs Dach kletterten und die Patrouillen-Jeeps der Carabinieri beobachteten. Wir mußten ihren Zeitplan und ihre Route herausfinden, um ihnen bei der Flucht nicht in die Arme zu laufen. Um dieselbe Zeit hörten andere in ihren Zellen über umgebaute Radios den Funkverkehr zwischen den auf der Insel verteilten Kontrollposten ab.

Wir versuchten, uns so ruhig wie möglich zu verhalten, zuvorkommend, fast gefügig. Aber die Wachen ahnten, daß sich hinter dieser Ruhe etwas verbarg. Sie wurden nervös und wachsamer, reagierten gereizt, wenn wir ihren Befehlen nicht sofort Folge leisteten. Eines Morgens, an einem Sonntag, durchsuchten sie die Zellen und beschlagnahmten alle Radios. Sie mußten erfahren haben, daß wir einige für den Funkempfang umgebaut hatten.

Viele Häftlinge wurden ungeduldig, einige wollten nicht mehr warten, sondern sofort abhauen. Aber das war nicht möglich, es hätte kein Boot bereit gelegen. Wir mußten wieder Ruhe herstellen, versicherten den anderen Häftlingen, unser Plan sei noch nicht in Gefahr und die Flucht nur mehr eine Frage von wenigen Tagen.

Dann geschah, was niemand hatte vorhersehen können. Einige betrunkene Strafgefangene ließen den Unteroffizier des Wachpersonals holen und verlangten die Radios zurück – »unverzüglich«. Als der Beamte sich weigerte, versuchten sie ihn zu verprügeln. Die Rauferei zwischen den Häftlingen und dem Wachpersonal endete mit dem Rückzug der Wachen. Die Abteilung war in unserer Hand.

Wir waren allein, niemand beaufsichtigte uns, die Gelegenheit, das ganze Gefängnis zu erobern und zu verwüsten, war günstig. Wir hatten aus einem Metallstück einen Schlüssel für alle Zellen angefertigt. Rasch besprachen wir die Lage: es schien uns zu gefährlich, die Situation auszunützen. Für die »große Flucht« brauchten wir Ruhe, keine Hochspannung oder alarmbereite Wachen. Wir wollten in unseren Zellen bleiben – wie immer – und hofften, daß die Wachen den Wutanfall der Betrunkenen vergaßen.

Es wurde eine lange Nacht. Unter dem Bett hatte ich in einem Loch ein

Kilogramm Sprengstoff versteckt und in der Unterhose bewahrte ich tagsüber zwischen den Hoden in einem gut verschlossenen Röhrchen drei Sprengkapseln auf. Bis zu diesem Tag war ich noch nie durchsucht worden. Jetzt hatte sich das Klima aber geändert. Bei Leibesvisitationen würden sie sofort auf die Sprengkapseln stoßen. Ich wollte nichts riskieren und beschloß, für den Fall, daß die Wachen am nächsten Morgen zur Durchsuchung kamen, mir das Tablettenröhrchen in den After einzuführen. Die ganze Nacht über wollte ich es nicht im Körper behalten, das war zu gefährlich. In einem Handbuch für Soldaten hatte ich gelesen, daß sie bei vierzig Grad Hitze explodierten, und ich fürchtete, die Körperinnentemperatur könnte leicht so hoch ansteigen.

Am nächsten Morgen gegen sechs höre ich vom Eingang her dumpfes Gemurmel und Stampfen. Dann eine Stimme: »Bastarde, wir werden es euch zeigen: Besuche, Telefongespräche, Fernsehen – Schluß damit! Jetzt hat eure Stunde geschlagen, wir bringen euch alle um!« Ich halte die Scherbe eines Spiegels an das Guckloch, um zu erkennen, was vor sich geht. An die hundert Wachen stehen am Eingang zur Abteilung, ausgerüstet mit Helm, Schild und Knüppel, ein blaues Tuch vor dem Gesicht. Die Wachmannschaft stellt sich in zwei langen Reihen, von der Tür zur Abteilung bis zum Gefängnisausgang, auf. Einige Wachen öffnen Zelle um Zelle und befehlen den Häftlingen herauszukommen: jeder muß durch dieses Spalier. Es wird erbarmungslos dreingeschlagen, überall ist Blut.

Ich schiebe die Sprengkapseln in den After. Als sie die Zellentür öffnen, renne ich los. Ich kenne das schon: lauf, so schnell du kannst, bleib nie stehen, denn wenn du hinfällst, bist du fertig, sie schlagen auf dich ein, treten dich, brechen dir alle Knochen.

Die Wachen, die die Zelle geöffnet haben, schauen mir erstaunt nach, so schnell laufe ich an ihnen vorbei, sie stehen wie angewurzelt da und verfolgen mich nicht.

Aber das Spalier von Vermummten habe ich noch vor mir. Ich werde langsamer, hole Luft, dann decke ich meinen Kopf mit den Armen ab und laufe wieder los. Ich höre ihre Schreie: »Bastard, Schwein!« – »Hier kommst du nicht lebend raus!« Ich kann die einzelnen Schläge gar nicht unterscheiden, überall Schmerzen, aber fast bin ich durch, ich sehe schon den Hof, in dem die Carabinieri stehen, gleich habe ich es geschafft.

Doch am Ende der Reihe wartet ein einzelner Wachebeamter, den Schlagstock in der Hand, mit haßerfülltem Blick. Ich spüre einen heftigen Schlag im Genick und falle zu Boden. Jetzt sind alle über mir: sie treten mir in den Bauch, schlagen auf mich ein, spucken mich an. Ich verliere nicht das Bewußtsein, spüre auch keinen Schmerz. Ich denke nur an die Sprengkapseln im Darm: tretet, tretet nur, gleich fliegen wir alle in die Luft. Dann möchte ich eure Gesichter sehen können.

Ein Carabinierihauptmann schreit: »Laßt ihn in Ruhe. Ihr bringt ihn noch um.« Er faßt mich unter den Armen, schleift mich in eine Isolationszelle, schließt ab und steckt den Schlüssel in die Tasche.

In Unterhosen liege ich auf dem Boden, die Kleider haben sie mir zerfetzt. Ich spüre mich kaum mehr, kein Schmerz, nur Wärme auf dem Kopf, das Gesicht ist blutverschmiert. Sie schreien noch immer: »Franceschini! Wo ist Franceschini? Den räumen wir aus dem Weg, ein für alle Mal!« Schritte nähern sich, ich verschmiere das Blut auf dem Körper und bleibe reglos liegen, die Augen halb geschlossen, wie tot. Ein Wachebeamter schaut durchs Guckloch, beobachtet mich eine Weile. Dann sagt er zu den anderen: »Der hat für heute genug.«

Am Abend kommt der Arzt ins Gefängnis. Zwei Wachebeamte stützen mich und bringen mich zu ihm. Ich habe eine Platzwunde am Kopf, daher das Blut. Mit ein paar Stichen näht der Arzt die Wunde, und ich werde wieder in die Zelle gebracht.

»Via, via da queste sponde ...«

18

Ende 1981, im Dezember, kam ich wieder nach Palmi.

Mir gefiel dieses Gefängnis mit den großen Räumen. Es vermittelte ein Gefühl von Ruhe, und dort traf ich auch die alten Freunde wieder: Renato, Maurizio, Arialdo, Tonino, Roberto, den Schwarzen, Panizza, Prospero, den Blonden ...

Es war zwar eine Sonderstrafanstalt, man gestand uns aber mehr Freiräume zu als anderswo, vor allem förderte man die politische Diskussion. Ich hatte den Verdacht, daß es sich um einen gezielten Plan des Ministeriums handelte, um unsere Gespräche zu verfolgen, zu studieren und vielleicht auch indirekt zu lenken. Sie hatten hier praktisch den gesamten Generalstab des bewaffneten Kampfes unter Kontrolle, ja sie waren sogar darum bemüht, daß er in Ruhe arbeiten konnte. Sobald ein Genosse die Ruhe im Gefängnis von Palmi störte, wurde er versetzt; die »Campus«-Atmosphäre durfte nicht verletzt werden. Die Sonderstrafanstalt von Palmi war vielleicht die einzige, in der es nie zu wirklich gewalttätigen Auseinandersetzungen kam, obwohl dort die »gefährlichsten Terroristen« beisammen waren.

Die »Hitzköpfe« wurden aufs Schiff verfrachtet und ins Gefängnis von Nuoro, nach Bad 'e Carros, gebracht.

Ich pendelte ab 1979 ständig zwischen Palmi und Nuoro. Mir gefiel die Idee, daß das »Superhirn« – das alles programmierte und lenkte, sogar unsere Gespräche – mich nicht einordnen konnte: Intellektueller oder Mann der Tat? Politiker oder Kämpfer? Falke oder Taube? Ich war eine »nicht klassifizierbare Variable«, dadurch fühlte ich mich ein wenig freier. Wie damals, als man mich nach dem Streit mit Toni Negri das erste Mal aus dem »Campus« verwies.

Ende 1979, nach der Revolte auf Asinara, hatte man die Sonderstrafanstalt von Palmi geöffnet. Innerhalb eines Monats wurden wir dort zusammengelegt: die »historischen Führer« der Roten Brigaden, die Anführer anderer bewaffneter Gruppen und die Köpfe der Gruppe »7. April«. Man benannte diese Gruppe nach dem Tag einer von Richter Calogero* angeordneten Verhaftungswelle. Calogero war überzeugt davon, daß es eine geheimnisvolle Zentrale des italienischen Terrorismus gab: die Zeitungen sprachen vom »teorema Calogero«. Sofort tauften wir unser kalabresisches Gefängnis um und gaben ihm diesen Namen: dort hatte man endlich die sogenannte »strategische Führung des italienischen Terrorismus« zusammen.

Zunächst traf ich sie nicht ungern wieder, Toni Negri, Emilio**, Oreste***, Marione****, Genossen, mit denen wir in den ersten Jahren der Bewegung gemeinsam gekämpft hatten. Wir fühlten uns wie damals, als wir noch frei waren und von der Revolution träumten. Aber die nicht nur politischen Differenzen wurden hier noch größer.

Leuten wie ihnen hatten wir von Anfang an mißtraut, sie hatten immer von der Revolution gesprochen, sich aber abseits gehalten und darauf gewartet, die Arbeit der bewaffneten Genossen zu verwerten. In Palmi versuchten wir uns zu vertragen: wir von den Roten Brigaden hatten beschlossen, jede Auseinandersetzung zu vermeiden, weil das draußen falsch interpretiert werden hätte können.

Im selben Trakt, im selben Hof friedlich nebeneinander zu leben, war leichter gesagt als getan. Sofort gab es Reibereien. Abgesehen von den politischen Divergenzen, empfand ich gegen Negri seit unserer ersten Begegnung in einer Villa am Como-See eine tiefe Abneigung. Dort hatten wir uns nach der Sossi-Entführung zu einer Lagebesprechung getroffen. Alles an ihm war mir zuwider: sein professoraler Ton, sein Musterschülergehabe und sein neurotisches

** Pietro Calogero, Staatsanwalt in Padua; auf seine Veranlassung hin wurden die gerichtlichen Ermittlungen gegen die organisierte »Autonomia«-Bewegung eingeleitet; sowohl das Gerichtsverfahren als auch die Führungsgruppe der Bewegung wurden nach dem Datum der ersten großen Verhaftungswelle »7. April« genannt. Er ließ Negri, Scalzone und andere Führer der »Autonomia« verhaften.*

*** Emilio Vesce, einer der führenden Köpfe von »Potere operaio«; er leitete dessen Zeitung. Auf Anordnung Calogeros am 7. April 1979 verhaftet, wurde er erst nach 5 Jahren und 5 Monaten Haft wegen Mangel an Beweisen von allen Anschuldigungen freigesprochen, im besonderen davon, eine bewaffnete Vereinigung gegründet zu haben. 1987 kandidierte er für die Radikale Partei und wurde ins Parlament gewählt.*

**** Oreste Scalzone, führendes Mitglied von »Potere operaio«, am 7. April 1979 auf Anordnung Calogeros verhaftet; aus gesundheitlichen Gründen auf freien Fuß gesetzt, flüchtete er nach Paris. In Abwesenheit wurde er wegen Bildung einer bewaffneten Vereinigung zu 9 Jahren Haft verurteilt.*

***** Mario Iorio Dalmaviva, Führer von »Autonomia operaia«. Wegen Zugehörigkeit zu einer bewaffneten und staatsfeindlichen Vereinigung verhaftet. Im April 1984 wurde er auf Bewährung entlassen, nachdem er die Gefängnisstrafe von 4 Jahren und 2 Monaten schon in Untersuchungshaft verbüßt hatte.*

Lachen, das einem Pferdewiehern glich und unablässig meine und Renatos Argumente begleitete, die offensichtlich seiner Überzeugung widersprachen.

Er ließ mich nicht in Ruhe. Beim Spaziergang im Hof wollte ich mich abseits halten. Es ist unter Häftlingen üblich, die in Ruhe zu lassen, die allein sein wollen; man respektiert ihr Bedürfnis, weil es für das psychische Gleichgewicht, das Überleben im Gefängnis entscheidend sein kann.

Aber Negri benahm sich im Gefängnis – vielleicht weil er noch nicht lange da war – genauso arrogant wie draußen. Obwohl mein Verhalten mehr als eindeutig war, sprach er mich an und wollte mich zu einer »politischen Konfrontation« zwingen. Ich wollte ihn abschütteln, ging auf und ab und gab ihm einsilbige Antworten. Es endete meistens damit, daß er mich, bevor er Ruhe gab, eines »stumpfen Urkommunismus« bezichtigte.

Ich hatte mich schon an seine Monologe gewöhnt und beachtete sie nicht weiter. Das Gefängnis zwingt einen, seine Persönlichkeit zu spalten, wenn man überleben will: Körper und Geist zu trennen. Nach drei, vier Jahren hatte ich das gelernt. Man steht nackt vor den Wachebeamten unter der Dusche, vorher und nachher machen sie eine Leibesvisitation, stecken die Finger überall rein, und man läßt es geschehen, es ist ja nur der Körper, der diesen Befehlen gehorcht, der sich diesen ständigen Eingriffen unterwirft. Aber der Kopf ist weit weg, irgendwo anders, er hört nicht zu, er sieht nicht, er fühlt nicht, und erst in der Zelle kehrt er wieder zum Körper zurück.

Bei Negri hatte ich dasselbe Gefühl. Ich ließ ihn mich mit Worten überhäufen: sie erreichten nicht mich, sondern nur meinen Körper, der gezwungen war, in Negris Nähe zu sein.

Doch eines Tages konnte ich meinen Kopf nicht mehr ausschalten. Er sprach von Deutschland, sagte, nur Horst Mahler* habe begriffen: wir sollten es wie dieser machen, unserer Vergangenheit abschwören, öffentlich unseren Irrtum eingestehen. Ich verstand nicht, was Negri damit bezweckte. Wollte er mich provozieren, daß man mich von Palmi wegbrachte? Er redete weiter: »Mach doch die Augen auf, nimm die Scheuklappen ab! Willst du denn nicht begreifen, daß Baader** und die anderen in Stammheim wirklich Selbstmord

* *Horst Mahler, Rechtsanwalt der deutschen Linken, gründet 1970 mit Andreas Baader und Ulrike Meinhof die »Rote-Armee-Fraktion« (RAF). 1971 wird er verhaftet und sagt sich vom bewaffneten Kampf los. Seit 1981 ist er frei.*

** *Andreas Baader, einer der Gründer der RAF. Nach einer gescheiterten Flugzeugentführung, durch die er und andere RAF-Mitglieder freigepreßt werden sollten, stirbt er 1977 im Gefängnis von Stammheim.*

begangen haben. Sie waren in einer Sackgasse. Sie waren dumm, genauso dumm wie du. Auch du wirst dich umbringen.«

Für uns war es ein Dogma: die deutschen Genossen waren von ihren Wächtern ermordet worden. Mir fielen wieder unsere Ängste nach der Moro-Entführung ein; man hatte uns wissen lassen, daß uns das gleiche Schicksal widerfahren werde wie den Deutschen, sollte Moro etwas zustoßen ...

Jetzt war es mit meiner »Persönlichkeitsspaltung« vorbei. Ich schrie: »Du warst immer nur ein Opportunist, du hast immer nur an deinen Vorteil gedacht und dich nie um andere gekümmert. Aber wenn du glaubst, auch dieses Mal glimpflich davonzukommen, dann irrst du dich. Ich werde mich vielleicht umbringen, aber du wirst mich begleiten, das garantiere ich dir!«

Er wurde bleich. Er war gewohnt, daß ich schwieg und seine Beleidigungen einsteckte. Meine Reaktion überraschte ihn. Er brachte kein Wort heraus, um uns herum waren alle verstummt. In einer Ecke standen Oreste und Marione, sie hatten die Szene beobachtet, ohne einzugreifen.

Ich ging in meine Zelle. Eine Woche darauf wurde ich nach Nuoro verlegt.

Als ich im Herbst 1981 in das Gefängnis von Palmi zurückkam, waren die Genossen des »7. April« nicht mehr da. Am Ende dieses schrecklichen Jahres waren nur mehr Rotbrigadisten in der Sonderabteilung dieser Anstalt.

Nach der Euphorie und der hektischen Aktivität der ersten Monate war der Rückschlag gekommen: es gab Massenverhaftungen. Die Organisation war ohne politische Linie und begann sich aufzulösen.

Die Mailänder Kolonne »Walter Alasia« hatte sich selbständig gemacht. Ein wilder Streit war im Gang: die Genossen der »Walter Alasia« behaupteten, sie seien die »Mailänder Kolonne der Roten Brigaden«, denn sie seien freiwillig gegangen; die Genossen, die dem »Zentrum«, also den Kolonnen aus Rom und aus dem Veneto, nahestanden, unterstrichen jedoch, die »Walter Alasia« sei ausgeschlossen worden und habe deshalb kein Recht auf die Bezeichnung »Rote Brigaden«. Diese erbärmliche Diskussion erinnerte mich an die späten sechziger Jahre, als sich die verschiedenen marxistisch-leninistischen Grüppchen aufsplitterten und sich stritten, wer dem Denken Maos am nächsten sei.

Auch die Kolonne von Neapel und die »Gefängnisfront« entfernten sich allmählich von der Organisation. Später bildeten sie gemeinsam den ↑ »Partito guerriglia«. Die Zahl der »pentiti« stieg sprunghaft an.

Aber nicht nur das. Von Fiat wurden 20 000 Arbeiter in die »cassa integrazione« überstellt, ohne daß es einen ernstzunehmenden Widerstand gegeben hätte, im Gegenteil: 40 000 Vorarbeiter und leitende Angestellte des Turiner

Werks gingen auf die Straße und forderten für sich noch mehr Rechte. Das war ein Schock. Diese kleinen »Capos«, die sich immer von den Arbeitern distanziert hatten, öffentlich demonstrieren zu sehen, ohne daß sich ihnen jemand entgegengestellt hätte, war ein Alarmsignal. Die Arbeiterklasse von Fiat, wichtigster Bezugspunkt unserer Analyse und Strategie, war in die Knie gezwungen worden. Eine neue Epoche brach an: die Gewißheiten der Vergangenheit – Arbeiterklasse, Revolution, bewaffneter Kampf, Kommunismus – gehörten ins Museum.

Ich begann zu zweifeln. Immer häufiger überkam mich das Gefühl, gescheitert zu sein. Anscheinend war der bewaffnete Kampf am Ende, unsere Rechnung mit der Geschichte ging nicht auf: vielleicht sollten wir umkehren. Ich versuchte dieses Gefühl zu ersticken, aber was ich in den Zeitungen las und von den Genossen hörte, bestärkte meine Zweifel. Doch ich behielt meine Gedanken für mich.

Palmi war nur mehr Schauplatz von Auseinandersetzungen zwischenVeteranen. Es hatten sich zwei Lager gebildet: der PG, »Partito guerriglia«, und der PCC, ↑»Partito comunista combattente«. Streitpunkt war, wie üblich, die »Funktion der Massen«. Der PG von Senzani* hielt den Zeitpunkt für gekommen, sich zu öffnen und die Massen zu organisieren; der PCC hingegen nicht. Ich, Renato und die Mehrheit der »historischen Führer« traten für den »Partito guerriglia« ein. Es sollte die Möglichkeit überprüft werden, ob die Massen in den bewaffneten Kampf einbezogen werden konnten. Wenn dies wieder nicht gelang, dann war unser Abenteuer zu Ende. Der Linie des PCC zu folgen, hätte hingegen bedeutet, so zu tun, als hätte sich weder in unserer Einschätzung noch in der Realität etwas geändert. Wer mich fragte, warum ich für den »Partito guerriglia« eintrat, dem antwortete ich: »Ich will meine letzten Zweifel klären.« Ich hatte das Bedürfnis nach frischer Luft.

Unsere Diskussionen kreisten immer um dasselbe Thema: um das Proletariat in den Großstädten, ob es als »System der Klassenintegration« oder als »System von Klassenbündnissen« definiert werden müsse ... Und wenn es um ein konkretes Problem ging, benahmen wir uns wie Fußballfans rivalisierender Mannschaften.

* *Giovanni Senzani gilt als Chefideologie der Roten Brigaden in den achtziger Jahren; er wurde wegen Mord und Entführung des Richters D'Urso und des neapolitanischen Christdemokraten Ciro Cirillo zu lebenslanger Haft verurteilt.*

Gleich nach der Entführung Doziers* gerieten die Lager beim Spaziergang im Hof aneinander. Beide behaupteten, den amerikanischen General entführt zu haben. Einzelne Genossen schlossen sogar Wetten ab. Aber es war kein Spiel, es war eine harte Auseinandersetzung.

Im Gefängnis von Neapel, wo ich kurze Zeit war, hatte ich den »Giornale d'Italia« gekauft, in dem das Kommuniqué Nr. 1 in vollem Wortlaut abgedruckt war. Dort stand es schwarz auf weiß: es war der PCC. Beim Spaziergang zeigte ich allen die Zeitung. Es war lustig, die Reaktionen der beiden Lager zu beobachten. Renato, Maurizio und Arialdo waren fassungslos, Prospero, der Schwarze und der Blonde hingegen freuten sich. Ich nahm Renato und die anderen von der Guerillafraktion auf den Arm, sagte, wir sollten uns doch freuen: zum ersten Mal sei ein amerikanischer General in der Hand der revolutionären Kräfte. Mein ironischer Unterton gefiel ihnen nicht. Für sie ging es um die Vormachtstellung innerhalb der Organisation, die mit dieser Aktion angeknackst war. Sie gingen in ihre Zellen und verzichteten tagelang auf den Spaziergang, weil sie die Frotzeleien der anderen fürchteten.

Das Gefühl, daß alles am Zerfallen war, verstärkte sich zunehmend. Wir im Gefängnis waren gespalten und stritten wie nie zuvor. Draußen wurde die noch bestehende Organisation Tag für Tag durch die Aussagen der »pentiti der letzten Stunde« aufgerieben. Es schien, daß diese reuigen Brigadisten gerade lange genug in der Organisation waren, um einige Adressen von Basen und Namen »regulärer« Mitglieder zu erfahren, die sie den Carabinieri verkaufen konnten.

Mein psychisches Gleichgewicht, auf das ich immer stolz gewesen war und das mir die harten Jahre der Sonderstrafanstalten hindurch geholfen hatte, verließ mich. Ich hatte Tagträume, in denen unser Kampf mit Blutbädern unter Polizisten, Richtern und Gefängniswärtern weiterging. Dabei ging es mir nur um Rache. Die politische Dimension, in der ich jahrelang gelebt und gedacht hatte, trat immer mehr in den Hintergrund und machte einer unkontrollierten Wut Platz. Dann fragte ich mich wieder nach dem Sinn einer Gewalt, die politisch nicht mehr gerechtfertigt werden konnte. Zweifel und Sehnsüchte wechselten einander ab, ohne daß ich meine Gedanken unter Kontrolle bringen konnte. Stundenlang verfiel ich in Depression und überdachte mein bisheriges Leben,

** James Lee Dozier, in Verona stationierter amerikanischer General, wurde am 17. Januar 1982 von den Roten Brigaden entführt. Nach seiner Befreiung durch Sondereinheiten der Polizei wurde die Kolonne der Roten Brigaden aus dem Veneto zerschlagen: kaum waren einige Brigadisten verhaftet, gaben sie, auch infolge von Folterungen, Namen und Adressen preis.*

ein Leben voller Irrtümer und Dogmen. Die letzten zehn Jahre hatten mich ins Eismeer, direkt zwischen die Eisberge getrieben.

Ich erzählte Renato von meinen Zweifeln. Er war der Genosse, dem ich vertraute und dem gegenüber ich mich öffnen konnte. Es waren noch keine ausführlichen Gespräche, sondern Andeutungen, Fragen. Nicht aus Angst vor ihm, sondern weil ich fürchtete, meine Zweifel könnten begründet sein.

Deshalb ging ich in den Gesprächen mit Renato von unseren Axiomen aus und führte sie ad absurdum.

Er antwortete in jener kryptischen Brigadistensprache, die wir uns im Laufe der Jahre angeeignet hatten: noch ein Gefängnis, in das wir unser Denken gesperrt hatten. In seinen Augen bemerkte ich einen Anflug von Trauer.

In dieser Zeit begann ich Bücher zu lesen, die gewissermaßen auf dem Index jedes orthodoxen Brigadisten standen. Ich las Berichte über die Indianer Nordamerikas und ihre absolut individualistische Lebensbewältigung; ihre Fähigkeit, unterschiedlichste Lebensweisen zu akzeptieren, faszinierte mich. »Hanta Yo« wurde mein Lieblingsbuch.*

Es gab keinen Zweifel mehr, ich hatte eine andere Richtung eingeschlagen: bei den Versammlungen redete ich kaum mehr mit und ließ den Dingen ihren Lauf.

Einige Monate später, im November 1982, erschoß ein Kommando des »Partito guerriglia«, dem ich mich angeschlossen hatte, bei einem Banküberfall in Turin ohne erkennbares militärisches Motiv zwei Wachebeamte. Sie wollten damit lediglich ihrem Kommuniqué Öffentlichkeit verschaffen, das die gerade verhaftete Genossin Natalia Ligas als Spitzel bezeichnete.

Als ich diese Meldung in den Abendnachrichten hörte, hoffte ich, es sei nicht wahr; ich konnte nicht glauben, daß Genossen aus einem solchen Grund töteten. Aber die Zeitungen am nächsten Tag ließen keine Zweifel: es waren die Genossen, »meine« Genossen. Ich mußte die Kraft finden, Schluß zu machen, ich wollte nicht länger Komplize dieses Wahnsinns sein.

Von da an beteiligte ich mich nicht mehr an den Gesprächen der anderen. Wenn sie im Hof über den bewaffneten Kampf sprachen, ging ich weg. Ich mußte mit mir selbst fertig werden. Ich stellte mich krank. Mir kamen nun die Bestim-

* *Hill Ruth Beebes Roman beschreibt das Leben der Dakota-Indianer.*

mungen von Artikel 90, der uns in zwei Gruppen teilte, zugute. Ich war mit anderen Genossen im Stockwerk über Renatos Gruppe untergebracht. Wir konnten uns, außer beim Spaziergang, nicht treffen.

Fast ohne zu essen, blieb ich eine Woche im Bett. Ich redete nur mit Tonino, ich kannte ihn schon seit fünfzehn Jahren. Wir hatten gemeinsam die Kommunistische Partei verlassen und uns für den bewaffneten Kampf entschieden. Ich wiederholte, was ich schon Renato gesagt hatte, aber diesmal ohne fragenden Unterton: es waren Gewißheiten. Ich wollte nicht mit ihm diskutieren oder seine Meinung hören, sondern ihn nur informieren. Tonino waren auch schon Zweifel gekommen, er hatte unsere Fehler erkannt, aber was ich sagte, ging ihm zu weit. Es war ihm zu radikal für einen Kommunisten. Er versuchte, etwas von unserer Vergangenheit zu retten, während ich alles zerstören wollte. »Schluß mit den Mythen, Tonino, wir waren von einer besonderen Droge abhängig, süchtig nach Ideologie. Eine tödliche Droge, schlimmer als Heroin. Ein paar Milligramm genügen, und du bist für immer erledigt.«

»Mir kommt vor, du bist kein Genosse mehr«, antwortete er. »Wenn du das herumerzählst, machst du einen Riesenwirbel. Sei nicht verrückt, behalte das für dich. Du begräbst unsere Vergangenheit, du löschst dich und uns alle aus.«

»Nein, Tonino, ich verleugne nichts; was gewesen ist, läßt sich nicht auslöschen. Aber die Vergangenheit, deine und meine, hat mit der Gegenwart überhaupt nichts mehr zu tun. Sie ist gestorben. Sie ist ein Kadaver. Das letzte Jahr war wie ein ganzes Jahrhundert. Vor drei-, vierhundert Tagen war es noch anders. Da haben wir gemeinsam gegen das Gefängnissystem gekämpft und wollten die Genossen draußen überzeugen. Aber heute nicht mehr. Ich will nicht mehr an damals denken, ich habe Angst vor dem, was war.«

Ich nahm die Spaziergänge im Hof wieder auf: sie wollten meine Meinung zu den Verhaftungen in Turin wissen – nach dem Mord an den beiden Wachebeamten war die gesamte Kolonne des »Partito guerriglia« festgenommen worden –, aber ich erzählte ihnen von den amerikanischen Indianern. Ich war nicht mehr »Mega«, sondern der Medizinmann »Wachtelfuß«. Ich zog einen Wachtelfuß aus der Tasche, den ich auf dem Heizkörper in der Zelle hatte trocknen lassen. Die anderen lachten und glaubten, ich hätte bloß keine Lust, ernste Dinge zu besprechen.

So konnte es nicht weitergehen. Ich mußte den Genossen eine Erklärung geben, auch wenn die Konfrontation mit ihnen schwierig sein würde. Ich beschloß, es mit einem »Dokument« zu tun: schriftlich hatte ich mit Richtern,

Parteien und den höchsten Organen des Staates verkehrt. Unsere Diskussionen hatten wir maschinegeschrieben ausgetragen. Auf eng beschriebenen Blättern behauptete ich, unser Experiment sei zu Ende, weil sich die italienische Gesellschaft auf eine Art und Weise verändert habe, die wir nicht vorhergesehen hatten. Die Revolution stehe nicht mehr auf der Tagesordnung, wir müßten jetzt einen Weg zurück in die Gesellschaft finden. Von diesem Moment an hielte ich jede Verbindung zwischen mir und allen Organisationen des bewaffneten Kampfes für gelöst: es dürfe in meinem Leben keine »Parteien« mehr geben. Jetzt könne ich mich frei fühlen, vor allem weil ich die Kraft und den Mut gefunden hätte, frei zu sein. Ans Ende »meines Dokuments«, dieser wenigen Seiten, schrieb ich an die Stelle, an der sonst Losungen standen, in Blockschrift: »VIA, VIA DA QUESTE SPONDEEE ...«*. Das stammte nicht aus unseren »heiligen Schriften«, sondern aus einem Lied von Franco Battiato.

In der kollektiven Diskussion, die ich verlangt hatte, wurde ich hart angegriffen. Renato, mit dem ich schon seit drei Monaten nicht mehr gesprochen hatte, schickte mir aus dem unteren Stockwerk ein Schriftstück. Es war gnadenlos. Er bezichtigte mich, rechte, faschistische und nietzscheanische Positionen zu vertreten wie der schlimmste Konterrevolutionär. Jetzt sei ich ein Feind, den man bekämpfen müsse.

Diese Antwort hatte ich gefürchtet. Renato zielte stets auf die totale Vernichtung des gegnerischen Standpunkts ab. In meinem Fall, hatte ich gedacht, würde er anders reagieren und auch meine »individuelle Entwicklung« miteinbeziehen. Aber er verhielt sich wie immer: die Politik kam vor allem anderen. Mein Text hätte den völligen Zerfall der Organisation bewirken können, er mußte so argumentieren, auch wenn er wahrscheinlich die gleichen Zweifel hatte wie ich. An der Art seiner Kritik konnte ich das ahnen: er ging nicht auf meine Darstellung der Dinge ein, sondern ließ eine Reihe von Beschimpfungen und politischen Klischees auf mich los. Er versteckte seine Zweifel, ja leugnete sogar, daß er welche hatte. Das Papier Renatos, das mir ein Genosse aus dem unteren Stock durch das Fenster »zugeschickt« hatte, sah ich als Zeichen seiner großen Schwäche an. Und es war zugleich ein Signal, daß ich den neuen Weg allein einschlagen mußte, daß ich alles hinter mir lassen, die Brücken abbrechen mußte, wie damals in Mailand als Giovanni Fiorini. Ich fühlte mich einsam. Mit Renato verlor ich den Genossen, der mir am nächsten gestanden hatte, mit dem ich die ersten Siege und die ersten schweren Niederlagen geteilt hatte. Vielleicht würde er in Zukunft tatsächlich mein Gegner.

* *»Fort, fort von diesen Ufern ...«.*

Wie das Leben nach dem »Bannspruch« aussehen sollte, begriff ich beim Hofspaziergang am nächsten Tag: viele alte Freunde zeigten mir die kalte Schulter. Das beunruhigte mich nicht weiter: etwa zwanzig, darunter Arialdo, Maurizio, Tonino und Panizza, waren, jeder mit seinen Vorbehalten, auf meiner Linie. Wir wollten der Erklärung, daß der bewaffnete Kampf zu Ende sei, konkrete Initiativen folgen lassen. Einige nannten mich noch »Mega«, aber nachdem ich mich als »Mikro« bezeichnet hatte, verschwand dieser Spitzname. Ich ging zum Gefängnisdirektor und zum Kaplan, um im Namen der anderen zwanzig Genossen »eine neue Beziehung zu den Institutionen zu installieren«, wie wir es nannten. Es war das erste Mal, daß ich zur Gefängnisleitung eine Beziehung dieser Art suchte.

Der Direktor, Michele Rizzo, hatte erst vor kurzem die Leitung des Gefängnisses von Palmi übernommen. Er war in meinem Alter und hatte angeblich '68 mitgemacht. Er sagte, er könne die Motive für den bewaffneten Kampf nachvollziehen. Wenn wir wirklich mit der Vergangenheit abgeschlossen hätten, sei er bereit, mit uns gemeinsam einen Ausweg zu suchen.

Ich erklärte ihm, daß wir nicht bevorzugt behandelt werden wollten, sondern wie normale Häftlinge und nicht mehr wie »gefährliche Terroristen«. Wir würden aber gerne eine Schule organisieren: einige von uns könnten diejenigen unterrichten, die einen Pflichtschulabschluß nachholen wollten. Die Schule sollte allen, auch den Genossen, die nicht auf unserer Linie lagen, zugänglich sein.

Der Direktor akzeptierte den Vorschlag, und gemeinsam mit dem Kaplan, Silvio Misti, planten wir die Schule, wählten die Schüler aus und suchten Lehrer. Wir wurden fast Freunde: allmählich sah ich den Direktor und den Kaplan nicht mehr als »Teile der Institutionen«, als Symbole, sondern nahm sie als Personen, als normale Menschen wahr. Ich mußte lachen, als ich mich dabei ertappte, die beiden eigentlich tüchtig und sympathisch zu finden.

Eines Tages fragte mich der Direktor: »Franceschini, ich glaube Sie sind ein ehrlicher Mensch. Wenn ich mit Ihnen draußen einen Kaffee trinken ginge, würden Sie abhauen?« Ich antwortete ihm ruhig: »Ja, aber ich würde versuchen, Ihnen dabei nicht weh zu tun.« Das war ehrlich, zum ersten Mal war ich zu einem Gefängnisdirektor ehrlich gewesen. Ich schämte mich dafür und erschrak: Ehrlichkeit bedeutete auch Schwäche und Wehrlosigkeit. Es war viel leichter, den Harten zu spielen, sich einen Panzer zuzulegen, um sich stark und sicher zu fühlen. So aber wurde alles unsicher: die alten Grenzen waren nicht mehr unverrückbar. Ich fragte mich, ob das der Weg zum Kollaborateur sei, wenn einem Überzeugungen und Rollenverhalten abhanden kamen.

Die Angst befahl mir »umzukehren«, wieder auf Distanz zu den Institutionen zu gehen, nichts zu riskieren. Aber ich mußte an mich selbst glauben, auf mich vertrauen. Ich würde nie zum Kollaborateur werden, ich wollte, was noch kein Brigadist getan hatte: mich verändern und in das »normale Leben« zurückkehren, ohne meine Würde zu veräußern.

Doch in Palmi blieb nur Zeit, die Brücken hinter mir abzubrechen, nicht aber den gerade eingeschlagenen Weg genauer festzulegen. Kaum einen Monat nach unserem ersten Gespräch teilte mir der Direktor mit, daß ein Befehl eingelangt sei, mich nach Nuoro zu überstellen. Es schien ihm aufrichtig leid zu tun, aber Befehl war Befehl.

Ich bat ihn, mich vor der Abfahrt von Renato verabschieden zu dürfen. Er gab seine Zustimmung. In der Zelle erzählte ich Renato von der Überstellung, sagte, ich hoffe, ihn früher oder später wiederzusehen. Er war verlegen. Vielleicht überraschte ihn diese plötzliche Überstellung. In diesen wenigen Minuten unter vier Augen kam nicht so sehr der Politiker zum Vorschein, sondern der Mensch. Lächelnd sagte er: »Aber sicher, mach dir keine Sorgen, früher oder später trifft man sich wieder.« Damit hatte ich die letzte Brücke abgebrochen. Wir sind uns seither nie mehr begegnet.

An Bord des Fährschiffs nach Sardinien überlegte ich mir, wieso das »Superhirn« mich gerade jetzt ins Gefängnis Bad 'e Carros schickte. Ich fand keine logische Erklärung dafür.

Ex-Brigadist

19

Das Gefängnis von Nuoro haßte ich, seit ich das erste Mal dorthin gebracht worden war. Mehr noch als Asinara und Pianosa.

Ich konnte seine keimfreie, deutsche Sauberkeit und Ordnung nicht leiden, die kahlen, felsigen Berge rundherum, die auf einen einzustürzen, einen zu erdrücken schienen; die schwarzen, rabenähnlichen Dohlen, die einen am Morgen mit ihrem wilden Gekrächz weckten. Sogar der Geruch der Luft stieß mich ab.

Und gerade jetzt mußte ich hierher zurück, wo ich den bewaffneten Kampf hinter mir gelassen hatte und kein Brigadist mehr war. Zum ersten Mal in meinem Leben fühlte ich eine entsetzliche Einsamkeit.

Nuoro empfing mich noch härter als sonst. Ich mußte mich nackt nach vorn beugen, dann kontrollierten sie mit einem Detektor, ob ich keine Metallgegenstände im Körper versteckt hatte: diese Kontrolle wiederholten sie am ersten Tag dreimal. Daraufhin nahmen sie mir alles ab und gaben mir Häftlingskleidung. Die Einzelzelle lag im Isoliertrakt für Häftlinge, auf die Artikel 90 zutraf. Die Sonderzellen dieser Sonderstrafanstalt hatten eine Pritsche, einen kleinen Tisch, einen Hocker, zwei kleine Wandschränke, alles festgemauert, einen Fernsehapparat in einem robusten Käfig mit einem Vorhängeschloß, Abort und Waschbecken in einer Ecke.

Die Tage verliefen eintönig; die Campus-Atmosphäre von Palmi mit den Diskussionen, den lebhaften Spaziergängen im Hof, den Analysen unserer Vergangenheit, das waren ferne Erinnerungen. In Nuoro verbrachte ich 23 Stunden in dieser zwei mal drei Meter großen Zelle und nur eine Stunde mit anderen, von der Direktion ausgesuchten Genossen im Hof. Es war der Sommer 1983, die vielen Stunden im Dunkel der Zelle rannen zäh dahin wie Gelatine. Ich glaubte zu ertrinken.

Wenn ich Glück hatte, war ich auf meinem Spaziergang mit Franco* und

** Franco Bonisoli, Brigadist, Arbeiter in der Lombardini-Fabrik von Reggio Emilia. Er ging nach der Verhaftung von Franceschini und Curcio in den Untergrund. Für das Blutbad in der Via Fani und den Mord an Moro wurde er zu lebenslanger Haft verurteilt.*

Roberto zusammen. Auch sie hatten dem bewaffneten Kampf und den Roten Brigaden den Rücken gekehrt. Sie hatten ihren Ausstieg bei einem Prozeß beschlossen. Entgegen unserer alten Gewohnheit hatten sie im Gerichtssaal weder Proklamationen verlesen, noch das Gericht beschimpft. Die gesamte Verhandlung hindurch hatten sie geschwiegen. Oberflächlichen Beobachtern fiel das vielleicht gar nicht auf, für die Genossen aber war es ein klares Zeichen.

Das »Superhirn« hatte ihnen dieselbe Behandlung zugedacht wie mir. Wir durchlebten dieselben Ängste, dieselben Beklemmungen. Leere umgab uns: wir wurden mißtrauisch beobachtet, viele Genossen grüßten uns nicht mehr.

Eines Morgens im Herbst sprach Franco zum ersten Mal von Selbstmord.

Wir trafen uns beim Spaziergang im Hof. Ich merkte, daß es ihm schlecht ging, und fragte, was los sei. Er schaffe es nicht mehr, sagte er, seit drei Tagen bringe er kein Auge zu, das Alleinsein in dieser Zelle halte er nicht mehr aus. »Welchen Sinn hat das Leben, wenn man an nichts mehr glaubt? Früher, als wir noch an den bewaffneten Kampf geglaubt und Ausbrüche geplant haben, sind wir weder an der Isolationshaft noch an den Frustrationen der Sonderanstalten verzweifelt. Nach der Revolte auf Asinara haben sie uns zwei Tage und zwei Nächte in eine Zelle eingeschlossen. Da war nichts, nur nackter Boden, keinen Tropfen Wasser hat man uns gegeben, und die Wachen haben uns ununterbrochen beschimpft. Das alles aber hat uns nicht fertiggemacht: wir waren Teil der Bewegung, es war unser Kampf. Jetzt sind wir allein, ich bin mit mir und dem Gefängnis allein.«

Er senkte den Blick, als würde er sich für das, was er noch sagen wollte, schämen. Dann, in einem Atemzug, um nicht unterbrochen zu werden, den Blick noch immer gesenkt, sagte er: »Alberto, ich habe schon daran gedacht, mich aufzuhängen. Dann ist es wenigstens aus. Dann merken die Leute wenigstens, wie unwürdig man hier lebt.«

Auch ich hatte in diesen Monaten in Nuoro oft daran gedacht, Schluß zu machen, und ich sagte es ihm. Ich glaubte, endlich die Genossen von der RAF zu verstehen: wenn man jede Hoffnung verliert, erscheint einem der Tod als einfachster Ausweg. Was mir noch vor kurzer Zeit für einen Revolutionär unvorstellbar, ja verboten schien, war nun eine realistische Perspektive. Ich sagte Franco, daß auch ich kein Ziel mehr habe und dachte an den Streit mit Toni Negri in Palmi. Seither waren fast drei Jahre vergangen, aber trotzdem wurde ich wütend, weil er recht gehabt hatte: die Genossen von der RAF hatten sich umgebracht, weil ihnen klar geworden war, daß sie alles falsch gemacht hatten.

Das Gefängnis Bad 'e Carros in Nuoro

Ich hatte an Selbstmord gedacht, hatte in den unendlichen 23 Stunden in der Zelle nach einer Möglichkeit gesucht, den Strick zu befestigen, der meine Kehle zuschnüren sollte, hatte diesen Plan dann aber verworfen. Gedanken über die Technik des Selbstmords überkamen mich vor allem nachts, in den Stunden größter Niedergeschlagenheit. Wenn mein Kopf wieder klarer war, sah ich den Tod als letzte Niederlage, als Geschenk an den Staat, der uns so leicht los werden und unsere Handlung als Eingeständnis des Irrtums auslegen könnte, als Eingeständnis der völligen Sinnlosigkeit des bewaffneten Kampfes, und, was mich am meisten störte, meines ganzen Lebens. Schließlich gewann der Wille zu leben langsam, aber bestimmt, die Oberhand.

Ich sagte zu Franco: »Sich aufhängen ist ein zu schneller Tod. Wir müssen unser Sterben teuer verkaufen, es soll einen Sinn haben. Die Situation hier muß sich ändern. Wir müssen unseren Tod so lange wie möglich hinauszögern: wir machen einen Hungerstreik und halten durch bis zuletzt. Das einzige, was wir noch haben, ist unser Körper. Den zehren wir langsam aus, dann bleibt dem Staats nichts mehr. Und wenn wir sterben, ist es unser Sieg, weil wir bis zum Schluß unser Leben selbst bestimmt haben.«

Franco gefiel das gut. »Wir müssen«, sagte er, »unsere Haut so teuer wie möglich verkaufen.« Darüber wollten wir mit den Genossen, die an einer solchen Aktion interessiert sein könnten, reden.

Beim ersten Zusammentreffen im Hof teilte ich Massimo*, Claudio** und Rocco*** meinen Plan mit.

Roberto mußte ich nicht viel erklären. Wir kannten uns seit einer Ewigkeit und waren uns rasch einig, auch dieses Mal gemeinsam vorzugehen.

Auch Massimo sagte gleich zu. Seit Monaten war er in Isolationshaft. Kaum in Nuoro angekommen, hatte er versucht, den Genossen seine Zweifel mitzuteilen. Er hatte ein kurzes Diskussionspapier verfaßt, mit dem Erfolg, daß er von den anderen argwöhnisch und als potentieller Verräter beäugt wurde.

Claudio zögerte; er kam aus den NAP, hatte sich im Gefängnis politisiert: er war einverstanden, zur Verbesserung unserer Situation beim Hungerstreik

* *Massimo Gidoni, Psychiater aus Ancona, steuerte die »Papago«, mit der Moretti Waffen der PLO nach Italien brachte. 1985 hat er sich vom bewaffneten Kampf losgesagt.*

** *Claudio Pavesi, »gewöhnlicher« Strafgefangener, in der Haft politisiert, ehemaliges Mitglied der NAP, zu 18 Jahren verurteilt, hat sich vom bewaffneten Kampf losgesagt.*

*** *Rocco Micaletto, Brigadist, Fabrikarbeiter aus Turin, gehörte der zweiten Generation der Roten Brigaden an. Für die Moro-Entführung zu 30 Jahren Haft verurteilt.*

mitzutun, aber nur solange seine Gesundheit es zulasse. Sterben wollte er nicht.

Rocco war von der Zweckmäßigkeit des Hungerstreiks nicht überzeugt; einerseits wollte er gern mitmachen, damit etwas in Gang kam, sich veränderte; andererseits wollte er nicht ganz mit den »harten« Genossen brechen. Er wollte Bedenkzeit bis zu dem Tag, an dem wir den Beginn der Aktion festlegten. Ich kannte Rocco aus der Zeit, als er in einer Turiner Fabrik arbeitete. Er war immer schon so gewesen: unschlüssig, unfähig, klare, unwiderrufliche Entscheidungen zu treffen. Er wollte mit allen auskommen. Aber ich war sicher, daß er mitmachen würde, sobald ich sagte: »Am Soundsovielten fangen wir an.«

Anfang Dezember waren wir bereit, den Hungerstreik zu beginnen: außer mir und Franco noch Roberto, Massimo, Claudio und, wie vorauszusehen, auch Rocco. Vorher wollten wir aber noch mit Don Bussu, dem Kaplan, sprechen. Er hatte den Dialog mit uns gesucht. Wir wußten, daß er in Ordnung war. Er hatte am nationalen Kongreß der Gefängniskaplane teilgenommen, wo in einer Resolution die Schließung der Sonderstrafanstalten und die Abschaffung von Artikel 90 gefordert worden war.

Diesmal bitte ich ihn um ein Gespräch. Durch eine Glasscheibe getrennt, dürfen wir miteinander reden. Ich erzähle ihm nicht von unseren Absichten, sondern frage ihn nur, ob er in seiner Zeitschrift »L'Ortobene« einen Brief von mir und anderen Genossen abdrucken könne, in dem die Lebensbedingungen dieser Anstalt beschrieben werden. Er sagt zu. Am 3. Dezember 1983 beginnen wir den Hungerstreik. Ich bin als erster an der Reihe. Morgens um acht, als der Unteroffizier seinen Kontrollgang macht, sage ich ihm durch das Guckloch: »Teilen sie dem Direktor mit, daß ich ab jetzt im Hungerstreik bin.« Mein Satz – in einem Atemzug, mit leicht zitternder Stimme hervorgepreßt, obwohl ich versucht habe, so ruhig wie möglich zu bleiben – scheint ihn nicht zu beeindrucken. Er schaut gleichgültig zu mir herüber und geht.

Im Laufe des Vormittags läßt mich Felice Bocchino, der Direktor, holen. Unsere Idee scheint ihn zu amüsieren. Er meint, für einen »historischen Führer« wie mich müsse der Übergang von gewaltsamen Aktionen zum Hungerstreik ein ziemlicher Abstieg sein: »Das nenne ich wirklich tief gesunken.« Sein Sarkasmus trifft mich nicht, ich erinnere ihn nur an seine Pflichten: »Halten Sie bitte gemäß Vorschrift 13 die Motive für meinen Hungerstreik fest.« Sofort fällt er in seine Rolle als Staatsbeamter zurück und schreibt auf das dafür vorgesehene Formular, was ich ihm diktiere: Alberto Franceschini trete in den Hungerstreik, um die Schließung der Strafanstalt von Nuoro und aller Hochsicherheitstrakte zu erreichen. Ich grüße und kehre in meine Zelle zurück.

Die Wirkung ist unmittelbar. Beim Spaziergang im Hof treffe ich nur die anderen fünf Genossen, die wie ich in Hungerstreik getreten sind. Daß man uns von den anderen abgesondert hat, stört uns nicht. Die Sonne scheint mild, wir setzen uns auf den Boden, ruhig, friedlich, wir haben das Gefühl, eine Last abzulegen.

Zehn Tage lang passiert gar nichts. Wir essen nichts, die Wachen schikanieren uns, sie verfluchen uns auf sardisch, aber ich verstehe den Sinn ihrer Worte trotzdem: »Hoffentlich bleiben sie hart, wie die Iren, dann sind wir die Idioten los.« Die anderen Gefangenen ignorieren uns, gehen ihrer Routine nach, als sei nichts geschehen. Nur Salvatore Bussu, der Kaplan, ist ehrlich besorgt. In seiner Zeitschrift hat er unseren Brief, der die Gründe des Hungerstreiks erklärt, abgedruckt, aber es hat überhaupt nichts genützt. Jeden dritten Tag treffen wir uns im Besuchszimmer, das durch eine Scheibe geteilt ist. Er sieht, wie schnell ich abnehme, und rät mir, wieder zu essen, nicht mein Leben wegzuwerfen. »Ich kann nicht mehr zurück«, sage ich ihm, »unsere Situation muß sich ändern. Wir hören nicht auf.« Am fünfzehnten Tag verweigern wir auch das Glas Milch, das wir bisher jeden Morgen getrunken haben. Wir trinken nur noch Wasser.

Ich wiege 48 Kilo, meine Haut ist ganz dünn, fast durchsichtig, ich habe Angst, sie anzugreifen, sie zu zerreißen. Wenn ich meinen Körper ansehe, kommt mir Holger Meins in den Sinn, der erste Genosse der RAF, der im Hungerstreik starb: ich sehe das Bild vor mir, er im Leichenschauhaus mit einer klaffenden Öffnung von der Autopsie. Ich will nicht sterben. Ein Teil meines Lebens ist abgeschlossen.

Ich will weiterleben. Vielleicht ist es schön, mit einem echten Führerschein in der Tasche Auto zu fahren, ihn den Carabinieri zu zeigen, ohne nach der Pistole im Gürtel greifen zu müssen. Auch eine Wohnung mieten, könnte reizvoll sein: um den Preis feilschen – das habe ich nie gemacht –, einen Kredit aufnehmen oder in Raten zahlen, einen Mietvertrag abschließen, ohne Geld aus Banküberfällen im Rücken, nur mit einem kleinen Gehalt. Ich würde dann auch ruhig in eine Bank gehen können, Geld überweisen, einen Scheck unterschreiben, die Stromrechnung bezahlen, ohne Furcht, erkannt zu werden, Belege sammeln, ohne ängstlich daran zu denken, sie vernichten zu müssen. Ich könnte auch mit meinen Wohnungsnachbarn Freundschaft schließen, mich mit meinem richtigen Namen vorstellen, ohne etwas zu befürchten: Alberto

Franceschini. Beruf: ehemaliger Häftling. Es würde keinen Verrat und keine Blutbäder mehr geben.

Vor fünfzehn Jahren hatte ich meine Freiheit darin gesucht, allem davonzulaufen, was mich an den Alberto Franceschini aus Reggio Emilia erinnerte. Ich hatte seine Geschichte verleugnet, als wollte ich sie für immer auslöschen.

Jetzt hingegen mußte ich Alberto Franceschini wieder ausgraben, mußte mich dem stellen, was ich mit Zwanzig verweigert hatte, als ich für die Zerstörung der NATO-Basen eingetreten war. Die Erforschung meines Innenlebens interessierte mich viel zu sehr, als daß ich an Hunger sterben wollte.

Es war sehr kalt in Nuoro. Um einschlafen zu können, mußte ich die Füße eine Weile in heißem Wasser baden. Einschlafen war überhaupt ein Problem geworden. Ich streckte mich auf der Pritsche aus, und kaum hatte ich die Augen geschlossen, träumte ich von Torten, Braten und allen möglichen Speisen. Es stimmt nicht, wenn geschrieben wird, der Magen verenge sich nach einer Weile von selbst. Ich hatte einen Riesenhunger. Vielleicht war der Hunger auch nur im Kopf, aber das ist dasselbe, es ist trotzdem Hunger, ein größerer noch, als der, den der Magen zu den gewohnten Zeiten anmeldet.

Es war bald Weihnachten, und im Fernsehen sah man ununterbrochen Werbung für Kuchen und andere Süßigkeiten. Ich sah sie mir an, ohne zu reagieren, ohne abzuschalten: es war eine Folter, der ich standhalten mußte.

Der Direktor ließ mich holen.

»Der Unteroffizier hat mir erzählt, daß ihr nur mehr Wasser trinkt.« Er nahm mich nicht mehr auf den Arm, wie an dem Tag, an dem ich den Hungerstreik angekündigt hatte: endlich hatte er begriffen, daß wir nicht Spaß machten.

»Dann meint ihr es ernst, wenn ihr nur mehr Wasser trinkt. Ich muß mich schon wundern über Sie, Franceschini, ich habe Sie immer für einen intelligenten Menschen gehalten ... Sind Sie sich dessen bewußt, daß die Politiker Moro sterben haben lassen? Glauben Sie, die interessieren sich für Sie und Ihre Genossen?« Ich konnte nur antworten: »Uns können sie nicht sterben lassen.«

Auch Salvatore, der Kaplan, war beunruhigt, weil wir nur mehr Wasser tranken. Durch die Glasscheibe sagte er mir, er habe mit dem Bischof darüber gesprochen.

Am Heiligen Abend herrschte Feststimmung. Erstmals seit zwei Jahren gestattete der Direktor den Kauf zusätzlicher Lebensmittel. Lächelnd teilte er mir das mit und meinte, im Grunde sei er gar nicht so gemein, wie wir glaubten: »Im Ministerium scheren sie sich nicht um euch, aber ich komme euren Forderungen entgegen. Ich habe euren Genossen erlaubt, alle Nahrungsmittel zu kaufen, die sie sich wünschen.« Vor dem Fenster schwebten Hühner, Weihnachtskuchen und Koteletts an einer »Seilbahn« von Zelle zu Zelle.

Nachmittags kam der Kaplan und sagte, der Bischof stehe auf unserer Seite: »Ich habe ihm die Situation erklärt und gesagt, daß ich morgen aus Protest im Gefängnis keine Messe lesen werde. Er ist einverstanden damit.«

Die Nachricht, daß Don Bussu in Bad 'e Carros keine Messe zelebrieren wird, kommt in den Abendnachrichten. Am nächsten Morgen läßt mich der Direktor holen: in seinem Büro wartet der Bischof. Er hat ein freundliches, fröhliches Gesicht und klare, sehr lebhafte Augen. Ich weiß nicht, wie ich mich verhalten soll. Vielleicht sollte ich ihm den Ring küssen? Ich gebe ihm nur die Hand. Wir setzen uns. Der Bischof beginnt das Gespräch, nennt mich »Bruder« und sagt, er fühle sich denen, die leiden, nahe. »Die Haftbedingungen müssen sich unbedingt ändern«, sagt er ruhig, »der Staat muß human sein, nur so kann er seine Rechtsprechung glaubwürdig machen.« Der Direktor versucht, sich zu rechtfertigen: er sei nur Befehlsempfänger, die Verantwortung für die Gefängnisordnung von Nuoro liege allein beim Ministerium. Er wäre sehr froh, wenn er andere Anordnungen erhalten würde.

Ich berichte den Genossen von dem Gespräch: wir fühlen uns schon als Sieger, es ist, als spürten wir keinen Hunger mehr.

Am Nachmittag steht ↑ Marco Pannella in meiner Zelle. »Ich werde euch unterstützen«, sagt er. Er will wissen, ob wir wie die Iren bis zum bitteren Ende durchhalten wollen oder ob wir Vermittlung suchen. Seine Frage ist mehr als berechtigt, er ist ein Hungerstreikexperte. Ich sage ihm die Wahrheit, sage, daß wir nicht sterben wollen: Zweck unserer Aktion sei vor allem die Änderung der Lebensbedingungen in den Sonderstrafanstalten und in den Hochsicherheitstrakten. Der bewaffnete Kampf stecke in einer irreversiblen Krise, und vom Standpunkt des Justizministeriums aus müsse es doch absurd sein, die Gefängnisse nach der alten Logik weiterzuführen. Die Häftlinge seien in Bewegung geraten, immer stärker verbreite sich das Gefühl, am »Ende einer Ära« angelangt zu sein. Das sei die richtige Gelegenheit, einen neuen Dialog zwischen den Institutionen und den Häftlingen in Gang zu bringen. Wenn das Ministerium imstande sei, uns zu verstehen und unsere Forderungen akzeptiere, dann könne in den Gefängnissen ein neues Zeitalter anbrechen.

Pannella sagt uns seine Unterstützung zu und kehrt sofort nach Rom zurück. Am Abend werde ich vom Arzt untersucht. Wegen Herzrhythmusstörungen ordnet er meine unverzügliche Einlieferung ins Krankenhaus an.

Endlich bin ich die Dohlen und die schwere Luft von Bad 'e Carros los. Ich werde allein in einem Dreibettzimmer untergebracht und von den Carabinieri bewacht. Einen halben Tag später treffen nach und nach auch die anderen fünf Genossen ein.

Wir stehen im Mittelpunkt des öffentlichen Interesses. Im Krankenhaus herrscht ein ständiges Kommen und Gehen örtlicher und nationaler Behördenvertreter und Journalisten. Alle wollen uns beruhigen und versichern, sich für uns einzusetzen. Wir hätten nicht gedacht, daß unser Protest soviel Aufmerksamkeit und Solidarität bewirken könnte, aber wir trinken weiterhin nur Wasser. Der Primararzt warnt mich: falls ich nicht bald Nahrung zu mir nehme, werde ich in zwei oder drei Tagen nicht wiedergutzumachende gesundheitliche Schäden davontragen. Ich antworte ihm, wir könnten nur aufhören, wenn sich in Nuoro etwas ändere.

Am 30. Dezember um Mitternacht teilt uns der Gefängnisdirektor nach seiner Rückkehr aus Rom die Beschlüsse des Ministeriums mit: Wiedereinführung der Besuchsgespräche ohne trennende Glasscheibe, Kochmöglichkeit in der Zelle, Ende der Einzelhaft, gemeinsame Spaziergänge im Hof. Damit ist der Art. 90 praktisch aufgehoben, ich bin zufrieden. Wir wollen den Hungerstreik aber erst aussetzen, wenn die Nachricht in der Presse erscheint. Am 31. Dezember bestätigen die Tageszeitungen die Aussagen des Direktors. Wir bitten um ein Gespräch mit dem Bischof und teilen ihm die Beendigung des Hungerstreiks mit. Das sind wir ihm schuldig. Unser Erfolg ist seinem Einsatz zu verdanken. Darum soll der Bischof von Nuoro unsere Entscheidung den Journalisten mitteilen.

Mit diesem Hungerstreik gelang es uns – zum ersten Mal – eine wirkliche Verbindung mit der Bevölkerung herzustellen: Hunderte Unbekannter schickten uns Solidaritätstelegramme. Jetzt endlich war die »Beziehung zu den Massen« hergestellt, die wir im bewaffneten Kampf vergeblich gesucht hatten.

Einige Tage später wurden wir ins Gefängnis zurückgebracht. Die Stimmung dort war gelöst, bei den Spaziergängen war die Spannung verflogen: einziges Gesprächsthema war unser Hungerstreik.

Ich traf den Schwarzen und Mario, die unsere Aktion nicht gutgeheißen hatten.

Der Schwarze mit seinem gewohnt gutmütigen Gesichtsausdruck verlor kein Wort über den Hungerstreik, er sorgte sich nur um meine Gesundheit: »Du bist dünn wie ein Faden«, sagte er,»wie lang wirst du brauchen, bis du wieder normal bist?«

Mario dagegen mußte mich wissen lassen, was er von mir hielt: »Du hast die Organisation für einen Teller Linsen verkauft.« Sein Ton war so zweideutig und drohend, als wolle er mir zu verstehen geben, daß die Organisation ihm gehöre, ihm allein, und daß er zu entscheiden habe, wann und wie man sich von ihr löse. Ich warf ihm nicht vor, was ich dachte: seine Irrtümer, seine Doppelzüngigkeit, seinen schäbigen Ehrgeiz. Ich beschränkte mich darauf, ihn an damals zu erinnern, als er mich fragen mußte, ob wir ihn in die Organisation aufnahmen, und fügte hinzu: »Linsen ißt du jedenfalls genug. Gute Erziehung aber heißt, nicht in den Teller zu spucken, aus dem man ißt.« Er hatte in der Tat nichts von dem zurückgewiesen, was wir in unserem Kampf errungen hatten.

Seither haben wir nicht mehr miteinander gesprochen.

Epilog

Am 21. Februar 1987 habe ich mich mit einer vom römischen Gefängnis Rebibbia bestätigten Erklärung öffentlich vom bewaffneten Kampf losgesagt:

Der Unterfertigte, Alberto Franceschini, geboren in Reggio Emilia am 26. Oktober 1947, derzeit Häftling der Strafanstalt Rebibbia in Rom, erklärt in Ergänzung zu früheren Erklärungen und zu seinem Verhalten vor Gericht und anderswo:
– endgültig jede Organisation oder Bewegung terroristischen oder staatsfeindlichen Charakters verlassen zu haben;
– bereit zu sein, die tatsächlich entfalteten Aktivitäten terroristischer oder staatsfeindlicher Art einzugestehen;
– Gewalt als Mittel des politischen Kampfes abzulehnen;
– das eigene Verhalten einer genauen Überprüfung durch die zuständigen Behörden zu unterwerfen und es nunmehr objektiv und unmißverständlich mit jeglicher Verbindung zu Gruppen terroristischen oder subversiven Charakters für unvereinbar zu halten;
– sich folglich VOM TERRORISMUS LOSGESAGT zu haben gemäß Art. 1 des kürzlich verabschiedeten Gesetzes »Maßnahmen zugunsten derer, die sich vom Terrorismus lossagen«, dessen Anwendung auf sich er von den zuständigen Richtern erbittet.

Alberto Franceschini

Alberto Franceschini mit seinen Eltern, 1987

Nachwort der Herausgeber

Als wir ihn das erste Mal trafen, saß er in einer Zelle von Fornelli, dem Hochsicherheitstrakt auf Asinara. Wie seine Gefährten, die inhaftierten Führer des roten und schwarzen Terrorismus, wandte er sich seinen Besuchern nicht zu. Er saß auf der Kante seiner Pritsche und las ostentativ in einem Buch weiter, um zu signalisieren: »Ich brauche kein Verständnis und keine schönen Worte, unsere Sache wird siegen.« Obwohl er hier »lebendig begraben« war, gab er keinen Augenblick dem natürlichen Impuls nach, auch nur ein Wort mit jemandem zu wechseln, der aus einer Welt kam, die ihm seit Jahren versagt war. Es war die Zeit des blindwütigen Terrorismus; noch trat niemand diesem »Projekt des Todes« mit der nötigen Entschlossenheit entgegen. An diesem Tag in Fornelli ernteten wir nur haßerfüllte Blicke.

Einige Jahre später sahen wir ihn zum zweiten Mal, wieder in einer Sonderabteilung, diesmal im Gefängnis Bad 'e Carros in Nuoro. Wir hatten gebeten, mit Brigadisten, die sich dazu bereit erklärten, ein Gespräch über den bewaffneten Kampf führen zu dürfen. Wir waren erstaunt, als wir ihn aus der Zelle kommen sahen, wie er sich durchsuchen ließ und, von drei Beamten begleitet, in das kleine Zimmer kam, das der Direktor für das Gespräch zur Verfügung gestellt hatte. Es war kein Interview, sondern ein Monolog, in dem er die während der langen Haft angestaute Wut abließ. Eine Wut gegen die Gesellschaft, gegen ihre Institutionen und Repräsentanten. Gegen die »pentiti«, die niederträchtigen Denunzianten, allen voran Patrizio Peci. Nur einmal unterbrach er seinen nervösen Redefluß: als wir ihn fragten, ob nicht auch jene niederträchtig waren, die Pecis Bruder Roberto umgebracht hatten. Nach einer kurzen Pause fuhr er, ohne zu antworten, mit dem Monolog fort. Er erklärte die Schutzmechanismen gegen das Gefängnisleben, die Persönlichkeitsspaltung, um den Verstand zu retten. Aber er ging nicht weiter darauf ein, sagte, wenn er alle Überlebensmechanismen offenlegen würde, dann könnte die Gefängnisaufsicht ihre Methoden der Häftlingsvernichtung verfeinern. Die Idee zu flüchten habe er nicht aufgegeben, und hätte er eine Pistole gehabt, hätte er sie ohne Zögern dazu eingesetzt.

Später gestand er uns, es sei das erste Mal seit seiner Verhaftung gewesen, daß er mit jemandem von draußen gesprochen habe. Es gab Momente, in denen hinter dem Terroristen der Mensch erkennbar war. Als er zum Beispiel vom

Zellenwagen erzählte, von der »Weltsicht«, die man dort drinnen habe. Die Männer, Frauen und Kinder, die er auf dem Gehsteig draußen sah, kamen sicher nicht auf den Gedanken, daß in diesem Wagen ein menschliches Wesen in Ketten sie beobachtete. Wir werteten dieses Gespräch als ersten, vielleicht unbewußten Schritt des Brigadistenführers in Richtung Tunnelausgang. Bevor wir uns verabschiedeten, zeigte er auf ein »Penthouse« auf seiner Zellenpritsche: »Im Grunde sind wir keine Monster«, kommentierte er, »wir sind nicht aus Stein.«

Als wir Bad 'e Carros verlassen hatten, fragten wir uns, ob das die ersten Auswirkungen der verschärften Haftbedingungen waren. Aber das schien uns doch zu vereinfachend, gemessen an der Persönlichkeit dieses Mannes, den wir langsam kennenlernten und den viele als den eigentlichen Führer der Roten Brigaden bezeichneten.

Das war 1983. Wenige Monate später sollte er Protagonist des ersten, aufsehenerregenden Hungerstreiks inhaftierter Brigadisten sein. Wir besuchten ihn im Krankenhaus, in das er auf ärztliche Anordnung eingewiesen worden war: er war abgemagert bis auf die Knochen, wirkte aber immer noch »unbeugsam«. Diesen Terroristen Seite an Seite mit Bischöfen und Kaplänen in einem friedlichen Kampf zu sehen, beeindruckte uns sehr. Hier war ein Plan im Entstehen, dessen Konturen in seinem Inneren allmählich Gestalt annahmen. Dieser Protest war der erste Dialog mit den Institutionen, die bisher hart und entschieden bekämpft worden waren.

Erst zehn Monate später konnten wir mit dem offiziell immer noch »Unbeugsamen« in einem Zimmer des römischen Gefängnisses Rebibbia ein ausführliches Gespräch ohne künstliche Barrieren führen. Er war provisorisch dorthin verlegt worden, damit er eine Frau treffen konnte, in die er sich im Verlauf eines Briefwechsels verliebt hatte. Auch sie war wegen Zugehörigkeit zu einer bewaffneten Vereinigung in Haft. Er ließ uns einen Brief lesen, den er gerade an sie abschicken wollte: Liebesworte eines Mannes an eine Frau – zwei Menschen, die sich gefunden hatten und auf ihre Zukunft hofften.

Und dann sprach er über sich selbst. Er holte weit aus, begann bei seiner Kindheit: wie er auf den Schultern seines Vaters an den Kundgebungen teilgenommen hatte; wie er vierzehnjährig, wie die Kinder vieler Kommunisten, seine Ferien in der Sowjetunion verbracht hatte. Er erzählte von seinen Aktivitäten im Jugendverband der Kommunistischen Partei von Reggio Emilia, dessen Sekretär er hätte werden sollen. Erinnerungen voller Einzelheiten, Namen und Begebenheiten. Aber je näher er der Zeit der Roten Brigaden kam, desto mehr Zurückhaltung und Widerstände zeigte er. Nicht Renato Curcio,

Mara Cagol, Mario Moretti tauchten in seinen Erinnerungen auf, sondern anonyme Genossen agierten in anonymen Situationen. Die verständliche Sprache, in der er zu erzählen begonnen hatte, wich dem Brigadisten-Jargon. Die Gespenster der Vergangenheit holten ihn ein: der Mythos der Arbeiterklasse, der »Verrat« der kommunistischen Partei, die Avantgarde, die den Kampf anführte, das Warten auf den endgültigen Schlag. Sollte sein Wortschwall dem Zerbröckeln »seines« Gebäudes entgegenarbeiten?

Wir hatten zwanzig bis dreißig Stunden Gespräch aufgezeichnet. Aber es war nicht seine Geschichte der Roten Brigaden. Es war erst eine Spur, eine Skizze, die noch vervollständigt werden mußte. Sie konnte erst an Gehalt gewinnen, wenn er sich vollständig und unwiderruflich von der Vergangenheit lösen und innere Widerstände abbauen würde. Er mußte den Terrorismus hinter sich lassen, ein »ehemaliger Terrorist« werden.

Und das geschah auch. »Dieses Interview hat eine entscheidende Phase eingeleitet«, sagte er uns später. »Zum ersten Mal war ich in der Lage, laut über meine, über unsere Geschichte nachzudenken, Irrtümer und Schuld einzugestehen, mich einem Leben zu stellen, das nicht mehr nur Gefängnisdasein war, sondern das Leben der Welt draußen, deren Stellvertreter ihr für mich wart, miteinbezog. Es war, als ob Stunde um Stunde das Gewicht der Vergangenheit von mir abfiel, das mich bisher gehindert hatte, über meine Zukunft zu entscheiden.«

Außergewöhnlich war, wie er sich vom bewaffneten Kampf loslöste. Er verleugnete niemals seine Vergangenheit, sondern versuchte zwischen ihr und der Zukunft zu vermitteln. Ein vielleicht einmaliger Weg in der Geschichte des Terrorismus, sowohl wegen der Komplexität als auch wegen des Formats dieses Menschen. Eine Mischung aus militärischem Anführer und Ideologen. Er übernahm die Verantwortung für die aufsehenerregende Entführung des Richters Sossi, in deren Verlauf er sich gegen die Beschlüsse Renato Curcios und Mario Morettis durchsetzte.

Einige Jahre später sahen wir ihn wieder. Er hatte sich mittlerweile offiziell vom Terrorismus losgesagt, bald sollte er Ausgeherlaubnis erhalten. Er ist ganz in die Aktivitäten von Rebibbia eingebunden, er arbeitet für den kommunistischen Kulturverein »Arci« und redigiert die Gefangenenzeitschrift »Ora d'aria«. Die Roten Brigaden liegen hinter ihm, sind Vergangenheit, die er vergessen will. Das hindert ihn abermals, seine Geschichte der Roten Brigaden zu erzählen. Er will nicht alte Wunden aufreißen, die mühsam verheilt sind. Als er uns sieht, überkommt ihn ein Unbehagen, als müßte er wieder in sein altes Leben zurückkehren. Schließlich willigt er ein – ohne große Begeisterung.

Aber bald begeistert ihn die Sache doch. Als die ersten Kapitel Gestalt annehmen, füllt er das von uns in großen Zügen Vorgegebene mit Daten, Fakten und Figuren auf. Vor seinem inneren Auge läßt er den Film seines Lebens noch einmal ablaufen, setzt die in seiner Erinnerung verstreuten Mosaiksteine wieder zusammen. »Es war meine Geschichte, die schriftlich festgehalten wurde. Dieses Buch war nicht nur eures, sondern auch meines. Ich konnte es nicht euch allein überlassen. Ich bekam eine unbändige Lust, unsere Fehler begreiflich zu machen und zu verhindern, daß uns andere auf dem Weg der Gewalt nachfolgten.«

Er akzeptiert eine einfache Sprache. »Damit auch die Zwanzigjährigen verstehen, die von uns gar nichts wissen«, sagt er und erzählt, was er vorher verschwiegen hat. Er nennt auch die Namen der Genossen, allerdings nur die Namen jener, denen schon der Prozeß wegen Zugehörigkeit zu den Roten Brigaden gemacht worden ist. Den der Justiz nicht bekannten Brigadisten haben wir andere Namen gegeben und sie in den Fußnoten als »nicht identifizierte Brigadisten« ausgewiesen. Aus einer Art Scham hat sich Franceschini nicht an der Erstellung der Fußnoten beteiligt und eine mehr als berechtigte Bedingung gestellt: nur jene Ereignisse erzählen zu müssen, bei denen er selbst eine unmittelbare Rolle spielte.

Gegen Ende der Arbeit, als »seine« Roten Brigaden schwarz auf weiß vorliegen, wird ein Jugendlicher nach Rebibbia überstellt. Man hat ihn wegen Beteiligung am Mord General Giorgieris, dessen politische Urheberschaft die »Unione dei combattenti comunisti« übernahm, verhaftet. »Ich wollte ihn beschimpfen«, erzählt der »alte« Brigaden-Führer, »meinen ganzen Haß auf ihn loslassen, einen Haß gegen diese erwachsenen Kinder, die zur Pistole greifen, um alles und jeden zu bekämpfen, um eine Minute nach der Verhaftung alles wieder zu bereuen. Ich hatte zehn Jahre verschärfte Haft hinter mir, ehe ich mich vom Terrorismus lossagte und in dieses Gefängnis kam. Sie aber haben die Beichte schon in der Tasche, die ihnen nach ein paar Monaten eine gemütliche Zelle in Rebibbia garantiert. Das wollte ich ihm sagen, aber er ist mit gesenktem Blick auf mich zugekommen und hat losgeheult. Ich konnte nicht anders, ich mußte ihm ein Eis kaufen. Dann habe ich ihm stundenlang von früher erzählt. Er war eine traurige Figur: ein psychisch haltloser Jugendlicher ohne festen kulturellen Bezug, zornig auf etwas nicht genauer Definiertes, bis zur Verhaftung überheblich und den Brigadisten nacheifernd, wie wir den Partisanen nacheiferten. Aber die Brigadisten entstammen einem ganz anderen Umfeld. Ich habe mir gesagt, daß wir, die alten Brigadisten, anders gewesen sind.

Aber dann habe ich mich dabei ertappt, ihm das gleiche vorzuwerfen, was man uns vorgeworfen hat.«

Franceschini hat nie jemanden umgebracht, auch wenn der Tod sein Leben begleitet hat: »Ich könnte mich herausreden und sagen, daß ich schon im Gefängnis war und daher für die Toten, für Coco, Rossa, Moro und all die anderen nicht direkt verantwortlich bin. Aber wenn man etwas ins Leben ruft – und ich habe zumindest mitgeholfen, die Roten Brigaden zu gründen –, dann darf man seine Verantwortung nicht mit dem Satz leugnen: ›Ich war nicht dabei.‹«

Die Toten lasten auf seinem Gewissen. Unauslöschlich. So wie die Erinnerung an Mara Cagol und an ihren Tod unauslöschlich ist. Ihre Beziehung ging über den gemeinsamen Kampf hinaus. Auch Zärtlichkeit gehörte zum Leben der Terroristen: es war ihnen wichtig, die Trennung von Öffentlichem und Privatem zu überwinden. Heute hat sich Alberto Franceschini, geboren in Reggio Emilia am 26. Oktober 1947, auch in dieser Hinsicht von seiner Vergangenheit gelöst: er will, daß seine Privatsphäre privat bleibt.

Pier Vittorio Buffa – Franco Giustolisi

Anhang

Amendola, Giorgio, 1907–1980. Unter den italienischen Kommunisten galt Amendola stets als Außenseiter: er stammte aus einer Familie des liberal-demokratischen Bürgertums und trat der Partei 1929 nur deshalb bei, weil sie die stärkste antifaschistische Kraft darstellte. Nach mehreren Jahren Gefängnis schloß er sich der Widerstandsbewegung (↑ *Resistenza*) an und war Mitglied der ↑ *KPI*-Führung im deutsch besetzten Oberitalien. Im Gegensatz zu ↑ *Secchia* unterstützte er ohne Vorbehalte ↑ *Togliattis* Linie des Parlamentarismus und der demokratischen Zusammenarbeit mit der Democrazia Cristiana. Amendola war der prominenteste Vertreter des rechten Parteiflügels und bereitete theoretisch den Bruch der KPI mit ihrer marxistisch-leninistischen Vergangenheit vor.

Andreotti, Giulio, geb. 1919. Andreotti sammelte seine ersten politischen Erfahrungen in der katholischen Laienbewegung und war einer der engsten Mitarbeiter Alcide De Gasperis bei der Gründung der Democrazia Cristiana. Nach Kriegsende war Andreotti in sämtlichen Legislaturperioden Abgeordneter des italienischen Parlaments. 1947 trat er als Staatssekretär in die Regierung De Gasperi ein, danach war er mehrmals Minister verschiedener Ressorts und insgesamt sechsmal Ministerpräsident (unter anderem während der Entführung ↑ *Aldo Moros,* zuletzt seit Juli 1989). Andreotti gilt als der mächtigste Mann der Democrazia Cristiana, als überaus geschickter und vorurteilsloser Routinier der Politik. Sein Name tauchte in fast allen großen politischen Skandalen Italiens auf, einschließlich jenem der geheimen Freimaurerloge »Propaganda 2«. Die »Loggia P2« stand im Verdacht, mit Hilfe politisch und wirtschaftlich einflußreicher Persönlichkeiten die staatliche Ordnung Italiens zu unterwandern und die Macht an sich reißen zu wollen.

Autonomia operaia; Sammelbegriff für eine aus zahlreichen heterogenen Gruppen und Kollektiven bestehende linksradikale Bewegung, die gegen Mitte der siebziger Jahre aus der Krise der Organisationen ↑ *Lotta continua* und ↑ *Potere operaio* hervorging. Gemeinsam war den »autonomi« die radikale Ablehnung jeglicher Kompromisse mit dem Staat und seinen Institutionen, den Linksparteien und den Gewerkschaften. In ihren Publikationen »Rosso«

und »Senza tregua« (»Ohne Waffenstillstand«) befürworteten sie die revolutionäre Gewalt, die in einen bewaffneten Aufstand übergehen sollte. Im großen Stil wurde diese Strategie bei der Studentenrevolte von 1977 erprobt, als sich maskierte und bewaffnete »autonomi« unter friedliche Demonstranten mischten und Straßenschlachten mit der Polizei provozierten. Am 7. April 1979 ließ Richter Pietro Calogero die Führer der »Autonomia« und viele ihrer Gesinnungsgenossen in einer landesweiten Razzia der Polizei und der Carabinieri festnehmen und vor Gericht stellen (unter anderem auch ihren Theoretiker ↑ *Toni Negri*). Calogero konnte seine Anklage des bewaffneten Aufstandes gegen den Staat und der direkten Zusammenarbeit mit den Roten Brigaden im Laufe des Verfahrens allerdings nicht erhärten. Unter dem Namen »Autonomia« sind in verschiedenen italienischen Städten immer noch einige versprengte linksradikale Zirkel tätig.

Avanguardia operaia; die stärkste der Organisationen der außerparlamentarischen Linken, die sich am Modell des bolschewistischen Parteiaufbaus orientierten. Die Gruppe war besonders in Mailand aktiv, arbeitete in den Gewerkschaften und verfügte über eine landesweit vertriebene Tageszeitung, »Il quotidiano dei lavoratori«. Der Terrorismus wurde von der Organisation als »kleinbürgerliche Abweichung« verurteilt. Die Avanguardia operaia hat sich während der Krise der außerparlamentarischen Linken Mitte der siebziger Jahre aufgelöst. Ein Großteil der Aktivisten wechselte zur »Democrazia proletaria« über, einem linksradikalen Wahlbündnis, das im italienischen Parlament zur Zeit mit acht Abgeordneten vertreten ist.

Berlinguer, Enrico, 1922–1984, Mitglied der ↑ *KPI* seit 1943, als ihr Sekretär ab 1972 einer der Protagonisten der italienischen Innenpolitik und der internationalen reformkommunistischen Bestrebungen. Berlinguers Theorie des »dritten Weges zum Sozialismus« (neben dem sozialdemokratischen und dem bolschewistischen) wurde zur Grundlage der »eurokommunistischen« Orientierung verschiedener kommunistischer Parteien. Seine Analyse der Krise des »realen Sozialismus« enthielt zahlreiche Elemente, die später von Gorbatschow aufgegriffen wurden. Nach der Verhängung des Ausnahmezustands in Polen im Dezember 1980 vollzog Berlinguer den definitiven Bruch der KPI mit der KPdSU und den anderen »Bruderparteien«. Die außerparlamentarische Linke sah in dem »Revisionisten« Berlinguer einen ihrer Hauptgegner. Ihre Kritik, die in der ersten Hälfte der siebziger Jahre noch von zahlreichen KPI-Mitgliedern geteilt wurde, bezog sich vor allem auf die von ihm propagierte Strategie des ↑ *Historischen Kompromisses*, die sie als Verrat an der revolutionären Perspektive betrachtete. Das änderte allerdings nichts an der außerordentlichen Popularität, die der KPI-Sekretär innerhalb und außerhalb seiner Partei genoß. Berlinguer starb am 11. Juni 1984 an den Folgen eines Gehirnschlags, der ihn während einer Wahlrede in Padua ereilt hatte. An seinem Begräbnis nahmen eine Million Menschen teil, es wurde zur größten Kundgebung in der Geschichte der KPI.

Bordigismus. Amadeo Bordiga (1889–1970) gehörte zu den Gründern der ↑ *Kommunistischen Partei Italiens* und war bis 1923 deren einflußreichste Führungspersönlichkeit. Weil er die Politik der Einheitsfront mit den Sozialisten ablehnte, wurde er von der Parteiführung abberufen und ab 1924 von ↑ *Antonio Gramsci* ersetzt. Während der »Bolschewisierung« der KPI bekämpfte ihn die ehemalige »Ordine Nuovo«-Gruppe um Gramsci, ↑ *Togliatti* und Umberto Terracini als Linksabweichler. Ende 1926 wurde Bordiga von den Faschisten drei Jahre in die Verbannung geschickt (er verbrachte einige Zeit zusammen mit seinem innerparteilichen Gegner Gramsci auf der Insel Ustica). Während dieser Zeit bildeten exilierte italienische Kommunisten in Belgien eine »bordigistische Fraktion«, die mit Trotzki Verbindung aufnahm. 1930, gegen Ende seiner Verbannung, wurde Bordiga in einer Abstimmung von kommunistischen Verbannten als Trotzkist aus der Partei ausgeschlossen.

Cassa integrazione; kurz für »Cassa integrazione guadagni« (Lohnausgleichskasse). Arbeiter, die von ihren Betrieben zeitweilig freigestellt, aber nicht entlassen werden, erhalten aus diesem staatlichen Fonds einen Teil ihres Lohnes ausbezahlt. Während der Krise und der Umstrukturierung der italienischen Industrie war die Cassa integrazione das wichtigste sozialpolitische Instrument zur Eindämmung der Arbeitslosigkeit. 1984 wurde von ihr noch der Ausfall von 746 Millionen Arbeitsstunden abgegolten. Seither sind die Leistungen der Cassa integrazione Jahr für Jahr deutlich zurückgegangen.

Collettivo politico metropolitano, CPM; von Mara Cagol und Renato Curcio in Mailand 1969 mitbegründete Gruppe der extremen Linken. Cagol und Curcio kamen ursprünglich aus der katholischen Jugend und hatten sich an der soziologischen Fakultät der Universität Trient der Studentenbewegung angeschlossen. Ende der sechziger Jahre zogen sie nach Mailand. Das CPM vereinigte autonome Gruppen, die in verschiedenen Mailänder Betrieben (Pirelli, Sit-Siemens) und Schulen entstanden waren, und gab die Zeitschrift »Sinistra proletaria« (»Proletarische Linke«) heraus, deren Redaktion auch Franceschini angehörte. Im November 1969 versammelten sich etwa siebzig Militante des CPM im Hotel Stella Maris in Chiavari an der ligurischen Küste. Renato Curcio hielt ein Grundsatzreferat unter dem Titel »Soziale Kämpfe und Organisation in den Metropolen«, in dem er den bewaffneten Kampf als höchste Form des Klassenkampfes bezeichnete. Praktisch relevant wurde diese Orientierung nach dem Bombenattentat auf die Mailänder Landwirtschaftsbank an der Piazza Fontana am 12. Dezember 1969, bei dem 17 Menschen getötet und 88 verletzt wurden. Die Linke sprach von »Staatsterrorismus« und machte die Neofaschisten und Geheimdienstkreise für den Anschlag verantwortlich, dessen Hintergründe trotz mehrerer Gerichtsverfahren bis heute nicht geklärt werden konnten. Das Massaker auf der Piazza Fontana beschleunigte die Radikalisierung der außerparlamentarischen Linken in ganz Italien. Im Mailänder CPM gewannen nun jene Kräfte die Oberhand, die für die sofortige Aufnahme des bewaffneten Kampfes eintraten. Die Folgen: zwischen 1969 und 1987 wurden in Italien 149 Menschen von der extremen Linken und 63 von internationalen Terrorgruppen ermordet. 26 Tote gehen auf das Konto der extremen Rechten, 181 sind noch ungeklärt, die mysteriösen Auftraggeber vermutet man in den Kreisen in- und ausländischer Geheimdienste, der Loge »Propaganda 2« und der Mafia. Insgesamt gab es in 18 Jahren Links- und Rechtsterrorismus 419 Tote. Zum Vergleich: in nur einem Jahr (1989) ermordeten Mafia, Camorra und 'Ndrangheta im Zuge ihrer Bandenkriege 682 Menschen.

Controinformazione, Gegeninformation; im allgemeinen bezeichnet der Begriff die Gesamtheit der autonomen Informationsorgane der außerparlamentarischen Linken. Außer den Wochen- und Tageszeitungen der Gruppen gab es eine Vielzahl von regelmäßigen Publikationen und Radiostationen (die wichtigsten: »Quaderni Piacentini«, »Primo maggio«, »Aut Aut«, »Ombre Rosse«, »A/traverso«, »L'Erba voglio«, »Re nudo«; Radio Alice, Radio Sherwood, Radio Onda Rossa). Unter dem Titel »Controinformazione« erschien in Mailand eine Monatszeitschrift, die sich im speziellen mit der Entwicklung des Terrorismus und mit der Lage in den Gefängnissen befaßte. Die Zeitschrift veröffentlichte ungekürzt die »strategischen Dokumente« der Roten Brigaden und anderer Organisationen. Mehrere ihrer Redakteure wurden wegen aktiver oder passiver Unterstützung des bewaffneten Kampfes verhaftet und verurteilt.

Dalla Chiesa, Carlo Alberto, geb. 1920, ermordet 1982, General der Carabinieri. Dalla Chiesa hatte sich bereits Verdienste im Kampf gegen die sizilianische Mafia erworben, als er 1974 nach Turin berufen wurde und neue Wege bei den bislang erfolglosen Ermittlungen gegen die Roten Brigaden einschlug. Dalla Chiesa schleuste den ehemaligen Franziskaner und bolivianischen Guerillero Silvano Girotto (»Bruder Maschinengewehr«) in die Roten Brigaden ein, durch ihn gelang die Verhaftung Curcios und Franceschinis. Nach der Ermordung ↑ *Aldo Moros* übernahm der mit praktisch unbeschränkten Vollmachten ausgestattete General im August 1979 die Koordination der Anti-Terror-Maßnahmen in ganz Italien. Die Verhaftung ↑ *Patrizio Pecis* im Februar 1980 brachte schließlich die entscheidende Wende: durch ihn erhielt Dalla Chiesa Einblick in die Organisationsstruktur der Roten Brigaden. Bald entschlossen sich auch andere zur Zusammenarbeit mit der Justiz (↑ *pentito*): Roberto Sandalo, Marco Barbone, Michele Viscardi (alle ↑ *Prima linea*), Antonio Savasta (Rote Brigaden). Der Terrorismus war am Ende. Am 17. März 1981 entdeckte die Finanzpolizei bei einer Hausdurchsuchung in der Villa Licio Gellis in Castiglion Fibocchi (Arezzo) die geheimen Mitgliederlisten der Loge »Propaganda 2«. Dabei stellte sich heraus, daß Dalla Chiesa 1976 ein Ansuchen um Aufnahme gestellt hatte, aber von Gelli auf eine Warteliste gesetzt worden war. Der General erklärte dazu, er habe der Loge beitreten wollen, um Ermittlungen einzuleiten. Im April 1982 wurde Dalla Chiesa zum Präfekten von Palermo ernannt und gab dort deutlich zu verstehen, daß er den Kampf gegen die Mafia mit demselben Einsatz zu führen gedenke wie zuvor den Kampf gegen den Terrorismus. Auf die Sondervollmachten, die ihm bei seiner Ernennung zum Präfekten versprochen wurden, wartete er vergeblich. Vom Establishment Palermos isoliert und von der Regierung in Rom im Stich gelassen, starb Carlo Alberto Dalla Chiesa am 3. September 1982 gemeinsam mit seiner Frau und einem Sicherheitsbeamten im Kugelhagel eines Mafia-Kommandos.

Feltrinelli, Giangiacomo, 1926–1972, Milliardär, Verleger, Terrorist. Feltrinelli entstammte einer der reichsten Familien der Mailänder Aristokratie. Nach dem Krieg investierte er sein Vermögen in den gleichnamigen Verlag, der zu einem der kulturell und politisch wichtigsten Italiens wurde. 1950 gründete er das international angesehene »Institut G. Feltrinelli für das Studium der Arbeiterbewegung«. Auf seinen zahlreichen Reisen nahm Feltrinelli Kontakt zu den revolutionären Bewegungen in der Dritten Welt auf, mit Fidel Castro verband ihn eine enge Freundschaft. In Italien frequentierte er den Kreis alter Partisanen um ↑ *Pietro Secchia* und finanzierte marxistisch-leninistische Gruppen, die sich Mitte der sechziger Jahre von der ↑ *KPI* abspalteten. Nach dem gescheiterten Versuch, das kubanische Revolutionsmodell auf Sardinien zu übertragen und dafür den Banditen Graziano Mesina zu gewinnen, gründete er gemeinsam mit ehemaligen kommunistischen Partisanen die ↑ *GAP* (»Gruppi di Azione Partigiana«) und nahm den Decknamen »Osvaldo« an. Spätestens zu diesem Zeitpunkt nahm die Revolutionsromantik Feltrinellis sonderbare Züge an: unter anderem schlug er im Garten der Villa eines befreundeten Malers in Grado ein Zelt auf, zog sich einen kubanischen Tarnanzug an und übte sich im Handgranatenwerfen. Feltrinelli rechnete mit einem unmittelbar bevorstehenden Staatsstreich in Italien. Die GAP sollten sich in diesem Fall auf die Berge zurückziehen und den Partisanenkampf beginnen. Der Verleger wurde im März 1972 bei dem Versuch, einen Hochspannungsmast zu sprengen, von einer Bombe zerfetzt. Der Mast befand sich auf einem Grundstück, das ihm gehörte.

Fiat. Ende der sechziger Jahre beschäftigten die Turiner Fiat-Werke an die 160 000 Arbeiter und Angestellte. Die meisten von ihnen waren erst vor kurzem aus dem Süden zugewandert und machten in Turin ihre ersten Erfahrungen mit der eisernen Disziplin und dem extremen Arbeitstempo der Fließbandproduktion. Aus dem Zusammenprall verschiedener Welten erklärt sich die Härte der Arbeitskämpfe, die im Herbst 1969 einsetzten, und deren Formen vom Streik bis zu Sabotage und gezielter Gewaltanwendung gegen Vorarbeiter und leitende Angestellte reichten. Auf die rebellischen jungen Arbeiter aus dem Süden hatten die in der Turiner Arbeiterschaft verankerten Gewerkschaften und die ↑ *KPI* wenig Einfluß: in den Fiat-Werken bildeten sich autonome Arbeitergruppen, die mit linksradikalen Studenten in Kontakt traten und den Automobilgiganten durch Fabrikbesetzungen und Lahmlegung der Produktion sabotierten. Für die Roten Brigaden waren die Fiat-Werke von Anfang an politischer Bezugspunkt und Rekrutierungsfeld (62 Fiat-Arbeiter haben sich aktiv dem Terrorismus angeschlossen). Die Ablösung der Fließbänder durch flexiblere und weniger verletzliche Produktionssysteme im Zuge der technologischen Erneuerung ermöglichte es dem Fiat-Management in der zweiten Hälfte der siebziger Jahre, das fabrikinterne Konfliktpotential abzubauen und Teile der Belegschaft auf seine Seite zu ziehen. Die Entlassung von 14 000 Arbeitern im Herbst 1980 schließlich brachte die Wende: die Gewerkschaften waren machtlos, sie konnten auch den Abbau von weiteren 40 000 Arbeitskräften (bis 1984) nicht mehr verhindern.

GAP, Gruppi di Azione Patriottica. Die historischen GAP waren in den Städten operierende Partisaneneinheiten, die während der ↑ *Resistenza* mit Überfällen, Sabotageakten und Bombenanschlägen die deutsche Besatzung und ihre faschistischen Kollaborateure terrorisierten. Einer ihrer Kommandanten,

Giovanni Pesce, hat seine dramatischen Erlebnisse in dem Buch »Senza tregua« (»Ohne Waffenstillstand«) geschildert, das Anfang der siebziger Jahre in der extremen Linken zirkulierte und bei der Gründung der gleichnamigen Zeitschrift Pate stand. Zu literarischen Ehren gelangten die GAP durch Elio Vittorinis Roman »Uomini e no« (dt. Titel: »Dennoch Menschen«). Zur Terrororganisation GAP ↑ *Feltrinelli.*

Gramsci, Antonio, 1891–1937. Mitbegründer der ↑ *KPI* und ihr bedeutendster marxistischer Theoretiker. 1924 wurde Gramsci zum Parteivorsitzenden ernannt und übte dieses Amt bis zu seiner Verhaftung 1926 aus. In seinen erst 1976 zur Gänze publizierten Gefängnisaufzeichnungen »Quaderni dal carcere« legte Gramsci eine originelle und von der traditionellen marxistisch-leninistischen Theorie zum Teil abweichende Philosophie der Geschichte und der politischen Praxis vor. Er behauptete, die Arbeiterklasse könne die politische Macht erst erobern, nachdem sie die kulturelle Hegemonie erlangt hat. Diese Theorie wurde von der KPI nach dem Krieg immer wieder zur Begründung ihres eigenständigen Weges herangezogen. Gramsci starb 1937 in einem römischen Gefängnis.

Historischer Kompromiß, compromesso storico; der Begriff wurde von ↑ *Enrico Berlinguer* geprägt, der im Oktober 1973, kurz nach dem Staatsstreich in Chile, in der theoretischen Zeitschrift der ↑ *KPI*, »Rinascita«, die Bildung einer großen Allianz zwischen der kommunistischen und der katholischen Bewegung vorschlug, um den wirtschaftlichen Niedergang und die politische Spaltung des Landes zu verhindern. Vorbild für den Historischen Kompromiß war die Zusammenarbeit der antifaschistischen Parteien in den Jahren 1943–1947. Berlinguer befürchtete, daß die Radikalisierung der Arbeiter und Studenten auf der einen Seite und die Mobilisierung der extremen Rechten auf der anderen zur Errichtung eines autoritären Regimes führen könnte. Eine linke Alternative hielt er in Italien selbst dann nicht für realisierbar, wenn Kommunisten und Sozialisten gemeinsam einen Stimmenanteil von 51% erreichen sollten. Ähnlich wie ↑ *Togliatti* definierte Berlinguer die Democrazia Cristiana nicht als konservative Antithese der Linken, sondern als politische Vertretung der Klasseninteressen des Kleinbürgertums und des Mittelstandes und damit als möglichen Bündnispartner. In der Wende zum Historischen Kompromiß sah ↑ *Aldo Moro* eine Chance, die KPI aus ihrer ewigen Oppositionsrolle herauszuführen und in die Regierungsverantwortung einzubinden. Praktisch erschöpfte sich die Strategie des Historischen Kompromisses in der parlamentarischen Unterstützung der »Regierungen der nationalen Solidarität«

(1976–1979), die den Kommunisten erhebliche Verluste brachte: bei den Wahlen im Juni 1979 verloren sie vorwiegend bei Jungwählern eineinhalb Millionen Stimmen. Wenige Monate später erklärte Berlinguer den Historischen Kompromiß für beendet und verkündete als neues Ziel eine »demokratische Alternative« von Kommunisten und Sozialisten gegen die Democrazia Cristiana.

Kommunistische Partei Italiens, KPI ↑ *Partito Comunista Italiano.*

Lotta continua; größte und führende Organisation der außerparlamentarischen Linken in Italien. Lotta continua (wörtl.: »ständiger Kampf«) war ursprünglich der Name einer Wochen- und später Tageszeitung, die bald zum bevorzugten Forum von Studenten und jungen Arbeitern wurde und die bunte Vielfalt der italienischen Protestbewegung zum Ausdruck brachte. Unter dem Symbol von Lotta continua, einer geballten Faust, die aus einem Fabrikschlot ragt, koexistierten Gruppen verschiedenster sozialer und ideologischer Herkunft: Marxisten und Anarchisten, Feministinnen und Spontaneisten, von den traditionellen Linksparteien enttäuschte Sozialisten und Kommunisten. Dem antidogmatischen und ideologisch heterogenen Denken entsprach eine flexible und offene Organisationsstruktur, die sich den verschiedensten Bedürfnissen der Bewegung anpassen konnte und kaum einen gesellschaftlichen Bereich ausschloß. Lotta continua hatte sogar eine aktive Gruppe in den Kasernen, die »proletari in divisa« (»Proletarier in Uniform«). Gemeinsam war den Anhängern von Lotta continua die Kritik an der ↑ *KPI* und ihrer Gewerkschaft CGIL, denen sie Verrat an der Revolution und Aussöhnung mit der kapitalistischen Gesellschaft vorwarfen. Die Anwendung von Gewalt wurde von Lotta continua prinzipiell befürwortet. Ob es innerhalb dieser Organisation selbst bewaffnete Kommandos gab, war erst im Frühjahr 1990 Gegenstand eines Gerichtsverfahrens: Adriano Sofri, ehemals Chefideologe von Lotta continua, wurde von einem ↑ *pentito* beschuldigt, die Ermordung des Mailänder Polizeikommissars Luigi Calabresi (1972) angeordnet zu haben; er wurde von einem Gericht in erster Instanz schuldig gesprochen. Lotta continua betrachtete die Roten Brigaden und die anderen Terrororganisationen als Teil der revolutionären Linken, warf ihnen aber eine »kleinbürgerlich militaristische Linie« vor. Seit dem ab 1973 spürbaren Rückgang der Protestbewegung nahm Lotta continua wie die anderen Gruppen immer stärker die Züge einer Partei an, eine Erstarrung, gegen die sich vor allem die militanten Feministinnen wehrten. Der jahrelang schwelende Konflikt zwischen den Frauen und der von Männern beherrschten Führungsgruppe führte im Herbst 1976 beim 2. Kongreß in Rimini schließlich zur Selbstauflösung der Organisation. Ein großer Teil der Militanten zog sich ins Privatleben zurück oder schloß sich den traditionellen Linksparteien an, eine Minderheit wechselte zu ↑ *Autonomia operaia* oder ging in den bewaffneten Untergrund. Ehemalige Mitglieder von Lotta continua fanden sich insbesonders bei den Terrororganisationen ↑ *NAP* und ↑ *Prima linea*.

Moro, Aldo, geb. 1916, ermordet am 9. Mai 1978. Wie ↑ *Andreotti* gehörte auch Moro zum Kreis der jungen katholischen Intellektuellen, die Alcide De Gasperi während des Krieges beim Aufbau der Democrazia Cristiana unterstützt hatten. 1946, mit dreißig Jahren, wurde Moro zum ersten Mal ins Parlament gewählt, zwei Jahre später wurde er Staatssekretär im Außenministerium, 1953 Präsident der christdemokratischen Fraktion im Abgeordnetenhaus, 1959 Parteisekretär. Moro war fünfmal Ministerpräsident (zum letzten Mal 1976). Er galt als ein Meister des politischen Kompromisses, zu seinen Schwächen gehörte, Entscheidungen aufzuschieben oder ihnen auszuweichen. Anfang der sechziger Jahre hatte er durch eine behutsame Öffnung seiner Partei zu den Sozialisten die Phase der Mitte-Links-Regierungen vorbereitet. Mitte der siebziger Jahre verfolgte er einen ähnlichen Plan mit der ↑ *KPI*, unter ↑ *Enrico Berlinguer*: die Politik des ↑ *Historischen Kompromisses*. Seine Absicht, die KPI allmählich in die Regierungsverantwortung einzubinden, stieß nicht nur bei der extremen Linken, sondern auch bei den italienischen NATO-Partnern auf Ablehnung. Der amerikanische Botschafter in Rom, John Volpe, erklärte 1975, ein Eintritt der KPI in die Regierung würde das empfindliche Gleichgewicht der Supermächte gefährden. Moro vertrat demgegenüber die Auffassung, die Aufnahme der kommunistischen Opposition in die Regierung sei eine rein inneritalienische Angelegenheit. Der Präsident der Democrazia Cristiana wurde am Morgen des 16. März 1978 entführt. An diesem Tag sprach das Parlament der 4. Regierung Andreotti das Vertrauen aus: es war die erste Regierung, die auf der Grundlage einer programmatischen Übereinkunft mit den Kommunisten gebildet wurde. Bei der ergebnislosen Suche nach Moro gab es eine Serie von mysteriösen Pannen und Versehen. Drei Jahre später wurde bekannt, daß mehrere hochrangige Offiziere und Beamte im Koordinationskomitee des Innenministeriums Mitglieder der geheimen Freimaurerloge »Propaganda 2« waren. Aus dem »Volksgefängnis« der Roten Brigaden richtete Aldo Moro mehrere Briefe an Parteifreunde und Politiker anderer Parteien, in denen er eine flexiblere Haltung der Regierung gegenüber seinen Entführern forderte. Auch die sozialistische Partei Bettino Craxis befürwortete die Aufnahme von Verhandlungen mit den Roten Brigaden, konnte sich aber gegenüber der harten Linie der Christdemokraten und der Kommunisten nicht durchsetzen. Am 9. Mai fand man die Leiche Moros im Kofferraum eines Autos in der römischen Via Caetani, auf halbem Weg zwischen den Parteihauptquartieren der Democrazia Cristiana und der KPI.

Moscatelli, Vincenzo (Cino), Kommunist. Während der ↑ *Resistenza* Partisanenführer im Piemont. 1947 auf expliziten Wunsch ↑ *Pietro Secchias* Staatssekretär in der letzten antifaschistischen Koalitionsregierung De Gasperis. Unter den ehemaligen Partisanen genoß Moscatelli allerhöchstes Ansehen. In der ↑ *KPI* gehörte er zur Gruppe um Pietro Secchia. Gemeinsam mit ihm hat er unter anderem ein Buch über die Geschichte der piemontesischen Widerstandsbewegung verfaßt (»Il Monte Rosa è sceso a Milano«, 1958), das in den siebziger Jahren in der extremen Linken als Pflichtlektüre galt.

NAP, Nuclei armati proletari. Die »Bewaffneten Proletarischen Zellen« entstanden 1973 in Neapel aus einer Spaltung der sogenannten »Gefängniskomitees« von ↑ *Lotta continua*, in denen sich ehemalige Häftlinge organisiert hatten. Gegründet wurden die NAP von Studenten und Jugendlichen aus dem neapolitanischen Subproletariat und gewöhnlichen Kriminellen, die sich in den Haftanstalten politisiert hatten. In ihrer kurzen, aber umso blutigeren Geschichte verkörperten sie die süditalienische Variante des Terrorismus: im Gegensatz zu den Roten Brigaden verfügten die NAP weder über eine solide illegale Struktur noch über eine aus der marxistisch-leninistischen Theorie abgeleitete Strategie. Im Herbst 1974 machten sie zuerst mit Bombenanschlägen gegen verschiedene Strafanstalten auf sich aufmerksam, dann mit Banküberfällen und Entführungen. Ein Jahr später waren die NAP praktisch zerschlagen. Einige Überlebende schlossen sich den Roten Brigaden an, andere der Camorra-Familie Raffaele Cutolos.

Negri, Antonio, geb. 1933, Professor an der Fakultät für politische Wissenschaften in Padua, Mitbegründer und Ideologe von ↑ *Potere operaio* und ↑ *Autonomia operaia*, seit 1983 im französischen Exil. An der Universität Padua bildete sich um ihn in der zweiten Hälfte der siebziger Jahre eine Gruppe von Dozenten und Studenten, die die Gewalt- und Sabotageakte der »Autonomia operaia« theoretisch legitimierten und zum Teil auch praktisch unterstützten. Gemeinsam mit Oreste Scalzone und den übrigen Führern der »Autonomia« wurde Negri am 7. April 1979 verhaftet. Im Zuge der Kampagne gegen die lange Untersuchungshaft setzte ↑ *Marco Pannella* Negri bei den Parlamentswahlen 1983 auf die Kandidatenliste des ↑ *Partito Radicale*. Negri wurde gewählt, zog in die Abgeordnetenkammer ein und entzog sich dem Gericht kurz darauf durch die Flucht ins Ausland. In Abwesenheit wurde er wegen Beteiligung an einem Raubüberfall, bei dem ein Carabiniere erschossen worden war, zu dreißig Jahren Haft verurteilt. Die Anklage wegen bewaffneten Aufstandes gegen den Staat wurde bei dem Prozeß ebenso fallengelassen wie jene wegen Beteiligung an der ↑ *Moro*-Entführung.

Neue Rote Brigaden. Was in den frühen achtziger Jahren nach der Zerschlagung der alten Roten Brigaden übrigblieb, organisierte sich in den beiden Fraktionen UCC, »Unione dei combattenti comunisti« (»Union der Kommunistischen Kämpfer«, auch »Guerilla-Partei« genannt) und PCC, »Partito comunista combattente« (»Kämpfende Kommunistische Partei«). Die UCC, zu der sich auch der inhaftierte ↑ *Moro*-Entführer Prospero Gallinari bekannte, verübte im Februar 1986 das fehlgeschlagene Attentat auf Antonio Da Empoli, einen Berater des damaligen Ministerpräsidenten Bettino Craxi, und ermordete im März 1987 den Luftwaffengeneral Licio Giorgeri. Die darauf folgende Verhaftungswelle scheint die UCC zerstört zu haben. Erheblich schwieriger gestalten sich die Ermittlungen gegen die zweite, sogenannte »militaristische Fraktion« der Neuen Roten Brigaden. 1985 ermordete ein PCC-Kommando den Wirtschaftswissenschaftler Ezio Tarantelli, 1986 den ehemaligen Bürgermeister von Florenz, Landolfo Conti. Bei einem Überfall auf einen Geldtransport in Rom erschossen sieben Terroristen derselben Fraktion im Februar 1987 zwei Polizisten und raubten eineinhalb Milliarden Lire. Im April 1988 schließlich ermordeten sie Giorgio Ruffilli, den Berater des damaligen Ministerpräsidenten Ciriaco De Mita. Am 7. September 1988 gelang es den Carabinieri, bei einer Großoperation in mehreren italienischen Städten vier Stützpunkte auszuheben und 21 Terroristen zu verhaften. Man nimmt an, daß damit der letzte noch operationsfähige Rest der Roten Brigaden zerschlagen wurde.

Pajetta, Giancarlo, geb. 1912, Kommunist, Chef der kommunistischen Jugendorganisation FGCI während des Faschismus. 1933 wurde Pajetta von einem Sondergericht zu 23 Jahren Gefängnis verurteilt. Nach seiner Freilassung im August 1943 schloß er sich der Partisanenbewegung im Norden an, wurde Vizekommandant der Garibaldi-Brigaden und schließlich Leiter des CLN-Oberitalien (↑ *Resistenza*) bei der Regierung in Rom. Seit 1945 ist Pajetta Mitglied des Zentralkomitees der ↑ *KPI* und Abgeordneter seiner Partei im Parlament.

Pannella, Marco, geb. 1930, Gründer und unumstrittener Führer des ↑ *Partito Radicale*. Pannella engagiert sich seit mehr als dreißig Jahren in allen libertären und basisdemokratischen Initiativen des Landes. Pannella ist überzeugter Pazifist und entschiedener Gegner aller Sondergesetze gegen politische und gewöhnliche Kriminelle. Auf seinen Vorschlag hin wurde u.a. ↑ *Toni Negri* auf die Liste des Partito Radicale gesetzt und ins Parlament gewählt.

Partito comunista combattente ↑ *Neue Rote Brigaden.*

Partito Comunista Italiano; als »Partito Comunista d'Italia. Sezione dell'Internazionale comunista« am 21. Jänner 1921 beim Kongreß von Livorno aus der Spaltung der Sozialistischen Partei hervorgegangen. Ihr wichtigster Theoretiker wurde ↑ *Antonio Gramsci.* Während der faschistischen Diktatur wurde die KPI zur stärksten Kraft des italienischen Antifaschismus. ↑ *Palmiro Togliatti,* der die Partei zuerst von Moskau aus geleitet hatte, kehrte im April 1944 nach Italien zurück und setzte gegen parteiinternen Widerstand eine »Politik der nationalen Einheit« durch, die den Klassenkampf strikt den Interessen der Befreiung des Landes von Hitler und Mussolini, der Zusammenarbeit aller demokratischen Parteien und schließlich des wirtschaftlichen Wiederaufbaus unterordnete. Nach dem Krieg befürwortete Togliatti die Entwaffnung der Partisanen, die Amnestie für Faschisten und das Konkordat mit dem Heiligen Stuhl. Viele Mitglieder der KPI, vor allem ehemalige Partisanen, interpretierten die neue Linie zunächst als taktische Notwendigkeit, um in einer darauffolgenden Etappe der sozialistischen Revolution die Arbeitermacht zu erringen. Togliatti und seinen Nachfolgern hingegen war klar, daß eine solche Perspektive mit der europäischen Nachkriegsordnung nicht vereinbar war: den Kommunisten blieb nichts anderes übrig, als sich von der Idee der Revolution zu verabschieden. Diese »zwei Seelen« – die revolutionäre und die reformistische – prägten das Bild der KPI bis in die sechziger Jahre. Nach und nach gelang es Togliatti, die Repräsentanten des revolutionären Flügels um ↑ *Pietro Secchia* aus den Führungsgremien der Partei zu entfernen und die KPI aus der moskauorientierten kommunistischen Weltbewegung zu lösen. Der Bruch mit der KPdSU wurde 1980 von ↑ *Enrico Berlinguer* vollzogen, aber erst auf ihrem 19. Parteikongreß im März 1990 setzte die KPI einen endgültigen Schlußstrich unter ihre marxistische Vergangenheit. Der Kongreß hat beschlossen, die KPI aufzulösen und eine neue demokratische Linkspartei zu gründen.

Partito guerriglia ↑ *Neue Rote Brigaden.*

Partito Radicale; die »Radikale Partei« entstand 1955 aus einer Abspaltung der Liberalen Partei und vertritt eine radikaldemokratische, bürgerorientierte

Politik. Unter der Leitung ↑ *Marco Pannellas* war sie maßgeblich an der Initiierung und Durchführung der beiden Volksabstimmungen über die Legalisierung der Ehescheidung und der Abtreibung beteiligt. Der Partito Radicale fordert eine entschiedene Trennung von Kirche und Staat (Abschaffung des Konkordats), eine drastische Reduzierung des Einflusses der Parteien und die genaue Einhaltung demokratischer Spielregeln. Um ihre Anliegen in anderen Parteien zu verankern, fördern die Radikalen Doppelmitgliedschaften. Im italienischen Parlament ist die Partei mit zwölf Abgeordneten und sechs Senatoren vertreten.

Pecchioli, Ugo, geb. 1925, Senator der ↑ *KPI*, während des Krieges Partisan (Generalstabschef der 77. Garibaldi-Brigade). Pecchioli ist Mitglied des Zentralkomitees und Sicherheitssprecher der KPI. Während der »bleiernen Jahre« hatte er den Ruf eines entschlossenen Gegners des Terrorismus und der linken Subversion. 1979 schlug Pecchioli unter anderem die Bildung von Bürgergarden vor, die in Zusammenarbeit mit den Ordnungskräften die Sicherheit garantieren sollten. Die extreme Linke nannte ihn höhnisch »Oberst Pecchioli«.

Peci, Patrizio, geb. 1949, wichtigster ↑ *pentito*. Peci trat den Roten Brigaden 1976 bei und übernahm drei Jahre später die Leitung der Kolonne von Turin. 1980 wurde er verhaftet und gestand General ↑ *Carlo Alberto Dalla Chiesa* kurz darauf acht politische Morde. Aufgrund seiner Aussagen konnten Dutzende Rotbrigadisten verhaftet werden. Erst durch ihn erhielten die Untersuchungsrichter Einblick in die inneren Strukturen der Terrororganisation. Aus Rache entführten und ermordeten die Roten Brigaden 1981 seinen Bruder Roberto. Peci wurde zu zehn Jahren Haft verurteilt, durfte das Gefängnis aber bereits 1983 verlassen. Sein Lebensbericht ist unter dem Titel »Io, l'infame« erschienen.

Pentito; als pentito (wörtl.: »Reuiger«) gilt, wer ihm Laufe eines Gerichtsverfahrens die ihm zur Last gelegten Straftaten »bereut«, das heißt sich und seine Mittäter beschuldigt, um eine durch den Artikel 4 des Gesetzes Nr. 15 vom 6. Februar 1980 garantierte und im Gesetz Nr. 34 vom 29. Mai 1982 noch erheblich erweiterte Strafminderung zu erwirken. Diese für den Kampf gegen den Terrorismus maßgeschneiderten Gesetze haben die Ermittlungen wesentlich beschleunigt: bei den großen Terrorismus-Prozessen stützte sich die Anklage überwiegend auf die Aussagen der »pentiti« [die wichtigsten der insgesamt 34 Kronzeugen gegen die extreme Linke waren ↑ *Patrizio Peci* (Rote Brigaden) und Roberto Sandalo (↑ *Prima linea*)]. Bei einigen Verfahren hatte das zur Folge, daß »reuige« schwere Straftäter freigingen, während die von ihnen belasteten Mittäter wegen vergleichsweise viel geringerer Delikte zu langen Haftstrafen verurteilt wurden. Antonio Savasta etwa, der ehemalige Führer der Roten Brigaden in Venetien, hat mehrere Morde gestanden, wurde aber aufgrund seiner Zusammenarbeit mit den Carabinieri nach knapp zwei Jahren aus der Haft entlassen. Immer wieder tauchten auch Zweifel an der Glaubwürdigkeit der Kronzeugen auf: gegen einige von ihnen besteht der Verdacht, sie seien als V-Männer der Geheimdienste in die terroristischen Organisationen eingeschleust worden. Seit der Zerschlagung des linken Terrorismus wird das Gesetz über die »pentiti« auch bei den Ermittlungen gegen das organisierte Verbrechen (Mafia, Camorra, 'Ndrangheta) in Anspruch genommen.

Potere operaio. Ende der sechziger Jahre war Potere operaio (»Die Arbeitermacht«) neben ↑ *Lotta continua* die stärkste Kraft der außerparlamentarischen Linken. Im »heißen Herbst« des Jahres 1969 gelang es dieser Organisation, sich im Verlauf der Streiks bei ↑ *Fiat* in der Turiner Arbeiterschaft zu verankern. Die Theoretiker von Potere operaio, unter ihnen ↑ *Toni Negri*, propagierten eine revolutionäre Strategie der schrittweisen Radikalisierung des Klassenkampfes bis hin zum Massenaufstand gegen den kapitalistischen Staat. Dabei befürworteten sie sowohl die »spontane Gewalt der Massen« als auch geplante Gewaltaktionen der »proletarischen Avantgarde«. Im Juni 1973 hat sich Potere operaio als Organisation aufgelöst, die Mehrheit der Militanten schloß sich der ↑ *Autonomia operaia* an, eine Minderheit ging in den Untergrund. Der Rotbrigadist und ↑ *Moro*-Entführer Valerio Morucci war Chef des »Ordnungsdienstes« von Potere operaio.

Prima linea; nach den Roten Brigaden und den ↑ *NAP* die dritte und jüngste der italienischen Terrororganisationen. Prima linea (wörtlich: »erste Reihe«; dieser Platz war bei den Demonstrationen den »Härtesten« vorbehalten) ist erst in der zweiten Hälfte der siebziger Jahre aus der Krise der großen außerparlamentarischen Gruppen hervorgegangen. Ihr Erscheinen (1977) signalisierte eine bedeutsame Wende in der Geschichte des italienischen Terrorismus: den Übergang von der marxistisch-leninistisch begründeten Strategie einer kleinen Minderheit (1976 gab es rund 100 Linksterroristen) zum ideologisch diffusen Gewaltaktionismus der wesentlich zahlreicheren zweiten Generation. Verständlich wird diese Entwicklung, wenn man die politische Situation in Betracht zieht, die sich den damals etwa 300 000 Militanten der außerparlamentarischen Linken bot: Staat und Gesellschaft hatten ihrem Angriff standgehalten, die Kandidatur der linksextremen Listen bei den Parlamentswahlen vom

20. Juni 1976 war ein Fehlschlag, die ↑ *KPI* strebte ein dauerhaftes Bündnis mit den Christdemokraten an. Für die meisten war der Traum von der Revolution ausgeträumt, angesagt war der Rückzug ins Private. Was von der linksextremen studentischen und proletarischen Subkultur (↑ *Autonomia operaia*) übrigblieb, reagierte auf diese Entwicklung mit einer weiteren Radikalisierung. Gewaltanwendung wurde zum Selbstzweck, zu einem Instrument existenzialistischer Selbsterfahrung. In dieser Phase des Niedergangs der außerparlamentarischen Linken stieg die Zahl der Terrorakte signifikant an: zwischen 1969 und 1974 gab es in Italien insgesamt 2907 politisch motivierte Attentate, im Vergleichszeitraum 1975 bis 1980 hingegen 10 375, von denen mehr als zwei Drittel auf das Konto des Linksextremismus gingen. Unter den vielen Terrorgruppen, die in diesem Umfeld neu entstanden, war Prima linea mit rund hundert Aktivisten (unter ihnen Marco Donat Cattin, Sohn eines der mächtigsten Männer der Democrazia Cristiana) und mehreren tausend Sympathisanten die stabilste. Ihre Mitglieder bezeichneten sich auch als »comunisti combattenti« (↑ *Neue Rote Brigaden*) und führten im Gegensatz zu den völlig im Untergrund operierenden Rotbrigadisten ein Doppelleben mit Arbeit und Familie. Terroranschläge (insgesamt 101, dabei wurden 16 Menschen getötet und 23 verletzt) verübten sie in der Freizeit und außerhalb ihrer Wohnorte. Auch in der Auswahl ihrer Opfer unterschieden sie sich von den Roten Brigaden. Nach den Aussagen ihres Ideologen Roberto Rosso wollte Prima linea nicht »Symbole« treffen, sondern »die Mechanismen der Macht bloßlegen«: einer der von ihnen ermordeten Richter, Emilio Alessandrini (1979), stand der Kommunistischen Partei nahe und hatte u.a. gegen Neofaschisten wegen des Bombenanschlags auf der Piazza Fontana und gegen den P2-Bankier Roberto Calvi ermittelt.

Resistenza. Italien wurde nach dem Sturz Mussolinis und dem von der neuen Regierung Badoglio verkündeten Ausscheiden aus dem Krieg am 8. September 1943 von deutschen Truppen besetzt. Während sich die italienischen Streitkräfte auflösten und die Alliierten von Sizilien aus nach Norden vorrückten, nahmen unter der Führung der antifaschistischen Parteien und des von ihnen gebildeten CLN, »Comitato di Liberazione Nazionale« (»Komitee der Nationalen Befreiung«), Partisaneneinheiten den Kampf auf. Die mit Abstand stärksten Kontingente stellten die Kommunisten mit ihren Garibaldi-Brigaden. Im Widerstand gegen die deutsche Besatzung und dem damit verbundenen Bürgerkrieg gegen Benito Mussolinis Republik von Salò sind 35 000 Italiener gefallen, 9000 wurden nach Deutschland deportiert. Kurz vor dem Aufstand vom 25. April 1945, bei dem Oberitalien befreit wurde, umfaßte die italienische Widerstandsbewegung rund 100 000 Partisanen. Nach Kriegsende wurden ihre Einheiten entwaffnet und in die italienischen Streitkräfte eingegliedert. Viele kommunistische Partisanen aber, die auf eine Weiterführung des Kampfes zur Eroberung der politischen Macht hofften, versteckten ihre Waffen, um für die »Stunde X« vorbereitet zu sein. Die Politik der ↑ *KPI* nach dem Krieg empfanden sie als Verrat an den Zielen der Resistenza. Dieses Motiv wurde in den sechziger und siebziger Jahren von mehreren Organisationen der extremen Linken aufgegriffen, die eine neue Resistenza anstrebten und die marxistisch-leninistische Tradition der KPI wiederbeleben wollten. »Nuova Resistenza« war auch der Name einer Mailänder Zeitschrift, die mit den Roten Brigaden sympathisierte.

Secchia, Pietro, 1903–1973. Secchia war schon in den ersten Jahren des antifaschistischen Widerstandes einer der wichtigsten Führer der illegalen ↑ *KPI*. 1931 wurde er verhaftet, nach seiner Befreiung im August 1943 übernahm er die organisatorische Leitung der Partei und der Garibaldi-Brigaden im deutsch besetzten Norden (die politische Führung hatte Luigi Longo). Nach dem Krieg ernannte ihn ↑ *Togliatti* zum Organisationsverantwortlichen der KPI. Secchia teilte zwar Togliattis Auffassung, daß eine Revolution unter den Bedingungen der alliierten Besetzung unmöglich sei, drängte aber darauf, die während der ↑ *Resistenza* erreichten Machtpositionen nicht aufzugeben, sondern auszubauen. Seiner Ansicht nach kam Togliattis Linie der Zusammenarbeit mit den Christdemokraten einer Kapitulation der KPI und damit einem Verrat an der Resistenza gleich (diese Kritik wurde übrigens bei der Gründung der Kominform 1948 von der KPdSU übernommen: Stalin bevorzugte Secchia unter den KPI-Führern). 1954 wurde Secchia als Organisationsleiter abgesetzt. Bis zu seinem Tod (1973) blieb er Mitglied der KPI. Secchia hat mehrere Bücher über die Geschichte der KPI, der Resistenza und der italienischen Arbeiterbewegung verfaßt.

7. April ↑ *Autonomia operaia.*

Taviani, Paolo Emilio, geb. 1912, Christdemokrat, während der ↑ *Resistenza* Kommandant der Partisanen und Mitglied des CLN in Ligurien, nach Kriegsende in allen Legislaturperioden Abgeordneter des Parlaments, Senator seit 1976. Taviani war mehrmals Regierungsmitglied, von 1972 bis 1974 Innenminister. Während der ↑ *Moro*-Entführung sprach er sich strikt gegen Verhandlungen mit den Roten Brigaden aus und wurde deshalb von Moro in einem Brief aus dem »Volksgefängnis« namentlich kritisiert.

Togliatti, Palmiro, 1893–1964, Mitbegründer der ↑ *Kommunistischen Partei Italiens* und nach der Verhaftung ↑ *Antonio Gramscis* 1926 Parteivorsitzender, Sekretär der Kommunistischen Internationale von 1937 bis 1939, politischer Kommissar im spanischen Bürgerkrieg, enger Mitarbeiter Stalins in Moskau bis 1944. Nach seiner Rückkehr nach Italien legte Togliatti die Grundlagen für die Umwandlung der KPI in eine reformistische Partei.

Volante rossa, dt. »Rotes Überfallkommando«, die bekannteste unter den Gruppen ehemaliger Partisanen, die in den ersten Nachkriegsjahren mit Überfällen auf Ex-Faschisten und »Enteignungsaktionen« auf sich aufmerksam machten. In den ersten Tagen nach dem Volksaufstand vom 25. April 1945 wurden nach verschiedenen Angaben zwölf- bis fünfzehntausend Faschisten und mutmaßliche Kollaborateure der Deutschen erschossen. Einige kommunistische Partisanen, die ihre Waffen vor den Alliierten versteckt hatten, setzten ihre Aktionen unter nunmehr illegalen Bedingungen fort. Die ↑ *KPI*-Führung verurteilte sie als Provokateure, aber viele Parteimitglieder, die die Linie ↑ *Togliattis* als eine von den Umständen erzwungene zeitweilige Taktik verstanden, unterstützten sie. Abgesehen von ihren politischen Implikationen erwies sich die gesellschaftliche Integration der Partisanen nach dem Krieg als besonders schwierig: meist waren es Jugendliche ohne Berufsausbildung, viele hatten sich schon im Alter von vierzehn oder fünfzehn Jahren den Widerstandsgruppen in den Bergen angeschlossen.

XXII. Oktober, XXII ottobre; am 22. Oktober 1969 von ehemaligen Partisanen und Kommunisten in Genua gegründete Gruppe, die als erste den bewaffneten Kampf aufnahm und mit den Roten Brigaden und ↑ *Feltrinellis* GAP in Kontakt stand. Die Untergrundorganisation, der auch gewöhnliche Kriminelle angehörten, verübte eine Entführung und mehrere Überfälle. 1971 wurden ihre Mitglieder verhaftet.

Bildnachweis

Agenzia contrasto/Roberto Koch S. 9; Ansa S. 59, S. 111 oben, S. 139, S. 141 unten, S. 171; Archivio Mondadori S. 55, S. 83, S. 125; Archivio Mondadori/A. Alecchi S. 127; Archivio Mondadori/G. Lotti S. 111 unten; G. Borgese S. 141 oben; Tano D'Amico S. 180; G. de Bellis S. 119 unten; Lobera S. 69, S. 95; DFP/A. Roveri S. 119 oben; M. Pilone S. 131 oben; M. Vallinotto S. 131 unten.

Auf den Spuren der Roten Kapelle

GILLES PERRAULT

Gilles Perraults »Auf den Spuren der Roten Kapelle«, innerhalb weniger Wochen an der Spitze der französischen Bestsellerliste, beschreibt den Kampf der legendären Nachrichtenorganisation, die ihre Fäden über das besetzte Europa – Amsterdam, Brüssel, Paris – bis in das Machtzentrum des Dritten Reiches spannte. Das von den besten Agenten des sowjetischen Geheimdienstes aufgebaute Netz wurde von einem Mann geleitet, dessen Deckname allein schon sein Format kennzeichnet: le Grand Chef – einem Spion vom Rang eines Sorge und Philby. Die Mitglieder der Roten Kapelle waren bereit, jedes Opfer auf sich zu nehmen, um den Schrecken des Nationalsozialismus ein Ende zu setzen.

Drei Jahre ist Perrault auf der Suche nach den Überlebenden durch Europa gereist. Ihm gelang, was westliche Geheimdienste seit 1945 vergeblich versucht hatten: er fand den Grand Chef. Der Gestapo entkommen, war Leopold Trepper bei seiner Rückkunft in die Sowjetunion verhaftet worden und bis nach Stalins Tod in der Lubjanka verschwunden, bevor man ihm nach Polen heimzukehren erlaubte. Aus seinem und dem Mund seiner noch lebenden Mitarbeiter und Gegner erfährt man die Geschichte des geheimen Kampfes der Roten Kapelle.

»One of the best pieces of reportage on an espionage network to appear in a very long time.«

New York Times Book Review

Gilles Perrault, »Auf den Spuren der Roten Kapelle«, Paperback, 556 Seiten, zahlreiche Abbildungen, ISBN 3-203-51104-5.